LES
PÈLERINAGES
DE PARIS

TOME PREMIER

LE PUY. — TYPOGRAPHIE M.-P. MARCHESSOU.

LE TOUR DU MONDE RELIGIEUX

DEUXIÈME SÉRIE

LES
PÈLERINAGES
DE PARIS

PAR

M. L'ABBÉ F. R. SALMON

CHANOINE HONORAIRE DE CHALONS

VICAIRE A SAINT-PIERRE DE CHAILLOT

MONTMARTRE. — SAINTE-GENEVIÈVE.
LA SAINTE-CHAPELLE ET NOTRE-DAME.
NOTRE-DAME DES VICTOIRES.
NOTRE-DAME DE SAINTE ESPÉRANCE. — N.-D. DE BONNE
DÉLIVRANCE ET N.-D. DE TOUT AIDE.
NOTRE-DAME DE PEUR.
AUTRES PÈLERINAGES ANCIENS.
SAINT VINCENT DE PAUL. — LA SALLE DES MARTYRS.
LA CHAPELLE DU 24 JANVIER. — LA CRYPTE
DES CARMES.
LES MARTYRS DE LA COMMUNE.

PARIS

VICTOR PALMÉ, LIBRAIRE-ÉDITEUR

25, RUE DE GRENELLE-SAINT-GERMAIN, 25

1874

DÉCLARATION

L'auteur soussigné, voulant se soumettre entièrement au décret porté par la Sacrée-Congrégation et renouvelant la déclaration qu'il a faite précédemment, remet purement et simplement son ouvrage au jugement du Saint-Siége et à la correction de l'Eglise catholique, apostolique et romaine, dont il est et veut rester à jamais le fils très-soumis.

Paris, 18 septembre 1874.

PRÉFACE

Dans le *Tour du monde religieux*, il convenait de donner une place à part et la première aux pèlerinages majeurs et aux sanctuaires fameux qui, dans l'antiquité chrétienne, ont été les grands centres autour desquels ont rayonné les peuples de tout l'univers catholique. La Terre-Sainte, Rome et Saint-Jacques de Compostelle avaient droit à la primauté de rang et d'honneur que l'Église leur a toujours reconnue. Voilà pourquoi nous avons voulu étudier tout d'abord ces illustres pèlerinages et les présenter à nos lecteurs au triple point de vue de l'histoire des arts et de la religion.

Cette tâche remplie, quelques autres points qui brillent encore comme des astres de première grandeur au firmament du monde catholique, ont attiré nos regards et sollicité notre attention. Nous aurions voulu les saisir tous, placer Notre-Dame de Lorette, Notre-Dame d'Einsilden, Notre-Dame del Pilar, etc., à côté de Saint-Martin de Tours, de Notre-Dame de Chartres et de la cathédrale de Cologne. Mais il fallait se borner. Ces six monographies avaient donné déjà la matière de deux volumes qui ont formé une première série et paru sous ce titre : *Les grands pèlerinages et leurs sanctuaires*.

Le cycle des grands pèlerinages n'est pas clos et il faudra y revenir quelque jour. En attendant, le tour du monde religieux doit être poursuivi dans les pays catholiques et spécialement en France. Il convient de commencer par les pèlerinages de Paris, non-seulement à cause de l'importance et de l'intérêt qui s'attache aux souvenirs religieux de la capitale, mais surtout parce que Paris, avec le réseau de chemins de fer qui l'enserre, est le centre naturellement indiqué de tous les voyages. C'est de là que les pieuses pérégrinations peuvent rayonner dans tous les sens et sur toutes les lignes, à l'Ouest et à l'Est, au Nord et au Midi ; c'est de là qu'il faut partir pour aller explorer avec quelque régularité toutes les contrées où se dressent des sanctuaires fameux, tous les lieux de bénédiction chers encore à la piété chrétienne et qui ont vu à diverses époques les populations accourir de loin et venir prier à l'abri des saintes murailles, dans quelque temple privilégié.

Nous donnons donc aujourd'hui la seconde série de nos pèlerinages qui comprend, en deux volumes, Paris et les environs de Paris jusqu'aux limites du diocèse de Versailles.

La troisième série qui embrassera tous les pèlerinages de l'Ouest, sera prochainement offerte au public religieux.

Jamais le temps ne fut plus favorable à ces belles études où la poésie, les arts, la science et la religion se rencontrent et se donnent la main; jamais, grâce à la tournure des esprits et aux circonstances que nous traversons, il n'y eut plus d'opportunité à les poursuivre et à mettre en relief ce côté de l'histoire chrétienne. Le mouvement des pèlerinages qui se dessinait à peine, lorsque nous commencions, au lendemain des horreurs de la Commune, nos premiers travaux, avec le pressentiment que les malheurs de l'Eglise et de la France allaient faire monter vers les cieux un immense concert de supplication, que, pour répondre à des scandales publics, la piété voudrait avoir des manifestations publiques et reprendrait les voies des augustes sanctuaires, a dépassé toutes les prévisions et pris des proportions inouïes qui enveloppent aujourd'hui tout l'univers catholique. Partout, la vie religieuse s'est manifestée sous cette forme, si active, si féconde et si multipliée, que notre siècle de positivisme et d'indifférence a changé de caractère et a donné la main, à travers les âges aux siècles de foi où les pèlerinages furent le plus en honneur.

Cette disposition des esprits, l'élan qu'elle a produit dans les âmes, les entraînements des foules vers les sanctuaires fameux, auraient suffi à nous encourager dans nos études. Le charme et l'intérêt qui s'attachent à ces questions nous ont captivé d'ailleurs, et nous avons eu l'espoir en même temps qu'une œuvre qui répond aux préoccupations les plus vives de notre époque ne pourrait manquer d'exercer une influence salutaire sur les âmes. Les nombreux témoignages qu'on a bien voulu nous accorder, spécialement ceux que nous avons eu l'honneur de recevoir de la part de plusieurs éminents prélats nous ont fortifié dans notre dessein et aidé dans nos travaux. Depuis lors, une voix, la plus auguste qui soit au monde, a daigné nous faire entendre que ces études ne seraient pas sans utilité. Dès ce moment, la parole du Souverain Pontife et sa bénédiction apostolique ont été les stimulants les plus forts et les meilleurs de la tâche que nous avons entreprise.

Voici le bref que Sa Sainteté a bien voulu nous adresser.

Perillustris. et adm. Rndo. Dno. obsmo. Dno. F. Salmon canonico honorario Catalaunensi. Parisios.

PERILLUSTRIS ET ADM. RNDE. DNE. D. OBSME.,

Libenter perspexit illmus. dominus Pius IX tùm ex tuis litteris eximio devotionis sensu conscriptis, tùm ex argumento operis à te elucubrati sub titulo : Les grands pèlerinages et leurs sanctuaires, te occasionem cepisse è publicarum supplicationum officiis, quae per pias peregrinationes tantá cum fidelium aedificatione in Galliis peracta sunt et peraguntur, ut illustria majorum exempla in hác re pietatemque proferres, et de religiosis sanctuariis quae catholicus orbis honorat, in opere à te edito dissereres. Quamquam supremi Pontificatus curae non siverint Bmo. Patri, ut posset tui operis lectione frui, tamen gratissimus habuit studium, quod ad hujusmodi argumentum pertractandum contulisti, ac sperat tuam in hác re industriam et eruditionem ad nutriendum et fecundandum spiritum precum et religionis sensus conditioni temporum congruentes apprimè profuturam. Dùm autem tibi gratias agit pro officio oblationis quod erga Ipsum adhibere voluisti, hujus grati animi et paternae suae dilectionis testes tibi esse cupit has litteras, quas meo ministerio ad te dari mandavit, simulque apostolicam benedictionem quam in auspicium omnis coelestis praesidii et divinarum gratiarum tibi pro tuá in Ipsum filiali pietate et obsequio peramanter impertivit.

Ego autem pontificiis mandatis obsequutus hác occasione libenter utor, ut meae sincerae existimationis et observantiae sensus profitear, queis sum ex animo

Tui, perill. et adm. Rndo. Dno. obsmo.,

Devotissimus servus.

CAROLUS NOCELLA,
SSmi. Dni. ab eplis. latinis.

Romae, die 9 Julii an. 1873.

PRÉFACE

A Monsieur l'abbé F. Salmon, chanoine honoraire de Châlons, à Paris.

Monsieur,

Le très-illustre Pontife Pie IX a vu avec plaisir par votre lettre écrite dans un sentiment profond de dévotion et par le sujet de l'ouvrage que vous avez composé sous ce titre : *Les grands pèlerinages et leurs sanctuaires*, que vous avez pris occasion des prières publiques qui se sont faites et se font encore en France, sous forme de pèlerinages, à la grande édification des fidèles, pour rapporter les illustres exemples et la piété de nos pères à cet égard et pour parler dans votre ouvrage des sanctuaires religieux que vénère l'univers catholique.

Bien que les soins du suprême Pontificat n'aient pas permis au Saint-Père de lire votre livre, Sa Sainteté n'en a pas moins pour très-agréable le soin que vous avez mis à traiter ce sujet; Elle espère qu'en cela, vous contribuerez par votre talent et par votre érudition à entretenir et à propager l'esprit de prière et le sentiment d'une dévotion qui convient si bien aux circonstances du temps présent.

Le Saint-Père vous remercie du soin que vous avez pris de lui offrir votre ouvrage et veut que vous ayez un témoignage de sa reconnaissance et de sa paternelle affection dans cette lettre qu'il me charge de vous adresser ; en même temps, il vous accorde avec amour, en retour de votre filiale tendresse, sa bénédiction apostolique comme un gage de la protection céleste et des grâces divines.

Ayant ainsi rempli les ordres du Souverain Pontife, je profite avec plaisir de cette occasion pour vous témoigner ma sincère considération et les sentiments de respect avec lesquels je suis de cœur

Votre très-dévoué serviteur,

Charles NOCELLA,
Secrétaire du S.-Père pour les lettres latines.

Rome, le 9 juillet 1873.

LES
PÈLERINAGES
DE PARIS

Montmartre et la chapelle du Saint-Martyre.

C'est bien le plus modeste de tous les sanctuaires, c'est, dans une chambre disposée en chapelle, un tout petit oratoire dont presque personne ne connaît l'existence, qui seul rappelle aujourd'hui le souvenir du martyre de saint Denis, sur les lieux qui en furent témoins. Il se trouve au versant occidental de la colline de Montmartre, dans une maison sans apparence de la rue Marie-Antoinette, qui sert d'asile à de jeunes enfants.

Si les origines qu'on réclame en sa faveur sont bien certaines, il n'y a pas de lieu plus saint dans toute la cité, et ce devrait être le premi... pèlerinage de Paris. C'est à cette place même que s...nt Denis aurait eu la tête tranchée, avec ses deux co...pagnons, le prêtre

Rustique et le diacre Eleuthère ; c'est ici que se serait ouverte la voie sanglante dans laquelle ont dû marcher plusieurs de ses illustres successeurs, qu'on a vue se continuer naguère jusqu'aux barricades de la place de la Bastille devenues à jamais mémorables par la mort de Mgr Affre, et qui vient aboutir aujourd'hui au chemin de ronde de la prison de la Roquette, rougi du sang de Mgr Darboy.

Tout le monde sait qu'avant la Révolution, une antique chapelle dont nous allons faire l'histoire et qu'on appelait le *Martyrium* ou le *Saint-Martyre*, s'élevait sur le terrain qui avait été sanctifié par la passion du fondateur de l'église de Paris. Chose étrange, non-seulement il n'en reste plus aucune trace, mais personne ne pouvait, il y a quelques années, dire la place qu'elle avait occupée. Il a fallu, pour arriver à la connaître, recourir aux plans très-exacts de l'ancienne abbaye de Montmartre. On y a trouvé la chapelle du martyre faisant face à la porte d'entrée du couvent et l'on a cru pouvoir en marquer l'emplacement sur le terrain avec une précision rigoureuse. Il faut dire toutefois que les fouilles qui ont été faites, pour découvrir au moins quelques vestiges d'une ancienne crypte fameuse, sont restées inutiles. L'œuvre de destruction avait été complète. On n'en a pas moins acheté le terrain suffisamment désigné comme ayant été le lieu du martyre ; et M. l'abbé Le Rebours, aujourd'hui curé de la Madeleine, y a fait élever, il y a environ trois ans, un petit oratoire dans lequel

Mgr l'Archevêque a voulu célébrer la sainte messe, le 3 octobre 1872, jour de la fête de saint Denis. Inutile de remarquer que l'insuffisance même d'un pareil sanctuaire est un appel à la piété des fidèles qui ne peut manquer de reprendre les sentiers du pèlerinage et de remplacer par un monument plus digne la chapelle qui a disparu.

Si l'on s'en tenait aux seules données de l'histoire, sans avoir égard aux décisions récentes qui paraissent avoir tranché la question, il serait difficile de dire avec certitude à quelle époque saint Denis fut envoyé dans les Gaules par le pontife romain. Les uns tiennent pour le premier siècle et appuient sur des raisons très-graves la croyance qui reconnaît, dans le premier évêque de Paris, l'aréopagite Denis, converti par saint Paul, établi par lui sur le siège épiscopal d'Athènes et plus tard dirigé vers nos contrées par le pape saint Clément. D'autres, avec des arguments qui paraissent également sérieux, démontrent qu'il est impossible de faire remonter jusque là les origines de notre Eglise, et acceptent la date indiquée par saint Grégoire de Tours, d'après laquelle la mission de saint Denis dans les Gaules serait fixée à la moitié du troisième siècle. C'est une question beaucoup trop complexe au point de vue de la science pour qu'il soit possible de l'étudier ici, et trop sérieuse pour qu'il soit permis de se prononcer sans en avoir fait un examen approfondi. Elle n'a, du reste, qu'une importance secondaire relativement au sujet qui nous occupe ; elle est fixée d'ailleurs au point de vue de la foi dans le sens de la première opinion qui est celle de l'Eglise romaine [1].

Il est certain qu'au temps où saint Denis arriva dans la Gaule, Paris qu'on appelait alors Lutèce, *Lutetia Parisiorum*, n'était qu'un village tout entier renfermé dans cette île de la Seine qu'on appelle encore aujourd'hui la *Cité*. La résistance que cette bourgade avait opposée aux armées de César l'avait déjà rendue célèbre et sa position exceptionnelle lui donnait une importance qui semblait préluder aux grandeurs de son avenir. Les habitants, depuis qu'ils étaient soumis aux Romains, abandonnaient peu à peu leurs anciennes croyances druidiques pour suivre la religion des vainqueurs. Dieu préparait ainsi les voies à son apôtre, car le culte national eût été un grand obstacle à la propagation de l'Evangile. La crise religieuse qui avait mis le paganisme à sa place avait du même coup déraciné toute conviction, rendu les esprits sceptiques, de telle sorte que la vérité, venant à se montrer au milieu de ce vide, avait chance d'être accueillie par tous les esprits sincères. La prédication de saint Denis fut couronnée bientôt de fruits abondants. Il avait évangélisé déjà plusieurs contrées

---

[1]. On peut lire, sur ce sujet intéressant, *Saint Denis l'Aréopagite*, par l'abbé Darras, et dans un sens opposé, *Saint Denis de Paris*, par l'abbé Bernard, ouvrage composé, nous dit-on, sur les manuscrits du savant M. Lequeux.

de notre pays, aucune ne lui parut meilleure et plus mûre pour la moisson que le territoire de Lutèce et de ses environs. Ce fut le motif qui l'engagea à s'y fixer et à faire de la petite cité le siège de son épiscopat, le centre de sa mission qui rayonna non-seulement dans tout le Parisis, mais encore jusqu'à Meaux et à Rouen et dans quelques autres villes de la Gaule Belgique.

Les anciens actes de saint Denis nous disent qu'il put bâtir une église dans sa ville épiscopale, y établir des clercs, y ordonner des prêtres; et la prose de la liturgie parisienne nous le montre construisant le temple du Christ, prêchant par ses paroles et par ses exemples : « *Hic, constructo Christi templo, verbo docet et exemplo.* » Il serait superflu de rechercher à quel endroit de la cité s'éleva cette première église. Ce fut peut-être, comme l'ont prétendu certains auteurs, sur l'emplacement de la métropole actuelle, mais on ne peut faire que des conjectures à cet égard.

Nous avons des données moins incertaines sur d'autres sanctuaires dans lesquels le pontife dut réunir quelquefois les premiers fidèles. C'est en dehors de l'enceinte primitive qu'il faut en chercher la trace. Ce n'étaient d'ailleurs ni des églises ni des basiliques, mais simplement des cryptes ou des catacombes comme celles que Denis avait pu voir à Rome, beaucoup moins vastes sans doute, mais qui servaient aux mêmes usages, à la célébration des saints mystères comme aussi à des sépultures chrétiennes. Il nous plaît de voir dans notre Eglise, fille aînée de la sainte Eglise romaine, ce trait de ressemblance avec sa mère. Elle fut donc, comme elle, persécutée à sa naissance, comme elle obligée de cacher dans l'ombre des souterrains ses prières et ses cérémonies sacrées.

Une de ces grottes entre autres est désignée par une très-ancienne tradition comme ayant servi aux premières réunions chrétiennes et comme ayant été sanctifiée par la présence de saint Denis. C'est la crypte de l'ancienne église de Notre-Dame-des-Champs qui se trouve actuellement chez les Carmélites du quartier Saint-Jacques, 65, rue d'Enfer; ou plutôt c'est, suivant l'abbé Lebœuf, une cave située sous cette crypte, d'une très-haute antiquité et dans laquelle on a découvert des sépulcres romains. Cette église avait appartenu longtemps aux Bénédictins. Elle fut acquise, en l'an 1604, par la bienheureuse Marie de l'Incarnation qui y fonda son monastère du Carmel. Le souvenir de nos origines chrétiennes tenait alors peu de place dans la pensée des âmes même les plus pieuses. Les professions illustres dans l'ordre du Carmel, la grande voix de Bossuet et des autres orateurs, les cérémonies rehaussées par la présence des prélats, des princes et des princesses donnaient trop d'éclat au présent pour qu'on se souciât du passé, et nul de ceux ou de celles qui priaient alors dans cette église ne songeait qu'elle avait vu naître, au milieu des épreuves, cette religion qui était devenue le plus beau titre du roi très-chrétien et le plus beau fleuron de la couronne de la France.

Le moyen-âge ne s'était pas montré oublieux à ce point. Au douzième siècle, pendant toute l'octave de saint Denis, cette église était, en raison des souvenirs attachés à ces lieux, brillamment illuminée. Une rente prise sur le douaire de la reine Adélaïde, femme de Louis le Gros, faisait les frais du luminaire.

L'église a disparu dans la tourmente révolutionnaire. Les religieuses carmélites ayant été chassées de leur couvent, le sanctuaire fut abattu, et la crypte vénérable qu'on voyait en plusieurs endroits taillée dans le roc a été déplorablement mutilée par les nouveaux propriétaires qui essayèrent de l'agrandir au moyen de la mine. Malgré cela, quand les temps furent devenus moins mauvais et que d'anciennes carmélites purent racheter une partie des terrains de leur communauté, la crypte reprit sa destination religieuse. C'est aujourd'hui une chapelle souterraine qu'il faut visiter. Il est bon de réveiller l'écho des souvenirs de la chrétienté naissante, d'évoquer les figures héroïques des premiers apôtres de notre pays, de rechercher leurs traces et de se trouver avec eux par la pensée dans les lieux mêmes où nos ancêtres se pressaient pour écouter leur parole, recevoir le baptême, se nourrir du pain des forts pour braver les périls et ne pas fléchir devant les violences de la persécution.

La paix, en effet, n'avait pas été de longue durée dans l'Eglise parisienne. Les édits des empereurs avaient été renouvelés dans les Gaules. Il y avait, pour les exécuter à Lutèce, un homme bien connu par sa haine contre les chrétiens. C'était le préfet Sisinnius Fescennius. Il en voulait surtout à Denis et le faisait rechercher activement. L'apôtre avait quitté la ville pour tromper sa vigilance et s'était retiré dans la campagne voisine. Il avait un jour réuni ses disciples les plus fidèles dans la grotte du mont qui s'appelait alors *Leucotitius* et qui est devenu la montagne Sainte-Geneviève. D'anciennes traditions rapportent qu'il fut dénoncé par une femme nommée Larcia qui trahit le lieu de sa retraite. Il y fut arrêté avec le prêtre Rustique et le diacre Eleuthère. Tous les trois furent conduits à Lutèce et jetés dans la prison attenante au tribunal.

Il est permis, sinon avec une entière certitude, au moins avec quelque vraisemblance, de désigner le lieu où furent enfermés et chargés de chaînes les trois illustres captifs. La prison devait être au nord de la cité à l'endroit où vient aboutir aujourd'hui le pont Notre-Dame. A une époque très-reculée, voisine peut-être du temps de saint Denis, on y avait construit une église qui s'appelait, en mémoire de la captivité de l'apôtre, Saint-Denys de la Chartre, *sanctus Dionysius a carcere*. Elle a disparu depuis longtemps et il n'en reste plus aucune trace; mais tout près de là, si ce n'est sur le même emplacement, une autre église consacrée au même souvenir fut bâtie au treizième siècle, et la place en est connue avec précision. On a bien prétendu que les fidèles des anciens temps ont pu se tromper et désigner à faux Saint-Denys de la Chartre comme le lieu de la prison, mais les raisons qu'on en donne ne paraissent pas sérieuses.

Ce serait donc dans un des cachots de cette prison appelé par Hilduin *carcer Glaucinus*, que le saint évêque aurait passé ses derniers jours. Suivant une vieille et touchante tradition, il y aurait reçu la visite de Notre-Seigneur qui aurait daigné lui apporter la sainte communion. Enfin, les saints confesseurs, avant de marcher au supplice, furent, au dire des récits les plus anciens, tourmentés et battus de verges; cette scène sanglante dut se passer à l'endroit où se trouve le chevet de Notre-Dame; car il y avait là, bien avant le neuvième siècle, une église qui s'appelait Saint-Denys du Pas, c'est-à-dire *sanctus Dionysius a passione*, suivant l'étymologie la plus probable.

La sentence de Fescennius à l'égard des apôtres qui avaient confessé la foi de Jésus-Christ dans leur prison et dans leurs tourments ne pouvait être douteuse. Tous les trois furent condamnés à avoir la tête tranchée. L'exécution devait avoir lieu en dehors de la ville. On leur fit prendre un chemin que Denis connaissait pour l'avoir suivi bien des fois, et qui reliait la cité à la colline voisine du côté du nord, nommée alors la montagne de Mars ou de Mercure, parce que deux temples s'y élevaient en l'honneur de ces fausses divinités. L'apôtre de Paris y était venu combattre le paganisme par la vertu de la croix ; et près de ces autels de l'idolâtrie, il avait élevé un autel au vrai Dieu dans une crypte pareille à celle qui s'ouvrait dans les flancs du mont *Leucotitius*.

L'histoire de cette crypte est trop curieuse et trop importante dans le sujet qui nous occupe, pour qu'il soit possible de la passer sous silence. Ce souterrain avait été très-célèbre et très-fréquenté aux premiers siècles de notre Eglise. Peu à peu, par la suite des temps, on le négligea, comme on fit à Rome pour les catacombes ; il finit par devenir entièrement inconnu, et l'on ne supposait pas qu'il pût exister, alors même qu'au-dessus s'élevait un sanctuaire où le culte de saint Denis était en grand honneur.

En 1611, Marie de Beauvillers, abbesse du prieuré de Montmartre, entreprit la restauration de la chapelle et fut aidée, dans ses projets, par les libéralités d'Henri IV. Elle fit faire des fondations pour les agrandissements du monument, et, dans ces fouilles, on découvrit cette ancienne crypte fermée depuis très-longtemps. L'événement fit sensation à Paris. La cour et la ville s'empressèrent de visiter le souterrain ; la reine, Marie de Médicis, fut une des premières à s'y rendre en compagnie de plusieurs dames de qualité. Une gravure au burin, dessinée par Halbeeck, fut exécutée et répandue dans le public en mémoire de cette découverte, en même temps que le procès-verbal en fut soigneusement dressé. On y trouve la description minutieuse du souterrain, « ainsi que des inscriptions, figures et mots escrits de pierre noire sur le roc ou imprimés dans la pierre avec la pointe d'un poinsson ou couteau ou autre ferrement. »

Ces inscriptions étaient restées sans explication jusqu'à nos jours. On savait seulement qu'au rapport des anciennes traditions, saint Denis avait, dans le temps de persécution, célébré les saints mystères dans une crypte de Montmartre : ce devait être celle qu'on venait de découvrir sous la chapelle même du *Saint-Martyre*. Pour changer ces conjectures en certitude, il a fallu que l'érudition moderne, en dehors même de l'inspection des lieux qui ont été, sans doute, totalement bouleversés, à l'aide du procès-verbal tout seul, vînt donner la signification des caractères que les rédacteurs de la pièce avaient reproduits sans les comprendre.

Un savant antiquaire, M. Leblant, a rapproché les signes tracés sur les parois de la grotte de ceux qu'on trouve dans les catacombes romaines, écrits à la pointe du style ou simplement au charbon. M. de Rossi venait justement de relever plus de trois cents de ces inscriptions découvertes sous d'anciennes basiliques et sous une chapelle où des martyrs avaient été ensevelis au troisième siècle. M. Leblant, dont les travaux sur l'épigraphie chrétienne font autorité, a signalé la plus grande analogie entre ces inscriptions et celles de la crypte de Montmartre. Les formules acclamatoires qui s'adressent aux martyrs dans le cimetière de Saint-Calixte ont été comparées à celles de Paris. « Si nous examinons, à cette heure, les fragments d'inscriptions que nous a transmis le procès-verbal, dit M. Leblant, nous y reconnaîtrons sans peine de semblables acclamations. Dans les conditions constatées, les syllabes † MAR... DIO... semblent indiquer les mots : MAR*tyres*.... DIO*nysie*,... débuts de prières adressées aux saints de la crypte. Quant au nom presque entier de CLEMINs, j'y vois, en le comparant aux actes de visite de saint Sixte, soit le nom d'un pèlerin, soit celui d'un des saints martyrs inconnus qui ont souffert au même lieu. La croix tracée isolément, dont parle encore le procès-verbal, me paraît figurer, suivant l'usage antique, comme signe de la présence d'un visiteur illettré. »

Les conclusions de cette étude sont évidemment qu'il s'agit ici d'un sanctuaire chrétien remontant au moins au troisième siècle de notre ère ; rapprochées des données de la tradition, elles ne laissent aucun doute sur le passage de saint Denis en ces lieux et sur la destination qu'il leur donna. Elles ne sont pas moins propres à nous fixer sur l'emplacement du martyre ; elles confirment ce que par son nom la chapelle proclamait déjà, que c'est bien là que l'apôtre a versé son sang. Ainsi se trouvent réduites à néant les conjectures de critiques téméraires qui, comme Launoy, ont cherché partout ailleurs le théâtre de cette passion glorieuse.

La tête des trois confesseurs roula sous le glaive et leur sang rougit, dit-on, les eaux d'une fontaine voisine. Quelle que soit la popularité de la légende qui raconte que le corps mutilé du saint évêque se releva en présence de ses bourreaux épouvantés, qu'il prit sa tête dans ses mains et la porta l'espace de plusieurs milles jusqu'au lieu où une dame encore païenne, nommée Catulla, devait l'ensevelir, il faut reconnaître qu'on ne la trouve pas dans les auteurs les plus anciens, qu'elle n'a pas de graves autorités en sa faveur, qu'elle s'est répandue à l'aide des actes faussement attribués à saint Méthode, sur les assertions peu fondées d'Hilduin et grâce à ce besoin de merveilleux qui fut, en dehors de la vraie critique, la passion dominante de certains âges.

Les anciens actes latins qui ont pour titre *Passion des saints Denis, Rustique et Eleuthère*, avaient dit simplement des saints martyrs : « Ils sont allés au Seigneur en lui rendant un tel témoignage, qu'on eût dit, lors même que le glaive leur eût tranché la tête, que leur langue palpitante confessait encore le Seigneur. » Bientôt ce qui n'était qu'une figure fut donné comme une réalité et pieusement embelli. Les Grecs eux-mêmes accueillirent la légende, et contribuèrent peut-être à la former. On lit dans leur Ménologe : « Par un prodige qui plongea dans la stupeur ceux qui en furent témoins, Denis prit sa tête entre ses mains et la porta à deux milles de là jusqu'à ce qu'il la remit à une femme nommée Catulla. »

Les actes latins disent que les bourreaux, pour enlever les corps des saints martyrs à la piété des fidèles, se disposaient à les jeter au plus profond de la Seine, qu'une dame encore païenne détourna leur attention en leur faisant servir à manger et à boire, et qu'en même temps elle fit enterrer, à six milles de Paris, les corps des saints confesseurs dans un champ labouré où la moisson grandit subitement et déroba à tous les regards le lieu de leur sépulture.

Avant de suivre les destinées de ces restes sacrés, il faut voir comment a fleuri bientôt le culte de saint Denis au lieu même de son martyre, sur le versant occidental de la colline de Montmartre. D'abord la montagne perdit la désignation païenne sous laquelle elle avait été connue jusque-là. Ce n'est pas le nom de Mars, mais bien celui des martyrs qu'elle porta désormais : Montmartre, *mons martyrum.* Au neuvième siècle, Hilduin et Abbon l'ont encore désignée sous le nom de *mons Martis,* mais pour rappeler, sans doute, ses origines païennes plutôt que pour se servir de la véritable appellation usitée déjà de leur temps. Bien avant cette époque, et dès le temps le plus voisin de la mort de saint Denis, sitôt que la persécution eut pris fin, la crypte ne suffit plus à contenir les fidèles qui y venaient en foule et qui y laissaient, gravée sur les murs, la trace de leurs pieux pèlerinages. Une chapelle s'éleva bientôt au-dessus de la grotte, et, dès ce moment, on l'appela le *Saint-Martyre, Sanctum Martyrium.* Ce nom, qu'elle a toujours conservé depuis, est à lui seul une preuve incontestable de la haute antiquité des traditions qui ont désigné ce lieu comme étant celui du martyre. On sait, en effet, que les premiers chrétiens avaient l'habitude d'ériger, à la place qu'avait rougie de son sang un martyr illustre, un monument en son honneur qu'on appelait le *Martyrium*. Cette expression, très-commune dans le langage des Pères, désigne toujours la basilique d'un martyr; mais elle n'a guère été en usage après eux : dès le temps de Grégoire de Tours et de Fortunat, le mot avait disparu du langage; d'où il faut conclure qu'un monument antique qui porte ce titre doit être au moins contemporain des Pères du quatrième siècle.

S'il nous restait des documents remontant à ces premiers âges, nous y trouverions, sans aucun doute, bien des preuves de la vénération dont le Saint Martyre était l'objet et de la grande affluence qu'on y voyait. Mais l'acte le plus ancien que nous ayons se rapportant à ce sanctuaire, c'est le titre de la donation qui en fut faite, au temps de Louis le Gros, par des laïques, auxquels il avait appartenu jusque-là, à l'abbaye de Saint-Martin-des-Champs. Cette pièce établit que les religieux possèderont désormais la petite église qui est sur le versant du Mont des Martyrs et qui s'appelle vulgairement le *Sanctum Martyrium;* elle témoigne aussi que la chapelle était visitée par de nombreux fidèles et recevait beaucoup d'offrandes. Dans le même temps, le seigneur de Montmorency,

Bouchard, qui était propriétaire de l'église principale de Montmartre et de grands terrains à l'entour, voulut arrondir la petite propriété qui venait d'être cédée aux religieux de Saint-Martin et leur fit don de toute cette partie de la colline. Le roi Louis le Gros ne tarda pas à s'en rendre l'acquéreur dans le dessein d'y établir un couvent de Bénédictines. En l'année 1133, de concert avec Alix de Savoie, son épouse, il fit construire au sommet de la colline, à la place d'une très-ancienne église qui s'y trouvait et qui tombait en ruines, celle qu'on y voit encore aujourd'hui. La maison du couvent s'élevait en même temps que l'église et à ses côtés, par les soins du pieux monarque qui fit reconstruire encore la chapelle du martyre, déjà trop vieille à cette époque pour qu'il fût possible de la conserver.

L'église de Montmartre était bâtie depuis quelques années quand le pape Eugène III, forcé de s'éloigner de Rome à la suite des troubles politiques, vint chercher un refuge en France. Il se rendit à Montmartre le lundi de Pâques, après avoir célébré la solennité de la veille dans la basilique de saint Denis. Le pape, pour rendre honneur au saint martyr, voulut consacrer lui-même l'église de Montmartre; il fut assisté dans cette auguste cérémonie par saint Bernard et par Pierre le Vénérable; la consécration toutefois ne s'étendit, ce jour-là, qu'à la partie occidentale de l'église destinée aux fidèles. Le souverain Pontife se rendit ensuite à la chapelle du *Martyre* pour en consacrer l'autel. Saint Bernard, qui l'assistait encore comme diacre dans cette cérémonie, témoigna de sa piété envers saint Denis, par le don qu'il fit à la chapelle de la tunique en drap d'argent dont il s'était servi. Après l'Ascension, Eugène III revint faire la dédicace de l'église et consacrer la partie orientale réservée aux religieuses.

Ces sanctuaires, si chers à la population parisienne à cause des grands souvenirs qui s'y rattachaient, avaient déjà vu se former autour d'eux une agglomération considérable qui couvrait, du côté de l'ouest, les flancs de la colline et qui ne tarda pas à s'étendre jusqu'à ses pieds. Elle nécessita la construction d'une nouvelle église dans le quartier des Porcherons, laquelle devint, dans la suite, Notre-Dame de Lorette.

L'histoire de la chapelle du *Martyre* est assez étroitement liée à celle de l'abbaye dont elle était une dépendance ; elle eut toujours cependant sa place à part dans l'esprit et dans la vénération des fidèles. C'est elle qui recevait les pieuses visites des pèlerins de saint Denis. On n'oubliait pas que ses fondements avaient été cimentés avec le sang de l'apôtre et c'est à elle que s'adressaient d'ordinaire les dons et les fondations des grands et du peuple. Constance, comtesse de Toulouse et fille de Louis le Gros, se montra très-libérale envers le sanctuaire qu'avait réédifié son père. Philippe le Bel lui fit aussi des largesses ; et son écuyer, Hermer, disposa, par son testament, de tous ses biens en sa faveur.

La dévotion des rois de France envers saint Denis ne se démentit pas, et cette modeste chapelle en est la preuve aussi bien que la somptueuse basilique dont nous aurons à parler bientôt. Elle les vit maintes fois agenouillés dans son enceinte, y implorant l'assistance de monseigneur saint Denis pour eux et pour leur royaume. Le peuple s'associait à tous ces témoignages de piété envers le *Saint-Martyre;* la foule, à chaque instant, envahissait le sanctuaire et ne pouvait être contenue en ses murs trop resserrés, qui ne furent cependant jamais agrandis d'une manière notable.

La vraie basilique du patron de Paris était ailleurs; il n'avait là qu'un humble sanctuaire où la prière pouvait se faire, en quelque sorte plus intime et plus confiante. Toute la ville s'y rendait cependant en certaines circonstances, spécialement dans les jours de détresse publique. Quand Charles VI, tombé dans la démence, laissa flotter les rênes du gouvernement qu'il gardait cependant et que personne n'osait lui enlever, au temps où la France se vit plongée, presque sans espérance, dans l'abîme des plus horribles malheurs, il se fit au sanctuaire de Montmartre une affluence à nulle autre pareille. Tout un peuple en larmes venait y demander la guérison de son roi. Même concours s'y produisit encore quand on apprit à Paris que François Ier venait d'être fait prisonnier à la bataille de Pavie. En un mot, la chapelle du *martyre* fut intéressée à tous les grands événements de notre histoire. Elle recueillit également, dans les temps plus heureux, l'écho des allégresses nationales et les actions de grâces de la population reconnaissante.

En l'année 1559, un incendie dévora les bâtiments de l'abbaye; on ne put les relever qu'en partie; les religieuses furent obligées de se séparer : les unes restèrent auprès de la grande église, les autres s'établirent aux environs de la petite chapelle qui devint, plus tard, un prieuré. Une galerie couverte fut construite, en 1644, aux frais de l'abbesse, Mme de Guise, pour relier les deux parties du monastère, l'une au bas, l'autre au sommet de la colline.

Ce ne furent pas seulement les peuples et les rois qui témoignèrent leur pieux empressement envers les lieux sanctifiés par le martyre de saint Denis ; une foule d'autres personnages illustres par leur condition et par leur sainteté y vinrent à toutes les époques pour y demander les grandes inspirations qui rendent la vie féconde et y puiser le secret des actes héroïques et des nobles dévouements. Quel autre foyer eût été plus propre à enflammer le zèle des âmes généreuses par l'influence de souvenirs plus entraînants et plus saints?

C'est dans la crypte de Montmartre que saint Ignace de Loyola voulut jeter les fondements de la célèbre compagnie de Jésus qui allait bientôt rayonner sur le monde entier et se placer au premier rang des sociétés religieuses par la science, par les vertus et par le succès de son apostolat. Il n'était pas prêtre encore, et déjà, il avait groupé autour de lui six disciples dont les noms sont restés fameux, Jacques Lainez, Alphonse Salmeron, Nicolas Bobadilla, Simon Rodriguez, Pierre Lefebvre et François Xavier. Le jour de l'Assomption de l'année 1534, il les conduisit à la chapelle du Martyre, pour y faire avec eux ses premiers vœux et placer son entreprise sous les auspices de saint Denis. Pierre Lefebvre célébra la sainte messe et fit communier ses collègues. Ils s'engagèrent ensuite à dévouer à l'apostolat leur vie toute entière, à faire préalablement le pèlerinage de la Terre-Sainte ou, s'ils en étaient empêchés, à aller se prosterner aux pieds du souverain Pontife.

En souvenir de cette mémorable visite, les Jésuites firent placer plus tard, au-dessus du maître-autel, un tableau qui représentait la scène de la prononciation des vœux en présence de la sainte hostie tenue entre les mains du prêtre. Près du tableau fut apposée une plaque de bronze doré portant une inscription latine dont voici le sens : « Arrête-toi, voyageur, et vois dans ce tombeau des martyrs le berceau de notre ordre. La société de Jésus qui reconnaît saint Ignace de Loyola pour père, eut pour mère la ville de Paris, l'an du salut 1534, le 15 août. Elle a pris naissance ici-même, le jour où Ignace et ses compagnons, unis par la sainte communion, se consacrèrent à Dieu par des vœux perpétuels. » Les religieux de la compagnie ont gardé pieusement le souvenir de leur origine et l'ont témoigné en mainte occasion. La chapelle du *Martyre* a reçu la visite de ses membres les plus illustres.

Si modeste que fut ce sanctuaire, les guerres de religion ne l'épargnèrent pas. En 1598, il avait été entièrement dévasté. L'autel était démoli, la couverture et les voûtes étaient renversées. Mais la découverte de la crypte en l'année 1611 et le grand concours qu'elle attira y amenèrent des offrandes qui permirent de reconstruire à neuf la chapelle. L'année suivante, alors qu'elle sortait à peine de ses ruines, elle reçut la visite du cardinal de Berulle qui venait y demander la bénédiction de l'apôtre pour la congrégation de l'Oratoire qu'il allait fonder. Il y conduisit bientôt après une sainte veuve, Mme Acarie, qui se disposait à prendre le voile et à faire profession au Carmel d'Amiens. Ce fut aussi le sanctuaire de prédilection de saint Vincent de Paul. Il aimait à y prier, et sans doute il y puisa quelques-unes des inspirations de dévouement et de charité qui furent le mobile de toute sa vie. Ce fut encore un asile de recueillement et de prière pour un jeune homme qui allait être un des saints les plus illustres et les plus aimables des temps modernes, François de Sales, qui, tandis qu'il était étudiant à Paris, n'avait rien de plus à cœur que de visiter souvent le cher sanctuaire. La chapelle du *Martyre* devait le revoir dans une circonstance plus solennelle. Il était alors évêque de Genève ; au moment où il allait fonder l'institut des dames de la Visitation, il crut devoir, à l'exemple de saint Ignace, venir y recommander à Dieu l'œuvre qu'il consacrait à sa gloire. Enfin, marchant sur les traces de ces illustres fondateurs, M. Ollier, déjà tout entier à la grande mission que Dieu l'appelait à remplir, s'y présenta en l'année 1642 avec deux autres pieux fondateurs de Vaugirard, M. Foix et M. Picoté. Tous les trois y prirent la résolution de se dévouer entièrement à l'instruction et à la sanctification du clergé. M. Ollier y revint plus tard encore avec de nouveaux associés pour y renouveler ses engagements et y rendre grâce à Dieu : son œuvre avait été visiblement bénie et avait pris de grands développements. Il apportait avec lui, pour les présenter au premier évêque de Paris, sur le lieu même où son sang avait coulé, les plans de cette illustre maison de Saint-Sulpice dans laquelle se sont formés tant de prêtres selon le cœur de Dieu.

Ce sont là des faits entre mille autres du même genre dont la trace est aujourd'hui perdue. Il faudrait y joindre le souvenir de ces stations qui chaque année réunissaient toutes les paroisses de Paris et des environs à la chapelle du *Martyre*, nouvelle et touchante ressemblance entre notre Église et sa mère, l'Église de Rome. Les mêmes processions qui se sont faites à Rome pendant de longs siècles dans les basiliques des martyrs, ont été pratiquées chez nous jusqu'aux mauvais jours de la Révolution, elles ont tous les ans amené des milliers et des milliers de fidèles au lieu qui fut consacré par le sang de notre premier évêque, et les générations se sont transmis fidèlement le legs de vénération et d'amour qui leur avait été laissé par les premiers chrétiens convertis à la voix de saint Denis.

La chapelle était devenue, avant la Révolution, sans cesser d'être le rendez-vous d'une foule de pieux pèlerinages, l'église des dames bénédictines. Elles avaient abandonné la leur pour le service religieux de la paroisse. Le cataclysme dans lequel tout s'abîma en 93, fit disparaître jusqu'aux dernières traces de l'antique chapelle du *Saint-Martyre*. Comprise à titre de bien national dans le domaine de l'abbaye, elle fut vendue à un plâtrier qui la rasa avec tous les bâtiments de la communauté. L'église paroissiale resta seule debout pour subir le pillage et la profanation. La Terreur ouvrit les tombeaux des abbesses, jeta leurs cendres au vent et fit une halle de la maison de Dieu. Enfin, ces murs consacrés par un souverain Pontife ne furent sauvés de la destruction que parce qu'on jugea à propos d'y établir un télégraphe.

La Commune devait renouveler ces horreurs. Tandis qu'on traînait en prison le clergé de Montmartre, on appliquait sur les portes du temple fermé d'odieux placards, signés d'un nom qui ne doit pas souiller ces pages.

Puisse le Seigneur se venger par des miséricordes! Quoiqu'on fasse, le sol de Montmartre reste à jamais béni. Un calvaire s'y est dressé pour remplacer celui qui avait été établi sur le Mont-Valérien. Les stations de la croix environnent le vieux temple, la neuvaine du Calvaire y attire tous les ans des foules empressées, et si les souvenirs de saint Denis n'y sont plus aussi vivants qu'autrefois, il y a, dans le triomphe de la croix, une compensation à cet oubli regrettable. Ce n'est pas assez ; un honneur qui sera le digne couronnement de toutes ses gloires est réservé à la sainte montagne. L'Eglise du Sacré-Cœur doit s'y élever bientôt. La foi ne peut manquer d'y refleurir, la gloire de saint Denis sera de nouveau proclamée sur les côteaux qu'il a arrosés de son sang et les populations en foule reprendront les sentiers du pèlerinage.

Sainte-Geneviève, Nanterre et Paris.

A 12 kilomètres de la gare Saint-Lazare, sur le chemin de fer de Saint-Germain, au pied d'un coteau couvert de vignes que domine le Mont-Valérien, se trouve un village dont le nom est fameux dans toute la France et au-delà. Ce n'est certes pas son importance qui a jamais pu lui donner cette célébrité, ce ne sont pas même ses rosières qui ont pourtant une certaine renommée, qui l'ont fait connaître dans le monde ; c'est, dans un passé bien lointain, un de ces souvenirs que la religion rend immortels, c'est l'illustration de la sainteté qui désigne cette humble bourgade au respect et à l'amour des peuples. Nanterre a vu naître, il y a quinze siècles bientôt, la sainte bergère Geneviève, la patronne de Paris.

On connaît d'une manière précise le lieu de sa naissance. La maison qui s'élève sur cet emplacement porte une inscription qui rappelle la mémoire de ce grand événement, dont la date est fixée à l'année 422.

A cette époque déjà, les provinces de l'empire romain étaient envahies de toutes parts. Les Francs avaient passé le Rhin, ils pénétraient chaque jour plus avant dans les Gaules, y fondaient des établissements, et peu à peu refoulaient les Romains, domptaient les habitants du pays et soumettaient à leurs armes des contrées qui, sous Clovis, allaient former un grand royaume.

Il plut au Seigneur de placer au berceau de cette monarchie nouvelle entre les figures des rudes conquérants qui la fondaient, une simple fille des champs, une bergère, qui devait présider à ses destinées dans l'avenir, pareille à ces fées bienfaisantes qu'on trouve toujours dans les récits qui s'adressent aux enfants, à la naissance des princes, chargées de les protéger; seulement la fiction ici n'entre pour rien, nous sommes sur le terrain de l'histoire et les bienfaits de Geneviève, pas plus que la protection dont elle a couvert son pays, n'ont rien de légendaire.

On peut voir à Nanterre les lieux auxquels s'attache son souvenir, tellement vivant encore qu'on dirait que les faits viennent de se passer. Hélas! on n'y voit non plus guère autre chose. Sur une terre pareillement sanctifiée devrait s'élever une grande église à la gloire de la patronne de Paris, c'est à peine si l'on y trouve un petit oratoire, une humble chapelle en son honneur.

L'église paroissiale n'est pas consacrée à sainte Geneviève et n'a rien qu'une chapelle qui lui soit dédiée. Les innombrables *ex-voto* qui y sont suspendus attestent que la sainte bergère est toujours l'objet de la confiance populaire et que la prière est toujours abondante à son autel. Tout près de l'église, s'ouvre le jardin du presbytère et se trouve l'emplacement de la maison qu'habitaient les parents de Geneviève. Ce fut là sans doute que saint Germain d'Auxerre se rendant à Paris l'aperçut alors qu'elle n'était âgée que de dix à douze ans. Les parents de Geneviève qui étaient de bons chrétiens avaient dû se placer avec leur fille au seuil de leur porte pour voir passer le saint évêque et recevoir sa bénédiction.

Germain eut à la vue de Geneviève une de ces intuitions dont Dieu favorise quelquefois ses serviteurs. Toute une vie d'éminente sainteté, tout un rayon de grâce céleste lui apparut sur le visage de cette humble fillette ; il félicita les parents d'avoir une pareille enfant, la prit par la main, se rendit à l'église avec elle, y récita none et vêpres, tenant sa main posée sur la tête de Geneviève, comme pour faire descendre d'en haut la plénitude de ces bénédictions qu'il savait déjà devoir être le partage de cette enfant privilégiée.

Le saint évêque la revit le lendemain, reçut d'elle la promesse qu'elle consacrerait toute sa vie au Seigneur et comme il allait s'éloigner, il découvrit à terre une petite pièce de cuivre sur laquelle était la figure de la croix : il la mit au cou de la jeune fille et Geneviève ne la quitta jamais plus.

Sur le terrain qui dépendait de la maison où vécut la sainte, se trouve encore un puits qui est, de la part des fidèles, l'objet d'une grande vénération. Un oratoire des plus modestes, ayant la forme d'une petite chapelle avec une statue de sainte Geneviève, a été construit, il y a quelques années, par les soins du curé de Nanterre, à côté de ce puits qui attirait autrefois un nombre prodigieux de pèlerins. C'est pour eux qu'on fabriquait les gâteaux de Nanterre et l'on en vendait chaque année pour des sommes fabuleuses. Aujourd'hui, on vient toujours au puits de sainte Geneviève avec un pieux empressement. On y compte encore annuellement près de trente mille personnes qui emportent de l'eau, en boivent avec dévotion pour obtenir quelque grâce particulière, en l'appliquant sur les yeux malades, pour qu'ils soient guéris.

Le 3 janvier 1536, la reine Anne d'Autriche y vint en pèlerinage pour obtenir que Dieu, par l'intercession de sainte Geneviève, lui accordât un fils.

C'est que cette eau a été sanctifiée par les prières et par les larmes de Geneviève et qu'elle a été l'instrument de son premier miracle. Voici à quelle occasion. C'est le récit d'un vieil auteur, Thomas Benoist, que nous donnons; il a dans son langage tout un charme de grâce et de naïveté qu'il serait fâcheux d'altérer.

« Il avint que Geronce, mère de la sainte pucele, en un jour de feste aloit au moustier et dist à sa fille qu'el gardast l'ostel. La pucelote aloit après, criant et disant que la foi qu'el avoit promise à saint Germain, el garderoit à l'aide de Dieu et que souvent iroit au moustier afin qu'el deservit estre espouse Jesu-Christ et que digne fust trouvée de s'amour. La mère se courouça et li donna une paumée. Dieu vengea l'enfant, qui la mère aveugla. XXI mois ne vit goute. Quand la mère eut esté longuement en celle peine qui mout li ennuioit, si li souvint du bien que saint Germain avoit dit de sa fille. Si l'appella et li dist : Ma fille, alez au puis et me aportes de l'yaue. La pucelote y ala bonne aleure. Quand au puis fu, el commença à plourer de ce que sa mère avoit perdu la veue pour elle. El print de l'yaue et la porta à sa mère. La mère tendit les mains au ciel, et en grant foi et révérence, print l'yaue et la fit signer à sa fille du signe de la croiz. El en lava ses yex. El commença à veoir un tantet. Quand II fois ou III les out lavés, la veue li revint comme devant. »

Le puits de sainte Geneviève a la forme de ceux qu'on fait à la campagne, il a douze à quinze pieds de profondeur. Il occupait autrefois le fond de la chapelle aujourd'hui détruite qui s'élevait sur l'emplacement de la maison. Du jardin on peut descendre vers la gauche près de l'enceinte de l'ancienne chapelle, dont il reste encore des traces, en un souterrain qui devait être la cave, et dans lequel, dit-on, la pieuse jeune fille avait coutume de se retirer pour y prier dans la solitude et le recueillement. On y avait construit anciennement un oratoire avec un autel qui fut réparé encore au dix-septième siècle et qui a disparu depuis.

Ces lieux n'ont rien de fictif dans les souvenirs qu'on y rattache. Une tradition sûre et constante permet d'en suivre les traces à différentes époques. Paul Bourrier cite entre autres un titre du 17 avril 1488, par lequel la femme d'un potier d'étain demeurant à Paris, par reconnaissance de ce qu'elle descend de la même lignée que sainte Geneviève, donne une maison, avec cour, jardin et cave, attenant à la chapelle, en considération que ces lieux avaient appartenus autrefois aux parents de la sainte.

La famille de Geneviève était donc d'une condition modeste, sans être pauvre toutefois. Elle avait des troupeaux et l'occupation de la jeune fille devait être de les conduire aux champs et de les faire paître. Les précieuses qualités de l'enfant se développèrent de bonne heure dans les habitudes de cette vie pastorale. La nature, avec ses vertes prairies baignées par la Seine, ses champs de blé, ses coteaux couverts de vignes et ses grands bois, fut pour elle un livre toujours ouvert, où elle apprit, dès ses plus jeunes ans, à lire les grandeurs de Dieu, les magnificences et les soins paternels de la Providence, où elle s'instruisit de tous les devoirs d'une âme pieuse qui veut se montrer reconnaissante envers l'auteur de ces dons.

Nanterre garde encore le souvenir des lieux où la bergère parquait son troupeau. L'un est connu sous le nom de *clos de sainte Geneviève*. On peut le voir au sommet du Mont-Valérien, près de l'ancien

Calvaire : là se trouve encore la source où la jeune fille se désaltérait, où elle faisait boire ses brebis et qu'on appelle toujours la fontaine de sainte Geneviève. L'autre est un champ situé à un quart de lieue de Nanterre et que traverse aujourd'hui la route de Chatou. L'enclos en a disparu ainsi que l'antique chapelle qui s'y élevait, le terrain en a été bouleversé dans la réparation de la route : il ne se reconnaît plus qu'aux déblaiements qui l'ont creusé et à la simple croix de bois que de pieuses mains y ont dressée.

Vers l'âge de quinze ans, selon la promesse qu'elle en avait faite à saint Germain, elle reçut le voile des vierges des mains de saint Marcel, évêque de Paris, ou de Villicus, évêque de Chartres, on ne sait pas au juste, tous les deux peut-être ayant assisté à la cérémonie. Puis ses parents étant morts, elle quitta Nanterre et vint se fixer à Paris. Il ne paraît pas qu'il y eût dès lors aucune communauté religieuse établie dans la ville, car Geneviève eût cherché sans doute à y trouver un asile, au lieu de cela elle se retira chez une dame qui voulut bien l'accueillir sous son toit et lui donner l'hospitalité. La maison qui fut habitée par la sainte se trouvait aux bords de la Seine, près de l'emplacement que devait occuper un jour Notre-Dame de Paris, à l'endroit précis où fut bâtie plus tard, en reconnaissance d'un miracle fameux, la Chapelle des Ardents, qui a été démolie en 1747, alors qu'on se disposa à y construire l'hôpital des Enfants trouvés.

Nous ne faisons pas ici l'histoire de sainte Geneviève et nous avons à nous occuper spécialement des lieux qu'elle a sanctifiés par sa présence, de ses sanctuaires, de ses reliques et de son culte. Nous ne dirons rien des actes de dévouement dont sa vie fut remplie, des persécutions qu'elle eut à subir, des miracles nombreux par lesquels, même de son vivant, Dieu se plût à manifester la sainteté de sa servante, pas plus que nous n'avons à parler de la réputation dont elle jouit bientôt, de la haute influence qu'elle exerça, ni de ses rapports avec sainte Clotilde et avec Clovis. On trouvera tous ces détails dans les biographies de la sainte [1].

Ainsi qu'on l'a vu précédemment, elle avait, pour le premier apôtre de Paris, pour l'illustre martyr saint Denis, une dévotion toute spéciale. Elle se rendait souvent en pèlerinage à son tombeau, au village de Chateuil; elle aimait à prier au lieu où le bienheureux avait été enseveli avec ses deux compagnons et elle y fit élever une église en leur honneur. Il a été dit pareillement, dans la première série de nos pèlerinages [2], qu'elle fit le pèlerinage de Saint-Martin-de-Tours et qu'elle y signala contre les démons son pouvoir miraculeux.

---

1. Voir surtout la vie de sainte Geneviève par l'abbé Saint-Yves.
2. Les Grands pèlerinages et leurs sanctuaires. Tome II. Saint Martin de Tours, p. 138.

Elle était à cette époque déjà avancée en âge, et connue partout, pour sa grande sainteté. Le prestige de ses vertus et de ses miracles lui avait conquis une haute influence dont elle se servait pour faire le bien. Elle en usa surtout auprès de Clovis qui devait être le premier roi chrétien des Gaules, pour l'engager à construire, de concert avec sainte Clotilde, une basilique en l'honneur des saints apôtres, dans le voisinage de son palais. La demeure de Clovis devait être alors située hors de l'enceinte de la ville, c'était, sans aucun doute, le palais des Thermes, ancienne résidence du César Julien.

Le saint monument dont Geneviève réclamait l'érection n'allait pas tarder à s'élever, en effet, non loin de là, sur le mont *Leucotitius*, depuis la montagne de Sainte-Geneviève. Clovis s'y promenait un jour avec sainte Clotilde, et la vertueuse épouse du monarque lui rappelait les prières de Geneviève en y joignant les siennes. C'était en l'année 507, on était à la veille de la bataille de Tolbiac ; et bien que le roi fut encore païen, Clotilde qui par ses vertus avait déjà incliné le cœur de son époux vers la religion qui les lui inspirait, pouvait lui parler de la construction d'une pareille basilique et l'assurer qu'il attirerait par là sur ses armes la bénédiction du seul vrai Dieu. Le monarque franc, tout à coup, saisit sa hache d'armes et, d'un bras vigoureux, la lança au loin devant lui. Il venait de déterminer ainsi l'étendue que devrait avoir la basilique. « L'église des bienheureux apôtres se construira, dit-il, pourvu qu'avec le secours du Seigneur, je revienne vainqueur de mon expédition. » Il tint parole, et, pleinement converti par sa victoire à la foi de Clotilde, il fit commencer les travaux. A l'époque de sa mort, en 511, l'église n'était pas encore achevée, mais elle était assez avancée pour que le monarque franc pût y recevoir la sépulture; elle fut dédiée, selon l'intention de sainte Geneviève, aux apôtres saint Pierre et saint Paul.

La sainte survécut de quelques mois seulement au fondateur de la monarchie. Elle était âgée de quatre-vingt-neuf ans, lorsque, le 3 janvier de l'année 512, la mort la ravit à la terre pour la donner au ciel. Il est bien regrettable que nous n'ayons aucun renseignement ni sur son trépas ni sur ses funérailles, tandis qu'on a pu recueillir sur sa vie les détails les plus précieux. Tout ce qu'on sait de sainte Geneviève nous est appris par un manuscrit très-précis, écrit quelques années seulement après la mort de la sainte, par un auteur anonyme. Il semble que l'écrivain ait voulu s'adresser seulement à ses contemporains, sans se préoccuper de ceux qui viendraient après lui. Il a soigneusement enregistré, pour en réveiller le souvenir, les événements passés depuis quelques années déjà; mais il ne dit rien des faits les plus récents, sans doute parce qu'il suppose que les détails en sont connus de tout le monde [1].

1. *Vit. anonym. S. Genovefæ.*

Telle était la réputation de sainteté faite à Geneviève dès ce moment que le plus grand honneur qu'on pût faire à la dépouille mortelle de Clovis fut de mettre auprès de lui le corps de la sainte. La patronne de Paris fut donc ensevelie dans la basilique des Saints-Apôtres qui devait s'appeler un jour l'église de Sainte-Geneviève.

Sainte Clotilde s'occupa activement de faire achever la construction du monument sacré. Vers l'an 520, les travaux étaient terminés ou sur le point de l'être, et saint Remy assisté de plusieurs évêques faisait la dédicace de la basilique.

C'était un édifice de deux cents pieds de longueur sur une soixantaine de largeur. Il s'élevait un peu au midi de l'emplacement actuel de Saint-Etienne du Mont qui autrefois y était contigu. Il occupait toute la largeur de la rue de Clovis et s'étendait au-delà. Il n'est pas douteux qu'il n'ait eu la forme des basiliques romaines, s'il n'en eut pas toutes les splendeurs. Les marbres précieux et rares n'étaient pas à cette époque à la disposition des Francs comme à celle des maîtres du monde au temps des grandeurs de l'empire. Nous savons cependant que la basilique de Clotilde et de Clovis fut intérieurement et extérieurement décorée de mosaïques, sans doute par des artistes latins de Rome ou de Ravenne où cet art était toujours florissant. Elle avait pour entrée, à sa façade occidentale, trois portiques en forme de cloîtres, ornés aussi de mosaïques qui représentaient des patriarches, des prophètes, des confesseurs et des martyrs [1]. C'est en Occident déjà, comme en Orient, l'union de l'Ancien et du Nouveau-Testament pour la glorification du Sauveur, dont l'expression va grandir et se développer pour apparaître dans son plus radieux épanouissement au portail occidental des cathédrales gothiques.

Auprès de l'église s'élevait la maison des prêtres chargés de la desservir. Elle avait été magnifiquement dotée par Clovis. Tous les terrains alors plantés de vignes, qui s'étendaient depuis la Seine jusqu'à la Bièvre étaient, avec d'autres domaines importants, la propriété de la basilique.

Sainte Clotilde devait être bientôt abreuvée de douleur. Ses petits-fils qu'elle aimait tendrement furent massacrés par leur oncle. Elle fit mettre leurs corps auprès de ceux de Clovis, leur aïeul, et de sainte Geneviève ; puis elle se retira à Tours pour y passer le reste de sa vie dans le deuil et dans la prière. Elle y mourut vingt ans après ; et, conformément à ses volontés expresses, elle fut réunie, dans la basilique des Saints Apôtres, aux morts qui lui étaient chers. Ses ossements furent placés plus tard dans une châsse de vermeil. En 1793, le dernier abbé de Sainte-Geneviève put les soustraire aux profanateurs, mais il crut devoir les réduire en cendres avec ceux de saint Ceraune, afin de pouvoir les cacher

---

1. *Vit. anonym. S. Genovefæ.*

plus aisément. Ces cendres sont aujourd'hui dans l'église de Saint-Leu [1].

Cependant le tombeau de sainte Geneviève était, dès ce moment l'objet de la plus haute vénération. On ne songeait pas encore à l'élever et à l'exposer dans le sanctuaire aux regards des fidèles. Le peuple chrétien n'eut pas cette habitude à l'origine, les corps des saints devaient reposer dans les cryptes au-dessous de l'autel, conformément à l'usage suivi dans les catacombes. Le corps de Geneviève était donc alors placé dans l'église souterraine. Cette crypte avait eu vraisemblablement une destination religieuse dès la plus haute antiquité. On croit qu'au temps des persécutions elle avait dû servir déjà aux réunions des chrétiens et à la célébration des saints mystères. Là se trouvèrent pour la Lutèce chrétienne de véritables catacombes où elle devait ensevelir ses morts, comme on le faisait à Rome. On y a fait, en 1628, la découverte d'un très-grand nombre de tombeaux qui paraissent ne laisser aucun doute à cet égard. Plusieurs étaient bien antérieurs au temps de sainte Geneviève, celui de l'évêque Prudence entre autres, dont l'épiscopat remonte à l'an 400 et quelques autres plus anciens encore, selon toute apparence. On peut croire que ce fut en raison de cette destination primitive que le choix de Geneviève s'était arrêté sur cet emplacement et l'avait désigné à Clotilde et à

---

1. Voir *Vie de sainte Geneviève*, par l'abbé Saint-Yves.

Clovis pour l'érection de la basilique des Saints-Apôtres.

Pour protéger le tombeau de la sainte contre l'envahissement des multitudes qui venaient y prier, on dut l'entourer d'une grille. Le temps n'était pas encore aux splendeurs, et l'on dut se contenter d'un modeste entourage de bois. En revanche, on était bien alors à l'âge d'or de la piété. Sous Dagobert, la richesse augmente et l'on en consacre les trésors à la décoration des églises. Celle des Saints-Apôtres ne fut pas oubliée. Vers l'an 630, l'habile orfèvre, saint Éloi, étant venu de Limoges à Paris et s'étant rendu digne de toute la confiance du monarque, fut chargé par lui, entre une foule d'autres travaux qu'il exécuta, de faire un treillis d'argent pour servir de clôture au saint tombeau. Il paraît même qu'on put en rehausser l'éclat en y enchâssant des pierres précieuses.

L'église qui portait encore le nom des Saints-Apôtres, auquel on ajoutait aussi dès lors celui de Sainte-Geneviève, avait déjà vu trois conciles célébrés dans son enceinte. Les deux premiers, il est vrai, et spécialement celui de l'année 572, où Grégoire de Tours eut à se défendre contre ses accusateurs, ne méritent guère ce nom. Le troisième, réuni en 614, eut un tout autre caractère et l'on n'y compta pas moins de soixante-dix-neuf évêques. Comme la dévotion envers sainte Geneviève allait toujours en progressant, on s'habitua peu à peu à la regarder comme la véritable patronne de la basilique dans laquelle elle reposait. Saint Vandrille qui écrivait vers l'an 832, est le premier auteur qui l'appelle l'église de Sainte-Geneviève, mais il est à croire qu'il se conforme en cela à une coutume déjà établie. Ce ne fut toutefois que sous la troisième race de nos rois qu'elle perdit entièrement le vocable des Saints-Apôtres, pour ne plus conserver que celui de Sainte-Geneviève.

La première apparition des Normands sous les murs de Paris eut lieu en 845. Telle était déjà la terrible renommée que s'étaient faite les barbares du Nord par leurs actes sauvages et par la formidable puissance de leurs armes, que la ville fut prise à leur approche d'une irrésistible panique. Les Normands étaient dans cette première expédition conduits par Ragenaire. Les habitants de Paris ne crurent pas que leurs remparts fussent en état de tenir contre les assauts de leurs terribles ennemis; et sans attendre leur approche, ils se hâtèrent d'abandonner la cité. La résistance était bien plus impossible pour ceux qui se trouvaient en dehors de l'enceinte fortifiée. La montagne où s'élevait l'église de Sainte-Geneviève était dans ces conditions, et rien ne pouvait la mettre à l'abri d'une attaque. Les clercs qui la desservaient n'avaient d'autre parti à prendre que de se soustraire par la fuite à d'inévitables désastres. Ils partirent, emportant religieusement avec eux, comme on le faisait alors, leur plus précieux trésor, le corps de la sainte, qui pour la première fois, en cette circonstance, fut tiré de son tombeau. La châsse dans laquelle on l'enferma fut probablement une simple caisse de bois fabriquée à la hâte, assez légère pour qu'on pût la porter commodément.

Ce fut à quatre lieues de Paris qu'on alla chercher un refuge contre les Normands, au village d'Athis, sur la colline qui domine le confluent de l'Orge et de la Seine. Mais on ne s'y trouva pas en sûreté; on jugea prudent de mettre le fleuve entre les saintes reliques et les envahisseurs, et l'on se retira à Draveil. Pendant ce temps, l'ennemi arrivait aux portes de Paris, signalant partout sa présence par le ravage et l'incendie; il n'eut rien de plus pressé que de mettre le feu à l'église de Sainte-Geneviève. Par bonheur, la tentative des barbares n'eut pas un plein succès : l'église était solidement construite, offrait peu de prise aux flammes; elle fut sauvée, parce que les Normands n'eurent pas le temps de conduire jusqu'au bout leur dessein. Un traité fut conclu avec eux par le triste successeur de Charlemagne, Charles le Chauve, qui se flatta de les éloigner à prix d'or et ne comprit pas alors qu'une telle prime, payée à leur audace, les ramènerait bientôt plus avides et plus insatiables que jamais. A la faveur de la paix, on se hâta de rapporter le corps de sainte Geneviève dans son église. La translation fut, à l'aller et au retour, accompagnée de très-nombreux miracles qu'il serait trop long de rapporter, dit un ancien auteur [1].

1. *De mirac. S. Genov. post mortem.* Auctore anonymo.

Les saintes reliques, à leur retour, ne furent pas déposées dans leur tombeau de l'église basse. On avait tremblé pour elles quelque temps, elles étaient devenues plus chères que jamais, on avait besoin de les voir. On les mit dans le chœur derrière le maître-autel de l'église des Saints-Apôtres. Elles y demeurèrent onze années sans y être menacées ; mais, à cette époque, voilà que les Normands reparurent plus nombreux, plus formidables et mieux armés que par le passé. Il fallut fuir encore en toute hâte et emporter la châsse de sainte Geneviève. Seulement, où s'arrêter cette fois? L'ennemi étendait partout ses ravages. Les environs de Paris n'offraient aucune sûreté. A plus de vingt lieues de là, de l'autre côté de Villers-Cotterets, les religieuses de Sainte-Geneviève possédaient un domaine au village de Marizy, qui, se trouvant sur un plateau dominé par la tour imprenable de la Ferté-Milon, alors la Ferté-sur-Ourcq, n'avait rien à craindre des barbares. C'est là qu'ils se réfugièrent avec leur trésor. Dans cette seconde invasion, l'église de Sainte-Geneviève, moins heureuse que dans la première, fut, avec son monastère, dévoré par les flammes. L'exil des saintes reliques ne dura pas moins de cinq années ; car les Normands, repoussés d'abord non par le fer, mais avec de l'or, ne se montrèrent pas disposés à s'en aller bien loin d'un pays qui leur payait de si fructueux tributs, et y furent attirés bientôt par l'appât d'un nouveau butin. En l'année 861, ils se jetèrent de nouveau sur Paris et portèrent au loin la désolation dans le pays jusqu'à Melun. Quand on se crut enfin délivré pour toujours de ces terribles ennemis, les religieux reprirent, avec la châsse de la sainte, la route de Paris. Le voyage se fit en grande pompe et dura cinq jours, avec des stations dans les principales dépendances de l'abbaye ; et sur tout le parcours, il se fit encore de nombreux miracles. Mais le corps de la sainte patronne, de retour à Paris, n'y retrouvait plus que les ruines de son église. Il fallut lui chercher un asile. L'église de Saint-Jean lui donna l'hospitalité, tandis qu'on travaillait à relever la basilique incendiée.

Mais on n'en avait pas encore fini avec les Normands. En l'année 885, Paris les voyait encore sous ses murs. On avait enfin compris heureusement qu'il n'y avait de salut contre de pareils envahisseurs que dans les armes et dans la victoire. Le comte Eudes, qui était alors le chef de la cité, était un vaillant capitaine. Sa présence et ses exhortations donnèrent du cœur aux Parisiens. On attendit l'ennemi de pied ferme et on lui tint tête sur tous les points. Au nombre des plus intrépides combattants se trouvait le vaillant évêque de Paris, Gozlin. Résolu à vaincre ou à s'ensevelir sous les ruines de la ville, il n'avait pas hésité à faire entrer dans l'enceinte de la cité les plus chers trésors de ses diocésains. Tous les corps des saints qui se trouvaient en dehors des remparts, y furent donc apportés, ceux entre autres de sainte Geneviève, de saint Germain, de saint Marcel et de saint Cloud. On allait donc se battre enfin cette fois ; mais on comptait bien que Dieu ne laisserait pas périr ces reliques avec leurs défenseurs et que ces saintes dépouilles seraient le *palladium* de la ville assiégée.

Tous les efforts des Normands vinrent se briser, en effet, contre une indomptable résistance. Le siége durait depuis bientôt une année. Il fallait en finir, tenter un dernier coup pour enlever les remparts de vive force ; car on disait — et les barbares en étaient effrayés — que Charles le Gros approchait de Paris avec une armée formidable. Un assaut général fut donc livré. Tous les habitants étaient sur les remparts et Gozlin s'y distinguait par des prodiges de valeur auprès du redoutable comte Eudes. Cependant l'attaque des Normands était devenue furieuse ; ils allaient être vainqueurs, le mur d'enceinte avait faibli vers la pointe occidentale de l'île, une large brèche y était ouverte ; les défenseurs commençaient à perdre courage. Tout à coup, la châsse de sainte Geneviève apparaît sur les remparts, portée sur les épaules des clercs. Jamais aucun drapeau n'excita dans les rangs d'une armée pareille ardeur ni pareil enthousiasme. La châsse de saint Martin à Tours avait mis en fuite les Normands, celle de sainte Geneviève eut le même triomphe à Paris. Les assaillants virent tomber les plus braves des leurs et commencèrent à lâcher pied. En vain, sur un autre point ont-ils déjà pénétré dans la ville ; là où n'est pas

Geneviève, Germain s'y trouve rendant aux Parisiens, avec l'aide du Ciel, la confiance et l'ardeur qui leur assure la victoire. L'ennemi de toutes parts se retirait en désordre. Dans le même temps, Charles le Gros arrivait avec une armée sur les hauteurs de Montmartre. Il pouvait se précipiter sur les Normands que leur insuccès avait démoralisés, les écraser, les anéantir. Au lieu de cela, le triste monarque se mit à traiter avec eux, leur paya sept cents livres d'argent et leur permit d'aller ravager la Bourgogne. C'en était trop. En France, on pardonne tout excepté la lâcheté. Charles le Gros fut déposé, et le comte Eudes fut appelé au trône à sa place.

Quelques années plus tard, les saintes reliques purent être rendues à leurs sanctuaires. Notre-Dame en garda toutefois quelques-unes ; mais celles de sainte Geneviève rentrèrent dans leur église qui avait été ou rebâtie ou restaurée dans toutes les parties de l'ancienne basilique qu'on avait cru pouvoir conserver. La châsse de la sainte patronne reprit la place qu'elle avait précédemment occupée à l'autel des Saints-Apôtres. C'était alors une sorte de coffret en argent blanc avec quelques ornements dans le goût de l'époque. On ne sait rien de plus précis ni sur le temps ni sur le mode de sa fabrication.

L'église basse conservait toujours le tombeau de la sainte qui ne cessait pas d'être l'objet d'une grande vénération et du concours empressé des populations. Les miracles s'y multipliaient tous les jours. Des aveugles y recouvraient la vue ; des muets, l'usage de la parole ; des possédés y étaient délivrés, des personnes tourmentées de la fièvre y retrouvaient la santé. Une femme qui travaillait sans raison un jour de fête de la sainte Vierge, en ayant été reprise, avait répondu que Marie, ayant été pauvre comme elle, avait bien dû travailler tous les jours pour gagner sa vie. Elle oubliait que la sainte Vierge avait observé scrupuleusement la loi du repos du saint jour, et sa réponse imprudente avait été punie ses doigts étaient restés attachés au peigne avec lequel elle cardait la laine, et rien au monde ne pouvait les en séparer. Elle alla au tombeau de sainte Geneviève et y fut subitement guérie.

Parmi les lampes qu'on entretenait auprès du vénérable sépulcre, il y en avait une qui brûlait toujours et dont l'huile ne se consumait jamais, bien qu'on en prît souvent encore pour la faire servir à la guérison des malades. Enfin, il fallut bientôt recouvrir de marbre la pierre du tombeau, pour la mettre à l'abri du zèle indiscret des pèlerins qui ne se faisaient pas scrupule d'en détacher des parcelles.

En l'an 1000, l'église de sainte Geneviève, dont les murs avaient été trop rudement éprouvés par l'incendie pour pouvoir retrouver leur ancienne solidité, eut besoin de nouvelles réparations. Elles furent exécutés par les soins du roi Robert, et permirent à ces vénérables murailles de subsister jusqu'en 1170. Mais les perturbations de la guerre n'avaient pas été funestes seulement à l'édifice : les religieux, obligés de quitter leur abbaye pour aller vivre en d'autres lieux, avaient perdu les habitudes de la vie régulière ; le relâchement s'était introduit parmi eux. On dut les séculariser et dispenser les chanoines de la résidence. On essaya bien plusieurs fois de les réformer. Ce fut en vain ; toutes les tentatives, même celles du pape Eugène III, restèrent infructueuses.

Mais tel était alors l'esprit chrétien qui animait les peuples que les torts des individus ne nuisaient pas à la croyance, et les saintes reliques étaient de plus en plus l'objet de l'amour et de la vénération de tous. Un miracle éclatant vint confirmer bientôt la confiance populaire et donner un nouveau développement au culte de sainte Geneviève.

C'était sous le règne de Louis VI, dit le Gros, en l'année 1130. Un mal affreux que la science ne savait pas guérir exerçait ses ravages dans la ville et dans les pays environnants. On l'appelait le *feu sacré* ou le mal des *ardents*. C'était un érysipèle gangreneux et épidémique qui attaquait à la fois le visage, les pieds, les mains et la poitrine des malades, les dévorait et les conduisait rapidement au tombeau. La consternation était à son comble. Les foules envahissaient les églises, spécialement celle de Notre-Dame, où l'affluence était telle que le chœur même était rempli et qu'il n'y avait plus de place pour les officiants. L'évêque Etienne donnait l'exemple de la prière ; il y consacrait les jours et les nuits. Ce fut lui qui eut la pensée de recourir à l'intercession de sainte Geneviève. On avait vu déjà précédemment une inondation de la Seine s'arrêter devant ses reliques. On affirmait à ce sujet que le lit de mort de la sainte, conservé alors chez des religieuses, près de l'église de Saint-Jean en Grève, avait été tout environné d'eau, comme d'une muraille, sans qu'il en eût été inondé ni même mouillé. Comment ne pas supposer que le nouveau fléau serait vaincu par l'influence des saintes reliques de Geneviève? Etienne demanda donc aux Génovéfains, qui étaient exempts de sa juridiction, la permission d'aller prendre chez eux la châsse de la patronne de Paris pour la porter processionnellement à Notre-Dame. Les religieux y consentirent, et l'on se prépara par des jeûnes et par différents actes de religion à la grande cérémonie expiatoire.

Dès le matin du jour fixé pour la sainte cérémonie, tout le clergé de la ville se présenta aux portes de l'abbaye. On y prit la châsse et l'on se mit en marche vers la métropole, au travers des rues encombrées par une multitude innombrable, au milieu de laquelle il y avait beaucoup de malades et de moribonds. On faisait toucher la châsse à ceux qui étaient en proie au mal, et à l'instant même ils étaient guéris. Il n'y en eut que trois qui firent exception, parce qu'ils s'étaient moqués de la confiance et de la dévotion qu'on témoignait envers la sainte. Ce furent bientôt, à Notre-Dame, des acclamations telles et des cris de joie qui durèrent si longtemps qu'il fût impossible à l'évêque de parler ou de se faire entendre. Ce miracle est un fait historique. Il eut pour témoin la ville toute entière ; il fut constaté par des enquêtes judiciaires et perpétué dans le souvenir des peuples par l'érection de l'église de Sainte-Geneviève des Ardents, qui fut bâtie à cette occasion, et par une fête établie en son honneur dès l'année suivante, laquelle est encore célébrée à Paris le 26 novembre. Ce fut le pape Innocent II qui l'institua. Il avait dû venir en France à cette époque pour échapper aux persécutions de l'empereur Henri V et de l'antipape, Pierre de Léon.

Il y eut une grande émotion dans Paris, trente années plus tard, quand le bruit se répandit que la châsse de sainte Geneviève avait été furtivement ouverte et que le chef en avait été enlevé. Voici d'où provenaient ces rumeurs. Les Genovéfains indisciplinés et indisciplinables avaient été mis à la porte de leur monastère par un homme dont la vigueur égalait la puissance, par Suger, abbé de Saint-Denis. Des religieux de Saint-Victor avaient pris leur place. Les nouveaux venus furent en butte aux calomnies de leurs prédécesseurs et accusés par eux d'avoir fait disparaître le chef de sainte Geneviève. On voulut savoir à quoi s'en tenir. L'évêque de Paris, Pierre Lombard, le fameux maître des sentences, fit solennellement l'ouverture de la châsse, en présence de l'archevêque de Sens, de l'évêque d'Auxerre et de l'évêque d'Autun, mandés par le roi à cette occasion. Louis VII était partisan des anciens Genovéfains; il voulut assister lui-même à la cérémonie. Le corps de sainte Geneviève fut trouvé dans son intégrité; seulement la tête avait été séparée du tronc, très-naturellement sans doute. Cependant le monarque parut disposé à douter de son identité. Un saint religieux, nommé Guillaume, prit alors le chef sacré dans ses mains et demanda à passer avec lui sur un brasier, au milieu des flammes. Les acclamations de la foule lui répondirent et témoignèrent qu'il n'y avait pas le moindre doute dans toute l'assistance [1].

En 1206, sous le règne de Philippe-Auguste, la châsse miraculeuse sauva les Parisiens d'un nouveau désastre. Un débordement extraordinaire de la Seine avait jeté l'épouvante et causé déjà bien des ravages à Paris. Les saintes reliques furent de nouveau portées en procession à Notre-Dame. Le petit pont qu'il fallait traverser pour y arriver, était tellement battu par les flots qu'on croyait le voir crouler d'un instant à l'autre; ce qui ne laissa pas la procession d'y passer et d'y repasser toute entière : « La vierge plus soustenoit le pont que le pont ne la soustenoit, » dit un vieil historien, Thomas Benoist. Il s'écroula un moment

---

1. *Histoire de ce qui est arrivé au tombeau de sainte Geneviève*, par le P. Charpentier, chan. régul. de Sainte-Geneviève.

après, mais l'inondation fut arrêtée sur l'heure.

L'église de Sainte-Geneviève avait été entièrement rebâtie en 1170 par l'abbé Etienne de Tournay. Les murailles ne tenaient plus, il avait bien fallu les abattre pour les reconstruire. Le nouvel édifice porta le cachet de son époque. La vieille basilique de Clovis n'avait eu que de petites fenêtres de six pieds de hauteur à peine; on les remplaça par des ogives hautes et belles, ouvertes dans les nouvelles murailles, avec tous les ornements par lesquels on préludait alors aux merveilles du treizième siècle. Le lambris disparut pour faire place à une voûte en pierres, le pavé fut exhaussé; la chapelle du chevet, consacrée à la sainte Vierge, fut agrandie; et l'on put dire que le monument tout entier avait été refait à neuf, bien qu'il y restât quelques parties de l'ancien. Etienne de Tournay fit enlever de l'église basse le tombeau de Clovis, et le fit mettre dans le chœur auprès de la châsse de sainte Geneviève. Il y est resté jusqu'au temps de la Révolution; conservé à cette époque par les soins de M. Lenoir, il fut placé d'abord au musée des Petits-Augustins et, de là, transporté à Saint-Denis.

Philippe-Auguste dut, en raison de l'accroissement de la population, donner à sa capitale une nouvelle enceinte et y renfermer l'abbaye et une grande partie de la montagne de Sainte-Geneviève. Il y eut à cette occasion grande contestation entre l'évêque de Paris et l'abbé de Sainte-Geneviève. La paroisse, dis-

tincte de l'abbaye, existait depuis longtemps déjà, et
chaque jour elle acquérait plus d'importance. L'évêque, la voyant comprise dans la nouvelle enceinte,
voulut la soumettre à sa juridiction en dépit des
réclamations de l'abbé. Innocent III intervint et ménagea un accord entre les deux parties, d'après
lequel l'évêque devait dans la suite nommer le curé
sur la présentation de l'abbé. Ces faits ne sont pas
étrangers à l'histoire du pèlerinage de sainte Geneviève, puisqu'ils se rapportent aux orignes de
l'église paroissiale qui possède aujourd'hui son
tombeau. Primitivement, la chapelle basse de l'église abbatiale fut affectée au service religieux de
la paroisse, sous le vocable de Notre-Dame, plus
tard sous celui de Saint-Jean du Mont. Elle ne
tarda pas à changer encore de patron. Le culte du
premier martyr, saint Etienne, ayant toujours été
très-populaire en France, Etienne de Tournay,
quand il fit rebâtir l'église, voulut que la crypte
qui était consacrée aux offices de la paroisse prit
le nom de son patron. Guillaume le Breton, l'historien de Philippe-Auguste, l'appelle déjà de son
temps Saint-Etienne du Mont. Comme la population
augmentait toujours, cette église basse fut bientôt
insuffisante. En 1222, on construisit une nouvelle
église adjacente à celle de sainte Geneviève. On
n'y pouvait entrer que par l'abbaye et par une
porte unique, ouverte dans le mur méridional du
nouveau temple, au point où se trouve actuellement,

à Saint-Etienne du Mont, la chapelle de Jésus-Christ au tombeau [1].

L'abbaye avait dès lors ses grandes écoles d'art, de droit et de théologie, pour les religieux et les écoliers du dehors. Les leçons en étaient tellement suivies que les écoles de Notre-Dame furent quelque temps incapables de rivaliser avec celles de la montagne. Les Abailard, les Pierre Lombard, les Albert le Grand avaient donné la célébrité et la vogue aux cours de Sainte-Geneviève. Les colléges s'établirent aux environs et la montagne de Sainte-Geneviève resta toujours depuis le quartier des écoles. La place Maubert a même gardé, suivant certains auteurs, le nom de Maître Albert, par corruption Maubert. Le savant docteur y donnait ses leçons en plein vent, à cause du grand nombre de ses auditeurs. Plus tard, en l'année 1523, ce fut un disciple de sainte Geneviève, Robert Sorbon, qui fonda le fameux collége de la Sorbonne, de telle sorte que l'université de Paris est fille de l'abbaye de Sainte-Geneviève. Toutefois, les écoles de Notre-Dame un instant abandonnées ne tardèrent pas à se relever et à briller d'un grand éclat.

L'habitude se trouva prise dès le treizième siècle de porter processionellement les reliques de sainte Geneviève dans toutes les calamités publiques, et

---

1. Voir *Dictionnaire des pèlerinages*, de Migne, un article de M. l'abbé Faudet.

les âges suivants ne firent que la consacrer de plus en plus. Il était de règle — et c'était une tradition déjà ancienne au temps de saint Louis — que sainte Geneviève ne sortait de chez elle que pour aller à Notre-Dame. Le saint roi fut, au commencement de son règne, témoin d'une de ces grandes cérémonies, à l'occasion d'un nouveau débordement de la Seine, qui s'arrêta devant la châsse de la sainte patronne, de la même manière qu'en l'année 1206. Au moment où le pieux monarque reçut avis de l'arrivée des reliques insignes de la Passion, il lui sembla que, dans une circonstance si solennelle, les religieux de sainte Geneviève ne refuseraient pas de se rendre au-devant d'elles avec la châsse de la patronne de Paris. Mais, on lui objecta que ce serait contraire aux usages constamment suivis, et Louis IX se rendit à ces observations ; les Genovéfains, en cette circonstance, se bornèrent à porter quelques-unes de leurs saintes reliques ; la châsse de sainte Geneviève resta dans son église.

Cette châsse, comme il a été dit, avait été jusque-là fort simple, rien de plus sans doute qu'un modeste coffret de bois revêtu de feuilles d'argent. Quelques auteurs ont bien dit que saint Eloi en avait fabriqué une fort belle pour sainte Geneviève, comme il est certain qu'il en fit pour plusieurs autres saints ; mais ils ne disent pas ce qu'elle est devenue, et nulle part il n'en est fait mention dans l'histoire. Peut-être ont-ils fait en cela quelque confusion avec la grille d'argent du tombeau. En l'année 1242, Robert de la Ferté-Milon, étant abbé de Sainte-Geneviève, mit à profit les trésors qu'avait amassés son prédécesseur en vue de donner aux saintes reliques une châsse plus convenable. Il remit à un artiste, nommé Bonnard, cent quatre-vingt-treize marcs d'argent, huit marcs et demi d'or et de nombreuses pierreries, et le chargea d'exécuter avec ces matériaux un superbe travail digne du trésor qu'il devait renfermer. Dans l'espace d'un an, la nouvelle châsse fut prête, et l'on se disposa à y transférer les saintes reliques. Le corps de la sainte fut trouvé dans son coffret de bois, enveloppé de linges fins et recouvert de satin blanc. L'abbé, ayant pris le chef entre ses mains, le donna à baiser aux religieux et déposa tous les ossements sacrés dans la nouvelle châsse.

A partir de ce moment, les processions avec les reliques de sainte Geneviève se multiplient tellement qu'il devient impossible d'en faire l'histoire. On la trouvera, avec des détails minutieux, dans le livre du P. Charpentier : *Relation de tout ce qui s'est passé au tombeau de sainte Geneviève*. La patronne de Paris est intéressée plus que jamais à tout ce qui concerne la France. Le pays est-il menacé d'une famine, d'une guerre ou d'une peste ? C'est à sainte Geneviève qu'on a recours, c'est elle qu'on invoque dans les défaites, et c'est par elle qu'on rend grâces à Dieu dans la victoire. Après les désastres de Crécy et de Poitiers, comme dans les succès de Charles V, comme à la fin du grand schisme, la châsse fut toujours portée en grande solennité de son église à Notre-Dame; et, suivant l'usage reçu, les reliques de saint Marcel venaient au-devant d'elle. Au temps de nos plus grands malheurs, sous Charles VI, les prières publiques se renouvelèrent sous la même forme; et ce furent des processions continuelles, tantôt après l'assassinat du duc d'Orléans, dans les malheurs causés par la fureur des partis qui ensanglantaient le royaume, tantôt dans les accès les plus violents de la folie du roi, tantôt au moment de l'assassinat du duc de Bourgogne par les gens du dauphin, tantôt enfin après que l'infortuné Charles VI ayant eu la faiblesse de s'allier avec les Anglais contre son propre fils, le royaume de France fut presque tout entier aux mains de nos ennemis et parut être perdu sans ressources. Jamais on n'avait donné à la prière des accents si publics et si solennels; jamais non plus on n'avait eu plus grand besoin du secours de Dieu et de la protection de sainte Geneviève. Ce fut alors qu'on fonda la confrérie de sainte Geneviève qui a été si fameuse. Elle fut établie par des lettres patentes du roi et par un bref du Souverain-Pontife, et, sur le champ, les plus grands personnages aussi bien que les petites gens s'empressèrent d'y entrer.

On avait alors, il faut le reconnaître, une foi bien admirable. On ne se rebutait pas, lors même que les manifestations de la piété semblaient demeurer sans aucun résultat. Les calamitéss suivaient leur cours.

L'Anglais était à Paris et la couronne passait, à la mort de Charles VI, du front de l'infortuné monarque, sur la tête d'un enfant étranger qui était proclamé roi de France et d'Angleterre, tandis que l'héritier du trône ne s'appelait plus que le roi de Bourges. Jamais on n'avait vu pareille misère au pauvre pays de France ; il semblait bien que Dieu avait détourné son visage et que son oreille était fermée aux supplications. Pourtant on priait toujours et l'on ne désespérait pas, alors même que tout espoir semblait à jamais perdu. Mais Dieu qui prend son temps pour châtier, le prend aussi pour exaucer. Comment refuser de croire à une intervention surnaturelle dans les événements qui succédèrent bientôt à cette série de calamités inouïes ? Comment dire que la piété populaire envers la sainte patronne de Paris ne fut pour rien dans le salut de la France ? N'est-il pas tout à fait croyable que ce fut par l'intercession de la sainte bergère de Nanterre que Dieu suscita la bergère de Donrémy, Jeanne d'Arc qui fit lever le siége d'Orléans et sacrer à Reims le roi Charles VII ?

On pourrait citer encore de nombreuses processions qui eurent lieu sous le règne de Louis XI, spécialement pendant la maladie du roi, en vue d'obtenir une guérison que Dieu avait des raisons sans doute de ne pas accorder. Une autre cérémonie semblable, au temps de Charles VIII, eut Erasme pour témoin. Ce personnage, peu suspect de crédulité, composa, à cette occasion, une pièce de vers latins dans laquelle il dit à son ami, Nicolas Vernerus, qu'il a été guéri de la fièvre quarte, non par les ressources de la médecine, mais par l'intercession de sainte Geneviève, et il ajoute : « Il pleuvait ici depuis trois mois sans discontinuer ; la Seine avait inondé la ville et les campagnes. La châsse a été descendue pour être portée à Notre-Dame. L'évêque est venu au devant d'elle. Les chanoines réguliers et l'abbé suivaient nu-pieds la châsse que soutenaient des porteurs vêtus d'une longue chemise. Depuis ce moment, le ciel est si serein qu'il ne peut l'être davantage. »

Dans les âges suivants, on trouverait constamment encore sainte Geneviève mêlée à tous les grands faits de notre histoire. Ces processions ont duré jusqu'aux jours où l'esprit philosophique, précurseur de la Révolution, se moqua de la piété et donna l'irréligion comme la marque du bon ton. Il faut mentionner, entre toutes, celle qui eut lieu, en 1534, sous François Ier. Ce fut la plus solennelle qu'on eût jamais vu. Elle se fit, par ordre du roi, comme une protestation contre l'hérésie qui menaçait d'envahir tout le royaume. La châsse de sainte Geneviève s'y trouva avec toutes les autres saintes reliques vénérées à Paris, le chef de saint Louis, la sainte robe de Jésus-Christ, la sainte couronne et la vraie croix. Le Saint-Sacrement était porté sous un dais dont le dauphin, les ducs d'Orléans, de Vendôme et d'Angoulême tenaient les bâtons ; le roi venait après, un cierge à la main ; puis, tous les gentilshommes de la maison du roi, les archers de sa garde, le Parlement, les prévôts, les échevins, etc. Ce fut la grande manifestation de la France catholique contre le protestantisme. On aime à la voir se produire dans un temps qu'on n'accusera pas d'être trop moyen-âge, dans ce siècle de la Renaissance, à l'heure où le goût, les lettres et les arts ont perdu leur cachet chrétien pour revêtir des formes presque païennes ; c'est à ce moment que le royaume élève la voix pour dire arrière au protestantisme. La France repoussait cette prétendue réforme qui apparaissait, au milieu de l'exquise culture des esprits, comme une rénovation germanique et barbare, pour produire, non des artistes et des poëtes, mais des démolisseurs, des briseurs de châsses et de statues, des iconoclastes et des vandales. Si toujours on eût suivi, en toute droiture, sans faiblesse comme sans violence injuste, cette grande ligne vraiment catholique, on eût épargné à notre pays bien des ruines et bien du sang.

L'histoire de la basilique de sainte Geneviève n'offre rien de très-saillant dans les âges où nous avons suivi celle de ses saintes reliques. Son tombeau était conservé toujours dans la chapelle basse, comme un objet de la plus haute vénération. Les fidèles se plaisaient toujours à venir prier dans l'église qui conservait de si chers trésors. En l'année 1483, la foudre frappa le clocher, y mit le feu et le détruisit ; il fut rebâti de suite et l'on y mit de nouvelles cloches, grâce à de pieuses générosités qui s'offrirent de toutes parts. L'église paroissiale de Saint-Etienne grandissait auprès de l'église abbatiale. En 1491 et 1517, on y exécutait des travaux très-importants. L'abbé avait cédé le terrain nécessaire à la construction, à la seule condition que les paroissiens lui paieraient, chaque année, une livre de bougie rouge. En 1538, l'aile de la nef parallèle à l'église abbatiale fut terminée; en 1606, on acheva la chapelle de la communion ou des charniers; en 1610, on creusa les fondements du grand portail, et Marguerite de Valois, première femme de Henri IV. en posa la première pierre. Enfin, le 15 février 1626, l'église fut consacrée par l'archevêque François de Gondi.

Quelques années auparavant, Pierre Brichanteau, abbé de Sainte-Geneviève, ayant été appelé à l'évêché de Laon, voulut, avant de partir, donner un témoignage de sa dévotion envers la sainte patronne, en faisant restaurer sa châsse. Bon nombre de personnes s'associèrent à son œuvre, et lui fournirent des pierres précieuses admirables. Il reçut, entre autres, une tablette d'émeraudes estimée à deux mille écus. La reine, Marie de Médicis, offrit un bouquet de diamants bien autrement riche encore. Dans un ovale d'un demi-pied de diamètre, on y voyait se développer sur les deux faces toute une profusion de fleurs d'or portant chacune un diamant. Le tout était surmonté d'une croix d'or enrichie de soixante brillants. La châsse restaurée et ainsi décorée était d'une magnificence exceptionnelle.

L'abbaye de Sainte-Geneviève avait besoin de réformes. Le roi y nomma, en 1619, le cardinal de la Rochefoucault dont la piété égalait la naissance. Il fit d'abord réparer le maître-autel et le tombeau de Clovis, prodigua dans le sanctuaire les marbres les plus précieux, fit exécuter un tabernacle de jaspe et de porphyre et, sur des colonnes de marbre et de jaspe, éleva des statues de bronze doré pour soutenir la châsse. Mais l'œuvre de la restauration morale du monastère lui tenait bien plus au cœur. Il en vint à bout et fut assez heureux pour ramener ses religieux à l'observance d'une vie plus régulière.

En 1650, il fallut cacher la châsse pour la mettre à l'abri des fureurs de la guerre civile et religieuse. Le calme étant revenu quelques années après, elle reprit, dans le chœur, sa place accoutumée et reparut dans son éclat portée sur les mains des statues de bronze. Il fallait alors, pour qu'on l'en descendît, un ordre du roi et un arrêt du Parlement. Ces formalités furent remplies, en 1664, à l'occasion d'une maladie qui mit en danger les jours de la reine, et, pendant trois jours, les saintes reliques furent exposées à la vénération des fidèles. En 1744, le roi Louis XV, que la France appelait alors le Bien-Aimé, faillit être enlevé par une maladie qui plongea le royaume dans une désolation sans exemple. Le monarque attribua sa guérison aux prières faites à l'autel de sainte Geneviève; et il promit de témoigner sa reconnaissance envers la patronne de Paris en lui faisant élever une nouvelle basilique destinée à remplacer l'ancienne qui ne répondait plus au goût de l'époque et dont la ruine, d'ailleurs, paraissait imminente.

Le roi voulait un monument grandiose qui fut la merveille de la capitale. On lui présenta un bon nombre de plans. Celui de Soufflot, son architecte, prévalut à juste titre. Vingt ans après, Louis XV posa lui-même la première pierre de l'édifice dans les fondations d'un des piliers du dôme. Il ne devait pas plus que l'architecte en voir l'achèvement. Après la mort de Soufflot, la construction fut plusieurs fois interrompue; mais les plans qu'il avait donnés furent suivis rigoureusement, et la basilique fut élevée, en dépit de bien des difficultés et au milieu d'événements qui inspiraient pour l'avenir les craintes les plus graves et semblaient être les prodromes d'un crise formidable. Elle était debout et entièrement terminée en 1781. L'orage révolutionnaire ne s'était pas encore déchaîné sur la France, mais l'air était gros de tempêtes, et l'on n'avait pas attendu jusqu'à cette heure pour prédire au nouveau monument des destinées très-agitées. Un poëte avait exprimé ces tristes prévisions en des vers latins qu'on se répétait et dont voici le sens : « La reine des cités qui se glorifie d'avoir Geneviève pour patronne, lui élève un temple auguste, une basilique digne enfin de cette vierge fameuse. Piété tardive, vains honneurs d'un siècle indigne de les décerner.... Hélas!

l'œuvre ne sera pas terminée peut-être que déjà l'impiété aura chassé Dieu lui-même et du temple et de la cité. »

La nouvelle basilique de Sainte-Geneviève n'en fut pas moins un des temples les plus merveilleux que le monde chrétien ait vu s'élever dans le style de la Renaissance. Elle n'a pas l'étendue de celle de Saint-Pierre de Rome, ni même celle de Saint-Paul de Londres, mais elle est à peine moins vaste que Notre-Dame de Paris; elle couvre une superficie de 60,252 pieds, elle a 362 pieds hors d'œuvre dans sa plus grande longueur; et sa largeur, prise au transept, est de 252 pieds; le dôme s'élève à la hauteur de 265 pieds [1]. C'est à peu près une croix grecque, couronnée à l'intersection des branches par une large coupole dont le diamètre intérieur est de 69 pieds. La façade se compose d'un portique de quatorze colonnes corinthiennes hautes de 60 pieds, d'un dessin correct et d'un grand effet. C'est peut-être le portique le plus grandiose des temps modernes. Quelque beau qu'il soit, il n'est pas sans défaut. Les colonnes trop espacées, par rapport à l'entablement colossal qui les couronne, donnent à l'ensemble un air de faiblesse qui pourrait bien être une réalité; aux extrémités, les colonnes qui sont en retrait semblent ne pas faire corps avec le portique et rien ne les justifie. Trois portes s'ouvrent au fond dans les murs

---

1. Fergusson, *A history of the architecture*. London, 1865.

pleins de la façade, mais on n'y voit pas une fenêtre, pas plus que dans les hautes faces du monument. Toute la lumière, à l'intérieur, vient de la coupole et de larges ouvertures semi-circulaires ménagées avec un art admirable. C'est une étonnante conception. Le dôme est porté sur quatre énormes piliers ; il se compose de trois immenses coupoles en pierre disposées l'une sur l'autre avec autant d'habileté que de hardiesse : chose unique en architecture. La première coupole, percée au centre par une large ouverture circulaire, laisse voir la seconde intérieurement revêtue des peintures du baron Gros qui représentent la patronne de Paris au milieu de la gloire du ciel appelant sur la France les bénédictions divines. Cette seconde coupole est découpée sur ses côtés par de larges entailles qui laissent passer un flot de lumière dont les fresques sont inondées ; elle porte tout entière, avec une élégance pleine d'audace, sur quatre pendentifs. La troisième forme le revêtement extérieur du dôme. Le tout est couronné par une lanterne un peu trop petite, au haut de laquelle la croix brille et resplendit dans les airs. La disposition intérieure vaut mieux que celle de l'extérieur ; elle se prêtera merveilleusement à recevoir les décorations artistiques que le dernier ministre des beaux-arts, dans un sentiment qui lui fait honneur, a décidé de lui donner. C'est le plus beau coup d'œil que puisse présenter un temple de ce genre. Tout est sacrifié à l'élégance. Il semble que l'architecte s'est proposé surtout d'étonner par l'exécution d'un tour de force inimitable.

Il a tenu à peu de chose qu'une telle conception ne coûtat cher au monument. Il faillit périr à sa naissance, et trahit des signes de faiblesse sitôt qu'on eût enlevé les cintres des grandes arcades. Les premières alarmes augmentèrent dès l'année 1779 par le tassement des piliers. Il paraît toutefois que les vices étaient dans la construction bien plus que dans l'équilibre du plan, et pour le moment du moins on put y remédier en partie.

Les caveaux qui s'étendent au-dessous de l'édifice étaient destinés à recevoir d'illustres sépultures, et l'on se proposait d'enlever de la vieille église abbatiale le tombeau de sainte Geneviève, pour le mettre dans la chapelle souterraine. La Révolution en disposa bien autrement. Mais avant d'en venir aux dernières violences, ceux qui travaillaient à renverser le trône et l'autel durent accorder quelque chose encore au sentiment religieux du peuple de Paris et à son amour pour sainte Geneviève. Le croirait-on ? Après la prise de la Bastille, on fit célébrer dans le district des messes d'actions de grâce, et l'on demanda des prières pour les morts. Les dames de la Halle vinrent en corps déposer un bouquet sur la châsse de la bergère de Nanterre, et les dames de la place Maubert apportèrent un ex-voto. C'était un tableau qui représentait la prise de la Bastille et la destruction des emblèmes du pouvoir absolu. En haut, le ciel ouvert laissait entrevoir deux figures grossièrement peintes : l'ange exterminateur secondant le peuple, et sainte Geneviève demandant pour lui la victoire. Bizarre association et singulière idée de mettre une pareille Révolution sous les auspices de la religion !

On allait procéder bientôt d'une façon toute différente. Un des premiers actes de la Révolution fut de dissoudre le chapitre de Sainte-Geneviève. Il s'en fallait que tous ses membres fussent édifiants, et il y eut parmi eux de nombreuses défections. Le dernier des abbés de Sainte-Geneviève protesta du moins par une conduite constamment digne et vraiment religieuse. L'église se vit imposer bientôt un nom profane, et dut s'appeler le Panthéon. Un décret du 4 avril 1791 décida qu'elle recevrait désormais les cendres des grands hommes, les nouveaux dieux du temple dont Geneviève était expulsée. Et quels dieux et quelle immortalité on leur donnait ! Mirabeau y fut le premier déposé. Il n'y resta que trois ans. La Révolution ne gardait pas longtemps ses idoles. Le jour où Marat fut porté au Panthéon, Mirabeau en fut expulsé. Quelques mois à peine s'étaient écoulés, et les restes de l'ignoble Marat jetés dans l'égout de Montmartre y recevaient une sépulture digne d'eux.

Au moment où le chapitre fut dissous, les chanoines de Sainte-Geneviève, au lieu de cacher la châsse, ou du moins les ossements de la sainte, se bornèrent à les porter de leur église abbatiale dans celle de Saint-Etienne-du-Mont. Ce fut une bien malheureuse négligence. Il devint bientôt évident que la précieuse châsse ne serait pas épargnée par les hommes de la Révolution. En effet, un décret de la Convention la fit apporter à la Monnaie. L'or, l'argent et les bijoux, estimés seulement à la somme de 28,200 livres, y furent convertis en valeurs. Le rapporteur chargé de faire l'examen de la châsse constata — ce qui ne paraît pas invraisemblable — que des bijoux faux avaient été substitués aux vrais, et, de plus, qu'il manquait plusieurs ossements au corps renfermé dans la châsse. Que pouvait donc faire aux révolutionnaires l'intégrité plus ou moins parfaite du corps de sainte Geneviève? Ils y tenaient, hélas! pour exercer contre ses restes sacrés leur haine stupide. La Convention fit un nouveau décret portant que le corps de Geneviève serait brûlé en place de Grève. Les ossements de la sainte dont notre histoire toute entière proclame les bienfaits furent en effet, le 3 novembre 1793, mis sur un bûcher, où l'on avait entassé des chasubles, des chappes et d'autres ornements d'église, et livrés aux flammes, au milieu des cris sauvages et des saturnales d'une populace pareille à celle que, de nos jours, encore nous avons vue à l'œuvre. De ces restes précieux, rien n'échappa à la fureur impie; seuls, quelques fragments qui avaient été distraits de la châsse et donnés à des églises ont survécu.

Dans le même temps, et tandis qu'on travaillait à

enlever du Panthéon toutes les sculptures ayant un caractère religieux, on s'aperçut avec effroi que le monument, traversé déjà par de larges crevasses, était menacé d'une ruine totale. « C'était, disait tout bas le peuple chrétien, la vengeance de sainte Geneviève. » Trois commissions d'architectes et d'ingénieurs étudièrent pendant quatre ans les moyens de le consolider. Le mal parut si grand, qu'on n'osa proposer d'y remédier. Il fut décidé qu'on abandonnerait l'édifice à son sort. Mais, en 1806, un architecte nommé Rondelet proposa de fortifier les piliers ; il le fit avec tant de bonheur, que depuis la construction s'est fortement assise et qu'il n'y a plus maintenant aucune crainte pour l'avenir de l'œuvre de Soufflot.

Le Panthéon gardait toujours sa destination profane. L'ancienne église de Sainte-Geneviève était dans un état de délabrement voisin de la ruine. Le tombeau de Clovis en avait été enlevé, celui de sainte Geneviève avait été mutilé ; pourtant il conservait encore la pierre principale sur laquelle avait reposé le corps de la sainte. Le curé de Saint-Etienne-du-Mont la réclama et l'obtint pour son église ; elle y fut transportée le 9 novembre 1803, avec l'autorisation du cardinal de Belloy, archevêque de Paris. L'abbé de Sainte-Geneviève et plusieurs des anciens chanoines attestèrent dans un acte revêtu de leurs signatures que c'était bien le tombeau qui de temps immémorial avait été vénéré dans leur église, que la pierre transférée à Saint-Etienne-du-Mont en formait la partie inférieure, et que les marbres seuls dont elle était recouverte avaient disparu. C'est donc à cette église qu'il faut aller aujourd'hui quand on veut faire le pèlerinage au tombeau de sainte Geneviève.

Il reste peu de choses à dire sur l'ancienne église abbatiale de Sainte-Geneviève. En 1807, on en commença la démolition. En des temps meilleurs, ce vénérable monument des anciens âges eût été conservé au moyen de restaurations qui n'étaient pas impossibles ; on n'eût pas livré, pour en faire une rue, le sol qui pendant tant de siècles avait gardé le tombeau de la sainte et celui du fondateur de la monarchie française. Tout fut abattu, à l'exception de la tour dite de Clovis, qu'on voit se dresser encore derrière le Panthéon, à droite de Saint-Etienne-du-Mont, et qui accuse fièrement, par son double étage percé de hautes ogives, la grande époque du treizième siècle, avec des ornements du quinzième.

Il faut ajouter quelques mots encore sur les vicissitudes de la nouvelle basilique de Sainte-Geneviève. En 1806, un décret impérial déclara qu'elle serait rendue au culte et qu'elle aurait un chapitre de six chanoines chargés de la desservir. Les bâtiments de l'ancienne abbaye étaient devenus le lycée Napoléon, et la bibliothèque avait été ouverte au public. Ce ne fut toutefois qu'en 1821 que l'église fut effectivement rendue au culte. L'ouverture solennelle en fut faite le

3 janvier 1822, par Mgr de Quelen, en présence des princes et des princesses de la famille royale. Le prélat avait réuni avec un soin pieux tous les fragments des saintes reliques de la patronne de Paris qui avaient échappé au vandalisme de la Révolution. Le procès-verbal qui en constate l'authenticité fut lu publiquement dans la cérémonie, et fut signé par les princes. Une châsse en bronze doré reçut les saintes reliques et fut déposée dans cette église.

La révolution de 1830 chassa de nouveau Geneviève de son temple. Le Panthéon redevint un monument profane. Les objets du culte qu'il possédait furent portés à l'archevêché, et périrent dans le pillage du palais en 1832. La châsse eût eu le même sort, si précédemment on n'avait eu soin de la mettre en lieu sûr. Sainte-Geneviève a été rendue au culte en 1852; six chapelains sont affectés au service religieux, et les reliques de la sainte patronne y sont encore. La Commune l'a visitée par de nouvelles profanations. C'est par elle que s'est manifestée tout d'abord la haine anti-religieuse de ceux qui allaient bientôt assassiner l'archevêque et les otages. La croix qui surmonte la coupole en fut arrachée dès les premiers jours, comme elle l'avait été en 1830, et le drapeau rouge y remplaça le signe du salut.

Revenons maintenant à Saint Etienne-du-Mont. Cette église paroissiale, fille de l'église abbatiale, a justement hérité de la meilleure richesse qu'ait pu lui léguer sa mère, du tombeau de sainte Geneviève.

Ce n'est pas un des monuments les moins curieux de Paris. Le seizième siècle où on l'a élevé fut une époque de rénovation artistique. On commença à y déserter les sentiers battus, mais ce ne fut pas sans transition qu'on en vint à suivre dans l'art des formes nouvelles. On ne saurait voir ailleurs un plus curieux mélange des plans du moyen âge s'adaptant aux procédés de la Renaissance. Ce qui n'eût été en d'autres conditions qu'un assemblage incohérent, forme ici un ensemble harmonieux qui a d'heureux défauts et d'incontestables beautés. Les voûtes en ogive sont hardies, élancées comme les plus belles et les meilleures de la grande époque gothique. Des colonnes élégantes encore, bien qu'elles aient perdu le faisceau de colonnettes qui jaillissaient dans les âges précédents autour du tronc principal, s'élancent du sol et sont reliées à certaine hauteur par une belle galerie. Elles se divisent en arceaux à leur sommet, pour former les arêtes des voûtes et se réunissent au centre de la nef et du transept à des clefs merveilleusement sculptées. Tout le monde admire cet étonnant jubé de l'an 1600, travaillé et ciselé comme un bijou, avec ses deux escaliers à jour qui enlacent une colonne et se développent enroulés autour d'elle avec une légèreté inouïe. On remarque encore le grand autel tout en marbres rares ; c'est une œuvre d'une grande richesse. Il ne faut pas oublier non plus l'admirable groupe de Germain Pilon : le *Christ au tombeau*, entouré des trois Marie, de Nicodème et de Joseph d'Arimathie.

Mais ce que nous venons visiter ici, c'est surtout le tombeau de sainte Geneviève. Il est à droite du chœur, dans une chapelle dédiée à la patronne de Paris, laquelle est elle-même un fort beau spécimen de la sculpture gothique de la dernière époque. Au-dessus de l'autel, dans une ogive à arc surbaissée et largement ouverte, se dresse la statue de la bergère, tout environnée de ces colonnettes, de ces pinacles et de ces mille fioritures que le quinzième siècle semait à profusion. A droite et à gauche, sous des baldaquins gothiques, sont les statues de saint Germain et de sainte Clotilde. Le tout est brillant d'or et de couleurs, et la richesse du décor monte aux colonnes, aux chapiteaux et aux nervures, et revêt ces voûtes légères qui suspendent au-dessus de vos têtes leurs pendentifs artistement ciselés. A votre droite, s'ouvre une large verrière qui rappelle la Renaissance dans la disposition de ses meneaux et qui ne la dément pas dans la perfection de ses peintures, où sont représentées les scènes de la vie de sainte Geneviève. Détournez-vous maintenant, vous avez devant vous le tombeau de la sainte. Il est placé dans le second compartiment de la même chapelle, du même style encore, avec des boiseries peintes et dorées. C'est une grille de bronze doré, d'un remarquable travail de ciselure, qui lui prête cet aspect. Elle porte comme une couronne de riches candélabres qui s'illuminent aux jours de fêtes et font res=

plendir de clartés les rinceaux, les entrelacs et les fines découpures du monument. La grille dorée peut s'ouvrir dans la partie supérieure de l'extrémité opposée ; on lève une rosace de bronze, puis on soulève un couvercle de bois arrondi, et l'on voit apparaître la pierre qui a porté le corps de la sainte. Le prêtre gardien du tombeau fait toucher à tout instant les objets de piété que lui présentent les fidèles avec un religieux empressement.

Les pèlerins sont nombreux tous les jours de l'année, des cierges brûlent constamment en l'honneur de la sainte patronne. Il n'est pas un cœur chrétien qui n'ait confiance dans la puissance de son intercession ; des milliers de personnes en ressentent les effets et obtiennent dans ce pieux sanctuaire des grâces spirituelles et temporelles.

Sainte Geneviève aurait bien dû nous sauver, nous a-t-il été dit, alors que nous l'en priions ; puisqu'elle est la patronne de Paris, comment a-t-elle laissé l'ennemi vainqueur envoyer ses obus jusque sur le dôme de sa basilique ? — Oui ! Resterait à savoir pourtant si nous étions dignes des faveurs du ciel, s'il n'était pas un peu tard pour revenir au culte des saints, sous le fouet de la colère de Dieu, si nous n'avions pas encore quelque chose à expier à leur égard, si la leçon que nous avons reçue n'était pas nécessaire. Dieu est toujours le même, sainte Geneviève est toujours aussi puissante auprès de lui ; mais il est souverainement libre, il peut prendre son temps pour exaucer la prière et en choisir les moments favorables.

Le retour qui se fait aujourd'hui vers Dieu, après tous les coups qui nous ont frappés, aura ce grand résultat, il faut l'espérer. Les jours des grands pèlerinages sont revenus et sainte Geneviève, qui tant de fois a sauvé Paris, n'y est pas oubliée. Depuis de longues années déjà, le 3 janvier, jour de sa fête, voyait les foules empressées à son tombeau, et pendant toute la neuvaine c'était le même concours de pèlerins, tantôt à Saint-Etienne-du-Mont, tantôt à la basilique qui garde les saintes reliques de la bergère. Les paroisses de Paris et des environs avaient repris la pieuse coutume d'y venir faire des stations, sous la conduite de leurs pasteurs. Dans ces derniers temps, l'affluence est devenue plus considérable que jamais. Pendant neuf jours entiers, du matin au soir, l'église de Saint-Etienne-du-Mont ne cesse d'être remplie, et se trouve à certaines heures beaucoup trop petite pour contenir les foules qui veulent porter leurs hommages au tombeau de sainte Geneviève.

Quel sera le résultat de tant de vœux et de tant de prières? Le mouvement qui se produit ne sera-t-il pas un de ceux qui font violence au ciel, désarment la colère de Dieu qui peut perdre et sauver, mais qui ne nous abandonnera pas, si sainte Geneviève, si la Vierge et les saints intercèdent pour nous? Que d'autres mettent leur confiance dans les combinaisons de la politique et dans la force des armes, c'est bien permis, et au point de vue purement humain rien n'est à négliger; mais il faut avant tout que Dieu soit pour nous, et notre véritable espérance est là !

La Sainte-Chapelle et Notre-Dame.

I

Au cœur même de la cité, au nord-ouest de Notre-Dame, et comme détachée de sa couronne, une fleur s'est épanouie. Qu'on nous permette cette comparaison. Tout ce qui se pare à nos yeux de grâce et de fraîcheur, de suavité, de charme et de splendeur, éveille naturellement en notre âme cette image d'une fleur. Celle-ci est la plus merveilleuse et la plus éclatante que la terre ait portée; aucune corolle ici-bas ne brilla jamais d'aussi riches couleurs : elle étincelle vraiment de tous les feux de l'or, des émeraudes, des rubis et des diamants.

Elle n'a pas germé comme les autres, sous le soleil de Dieu, à la rosée des cieux. Le Créateur des mondes a laissé aux hommes le soin de la faire si radieuse et si belle. C'est l'œuvre de nos mains, la fille de nos pensées: et comme le génie de l'homme et ses bras mortels travaillaient ici pour la gloire de Dieu, il n'est pas douteux qu'un rayon de l'infinie beauté ne se soit épanché du sein de la divinité dans son âme pour se refléter dans son œuvre.

Elle doit être bien aimée de Dieu, cette floraison du génie chrétien ; on dirait qu'une providence attentive à sa conservation veille sur elle et la garde avec un soin jaloux. Il y a quelques années, elle était toute flétrie ; elle avait été déshonorée par des mains barbares plus encore que par les injures du temps ; on la croyait à jamais perdue ; elle a reparu cependant, grâce à de patients labeurs, restaurée dans tout l'éclat de sa nouveauté première. Depuis, nous l'avons vue au milieu des flammes d'un double incendie : les odieux scélérats de la Commune, dans le dessein de la détruire, l'avaient enveloppée dans un cercle de feu ; la torche avait embrasé le pétrole au Palais de Justice et à la Préfecture de police ; les flammes sinistres s'élançaient à la hauteur de la flèche, léchaient les murs et les vitraux, il n'y avait en quelque sorte plus aucun espoir que la Sainte-Chapelle échappât à l'embrasement criminel qui dévorait tout autour d'elle ; et nous l'avons retrouvée debout au milieu des cendres amoncelées, sans une tache, sans une ombre à la fraîcheur de sa jeunesse renouvelée. Aurait-elle donc, pour la protéger devant Dieu, quelque chose de plus encore que sa destination religieuse et que sa beauté ? Sanctifiée par les épines qu'elle a portées, aurait-elle conquis une part de l'immortalité de Celui qui en fut couronné ?

Car, à parler sans figures, ces épines sont entre

toutes les reliques que le monde ait possédées une des plus saintes, une des plus précieuses. C'est le diadème sanglant du Dieu fait chair, la couronne de son front sur la croix. Il fallait une châsse pour contenir un pareil trésor; on fit la Sainte-Chapelle, véritable reliquaire, qui, pour avoir été taillé dans la pierre, n'en paraît pas moins ciselé avec amour par la main d'un joaillier.

Avant de nous arrêter aux merveilles du sanctuaire, il faut dire l'histoire de cette sainte couronne qu'il dût recevoir et sous le vocable de laquelle il fut placé.

La France possède depuis le temps de saint Louis la couronne de Notre-Seigneur Jésus-Christ. Il est digne d'intérêt de suivre les vicissitudes par lesquelles cette précieuse relique avait passé et de connaître les circonstances au milieu desquelles le pieux monarque eut le bonheur de l'obtenir.

Les Français et les Vénitiens s'étaient emparés de Constantinople en l'année 1204 et y avaient établi comme empereur Baudoin, comte de Flandre. Ce prince, au moment où les vainqueurs faisaient le partage du butin, réclama pour sa part la sainte couronne du Sauveur qui se trouvait dans le trésor des empereurs de Constantinople, et consentit pour qu'elle lui fut adjugée à céder au duc de Venise une portion notable du bois de la vraie croix.

En 1238, Baudoin II de Courtenay, son successeur, se trouvant menacé sur son trône par les Grecs d'une part, par les Bulgares de l'autre, vint en Occident pour y demander aide et protection contre ses ennemis. Tandis qu'il était à la cour de France auprès de saint Louis, auquel il représentait sa détresse et le besoin urgent qu'il avait de son secours, il apprit que les seigneurs de son empire, se trouvant à Constantinople à bout de ressources, étaient sur le point d'engager pour une somme d'argent la sainte couronne entre les mains des Vénitiens. Ce projet déplut au jeune empereur, qui, pour être agréable au roi de France et s'assurer sa protection, lui offrit en pur don la précieuse relique que les seigneurs de Byzance voulaient vendre : « Je désire beaucoup, lui dit-il, vous la faire passer, à vous mon cousin, mon seigneur et mon bienfaiteur, comme au royaume de France, ma patrie. »

Saint Louis s'empressa d'accepter une pareille offre. Sur-le-champ, en même temps que Baudoin faisait partir pour Constantinople un de ses officiers avec des lettres patentes ordonnant que la sainte couronne lui fût remise, le monarque français y envoyait, pour la recevoir en son nom, deux Frères Prêcheurs qui s'appelaient Jacques et André. Mais, à leur arrivée ils ne la trouvèrent plus dans le trésor ; elle avait été déjà engagée pour la somme de 13,075 hyperperies, valant 156,900 livres. Le camérier des Vénitiens, Pancrace Caverson, l'avait mise en dépôt dans l'église de *Panta Crator,* qui était l'église de sa nation à Constantinople. En présence des ordres donnés par l'empereur, les seigneurs latins s'entendirent avec les Vénitiens. Il fut convenu que la sainte couronne serait portée à Venise et qu'elle y serait acompagnée par les envoyés du roi de France. L'un d'eux, le P. André, avait été autrefois gardien du couvent de son ordre à Constantinople. Il connaissait parfaitement la sainte couronne pour l'avoir vue plusieurs fois, et c'était là ce qui avait déterminé le choix que Louis IX avait fait de sa personne. Il fut arrêté en outre entre Français et Vénitiens que si, dans un temps assez court, elle n'était pas dégagée par le versement de la somme qui avait été prêtée, elle appartiendrait à ces derniers en toute propriété.

On prit dès lors toutes les précautions qui devaient servir à constater l'identité de la sainte couronne. Elle fut enfermée en trois caisses, la première en or, la seconde en argent, sur lesquelles les seigneurs de Venise apposèrent leur cachet; la troisième en bois fut scellée par les seigneurs français. La saison était mauvaise pour entreprendre le voyage qui devait avoir lieu par mer; on était au temps de Noël. On ne laissa pas de mettre à la voile, la couronne du Seigneur ne pouvait manquer d'être une protection assurée contre la tempête. Cette espérance ne fut pas trompée. On échappa même à d'autres dangers, car les galères du prétendant grec Vatace se mirent à la poursuite des navigateurs. Aucune ne put réussir à les découvrir et à les atteindre, et l'on aborda heureusement à Venise.

La sainte couronne fut immédiatement portée à

Saint-Marc et déposée au trésor dans la chapelle du Saint-Sacrement, où reposait le corps de l'évangéliste, entre deux colonnes d'albâtre provenant, dit-on, du temple de Salomon. Dans le même temps, un des religieux partait pour la France et donnait avis à saint Louis des conventions qui avaient été établies. Le roi n'hésita pas à les approuver et, sur son ordre, les commerçants français versèrent entre les mains des Vénitiens le remboursement des sommes qu'ils avaient avancées. La précieuse relique étant ainsi dégagée fut remise aux ambassadeurs français, qui prirent le chemin de la France après avoir constaté l'intégrité des sceaux.

Louis IX ne tarda pas à recevoir avis que la sainte couronne était arrivée à Troyes en Champagne, et sur le champ il partit pour aller au-devant d'elle, avec la reine-mère, les princes ses frères, plusieurs prélats et seigneurs. La rencontre eut lieu à Villeneuve-l'Archevêque, à cinq lieues de Sens, le 10 août 1239.

Les scellés furent brisés, au milieu d'une émotion indicible, et la sainte couronne apparut à tous les regards. Le roi et Robert, comte d'Artois, son frère, tous les deux pieds nus, en simple tunique de laine, la prirent sur leurs épaules et la portèrent en grande pompe à l'église métropolitaine de Sens, où elle resta exposée. Le lendemain on se remit en marche vers Paris, et huit jours après on était aux portes de la capitale. Une estrade avait été élevée à Saint-Antoine des Champs, la sainte relique y fut placée;

et quand tout le monde l'eut contemplée avec une joie inexprimable, Louis IX et son frère la chargèrent comme précédemment sur leurs épaules et, marchant processionnellement, arrivèrent à la chapelle du palais, alors dédiée à saint Nicolas, où elle fut déposée.

On a vu que toutes les précautions avaient été prises pour qu'aucune substitution ne fût possible ; ajoutons que Baudoin fut appelé à reconnaître la glorieuse relique et qu'il en constata l'authenticité dans un acte sur parchemin qu'on pouvait voir encore avant la Révolution, signé de sa main, en caractères grecs tracés au cinabre et revêtu de son sceau en plomb doré. Sur une des faces l'empereur est représenté assis sur son trône, avec cette exergue : *Balduinus imperator Romaniæ semper Augustus;* sur l'autre, il est à cheval avec cette inscription en lettres grecques : *Baudoin empereur, comte de Flandre.* Si l'on observe en outre que les Vénitiens, avant de prêter sur un tel gage une somme très-considérable, avaient dû prendre toutes les précautions et acquérir la certitude que leur bonne foi n'était pas trompée, on arrivera à cette conviction que Baudoin n'a pu se jouer de la crédulité de Louis IX, comme on l'a dit quelquefois, et que le saint monarque a reçu indubitablement ce que tout l'univers chrétien regardait comme la sainte couronne de Notre-Seigneur Jésus-Christ.

Mais il faut autre chose peut-être, et nous avons

besoin de remonter aux origines de la sainte couronne et d'en faire connaître la nature ; car un très-grand nombre d'églises affirment sur de bonnes raisons qu'elles en possèdent des fragments ou des épines, et, chose singulière, toutes ces portions ne sont pas semblables à celle que l'on conserve à Paris.

Il est certain d'abord qu'un siècle et demi avant le règne de saint Louis, à l'époque de la première Croisade, tout le monde admettait qu'une très-grande partie de la sainte couronne se trouvait à Constantinople, dans la chapelle des empereurs grecs. Alexis Commène, pour déterminer les princes chrétiens à venir à son secours, leur parlait des reliques très-précieuses qu'ils auraient à sauver et désignait spécialement la couronne du Sauveur. Au temps de Charlemagne, on avait pareillement dans tout l'Occident la certitude que ce trésor se trouvait à Constantinople et que Jérusalem en possédait aussi une notable partie. Vers l'an 800, au rapport d'Aimoin, le patriarche de Jérusalem en avait détaché quelques épines pour les envoyer à Charlemagne, qui les mit à Aix-la-Chapelle avec un des clous de la vraie croix ; ces reliques devaient être données plus tard par Charles-le-Chauve aux religieux de Saint-Denis. Mais on avait si bien la conviction que la sainte couronne se trouvait à Constantinople comme à Jérusalem, qu'un auteur allemand, contemporain d'Aimoin, Ludolphe de Bebenburck, chanoine de Mayence, croit devoir supposer un voyage de Charlemagne à

Constantinople, dans lequel les saintes épines lui auraient été remises. Le bon chanoine se trompe, mais son témoignage est une preuve en faveur de la croyance qu'on avait de son temps. Il a été suivi par Nicolas Gilles dans les grandes chroniques de France : « A son retour de Jérusalem, ledict Charlemagne passa par Constantinople....., ledict empereur de Constantinople luy donna ung des clous de quoi Notre-Seigneur Jésus-Christ fut crucifié, des épines de sa couronne, laquelle en sa présence florist miraculeusement. »

L'existence de la sainte couronne et sa conservation est un fait constant dans l'Eglise au septième siècle. « Parlons maintenant, dit Grégoire de Tours, de la lance, du roseau, de l'éponge, de la couronne d'épines, de la colonne à laquelle le Seigneur et Rédempteur fut attaché à Jérusalem..... On rapporte que les épines de la couronne apparaissent encore verdoyantes, et que lors même qu'elles sont desséchées, elles semblent revivre encore par un effet de la puissance divine [1]. » Enfin bien avant Grégoire de Tours, dès l'an 409, saint Paulin de Nole savait que la sainte couronne avait été conservée : « Les épines dont le Sauveur a été couronné et les autres reliques de sa Passion, dit-il dans une de ses lettres, nous rappellent le souvenir vivant de sa présence [2]. »

---

1. Greg., *De gloria martyrum*, lib. I, cap. VII.
2. Paul Noleus, *Epist. XXIV*.

Les témoignages écrits ne remontent pas plus haut, mais ils nous paraissent pleinement suffisants, ils supposent qu'il en existe d'autres qui ne sont pas parvenus jusqu'à nous; ils sont très-certainement l'expression d'une tradition orale que tout le monde connaissait alors. Le fait de la supposition d'une relique comme celle-ci, en ces âges de conscience et de foi, est inadmissible. Il serait d'ailleurs beaucoup moins facile qu'on pourrait le croire, de faire adopter aujourd'hui comme provenant d'un saint de ces derniers âges, un vêtement, une relique quelconque qu'on lui attribuerait faussement. A quel degré ne devait-on pas pousser alors le scrupule et l'examen rigoureux, quand il s'agissait d'un instrument aussi important de la passion du Sauveur.

Nous aimerions à savoir sans doute à quelle époque et comment la sainte couronne fut trouvée, distribuée en deux parts, dont l'une resta à l'église de Jérusalem, l'autre fut envoyée à celle de Constantinople. A cet égard, nous sommes réduits à des conjectures, lesquelles toutefois ne manquent pas de fondement sérieux. Il ne paraît pas que la couronne du Sauveur ait été trouvée dans la fosse du Calvaire avec la vraie croix et les clous; il n'en est fait aucune mention du moins, et l'on ne conçoit pas qu'elle ait été oubliée dans les récits de la découverte de la croix. Il y a tout lieu de croire qu'elle ne fut point ensevelie avec les instruments du supplice, sans doute parce que Joseph d'Arimathie, quand il descendit de la croix, avec les disciples, le corps du Sauveur, eut soin d'enlever et de mettre à part, pour la conserver comme un souvenir sacré, la couronne sanglante de son maître.

Que les fidèles ne nous aient laissé aucune relation, ni de la transmission de cette relique, ni des honneurs qui lui étaient secrètement rendus, on le conçoit ; tant que dura la persécution des juifs et des païens, on eut à prendre les plus grandes précautions. Toutes les reliques du Sauveur que la sainte Vierge avait conservées ou confiées aux apôtres et aux fidèles, ne durent pas être distribuées aux églises pendant l'ère des persécutions. C'eût été un sujet de trouble et un danger perpétuel. Mais conservées honorablement dans des maisons particulières, elles apparurent au grand jour pour être publiquement reconnues et vénérées au moment où la paix universelle fut rendue à l'Eglise par Constantin.

Sainte Hélène recherchait alors avec une pieuse avidité tous les souvenirs de la personne sacrée de Jésus; elle les partageait surtout entre Jérusalem, Constantinople et Rome. Il ne paraît pas douteux que la sainte couronne lui ait été remise à cette époque par ceux qui l'avaient en dépôt, qu'elle en laissa une partie notable à l'église de Jérusalem, qu'elle envoya l'autre à Constantinople. Rome n'aurait pas été oubliée non plus. Une tradition parfaitement suivie nous montre, comme ayant été envoyées par sainte Hélène, deux longues épines de la sainte couronne, conservées dans l'église de *Sainte-Croix en Jérusalem*. Une autre branche d'épines que possède l'église de Trèves a la même provenance.

Reste encore une difficulté qui nous oblige à étudier la nature et la forme que dut avoir la sainte couronne. Les anciens docteurs ne sont nullement d'accord au sujet de la matière dont elle est faite. Suivant les uns, c'est du jonc marin. Seulement, il faut reconnaître que ce jonc porte à peine quelques piquants qui n'ont rien de bien cruel. Suivant d'autres, c'est un arbrisseau du genre appelé *rhamnus*, en français *nerprun*, dont certaines espèces, celle surtout qui est nommée *zizyphus spina Christi, l'épine du Christ*, portent des pointes longues, dures et acérées. Les épines qu'on vénère en différentes églises sont de cette nature ; mais elles n'ont aucun rapport de ressemblance, même lointain, avec la sainte couronne de Paris, qui, elle, est réellement en jonc.

Comment expliquer cette anomalie? Grâce aux savantes études et aux recherches consciencieuses de M. Rohaut de Fleury, nous trouvons aujourd'hui toutes les difficultés bien aplanies [1].

La sainte couronne de Paris forme un cercle, une sorte de bourrelet de petits joncs réunis en faisceau, dont il n'a été distrait qu'un très-petit nombre de parcelles. L'ouverture de cet anneau est assez

---

1. *Mémoire sur les instruments de la Passion.*

grande pour que la tête puisse y passer. Il devait tomber à peu près jusqu'au bas du front. Mais ce n'était là que le support de la couronne douloureuse du Sauveur. Les cruelles épines dont nous avons parlé étaient fixées à ce cercle; leurs rameaux passés alternativement à l'intérieur et à l'extérieur du bourrelet, attachés sans doute avec des joncs, se réunissaient et formaient comme un bonnet de branchages aux pointes aiguës dont toute la tête du Sauveur était enveloppée. On peut se faire une idée du supplice du divin Maître, quand ces dards acérés, enfoncés à coups de bâton par les soldats, pénétrèrent sa chair s'enfonçant jusqu'au crâne, le perçant peut-être et inondant de sang ses yeux et son visage.

Les divergences des anciens auteurs sont de la sorte aisément expliquées. La différence qu'on remarque entre la couronne de Paris et les épines ou branches de zizyphus conservées à Trèves, à Paris, à Rome, n'est plus une difficulté. La sainte couronne ne fut point faite exclusivement en jonc marin ou en épines, les deux matières ont été employées à la fois. Il est même très-probable que plusieurs espèces d'épines se trouvaient mêlées ensemble dans le buisson sanglant dont fut couverte la tête du Sauveur.

En l'année 1241, de nouvelles richesses vinrent s'ajouter au trésor qu'avait acquis saint Louis. C'était toujours Constantinople qui les envoyait à la

France, et l'empereur Baudoin qui en faisait hommage au roi très-chrétien. Ces reliques étaient accompagnées d'un titre sur parchemin qui en établissait l'authenticité. On y désignait spécialement trois morceaux remarquables du bois de la vraie croix, appelés, le premier et le plus considérable : *Crucem sanctam;* le second qui est très-grand encore : *Magnam partem crucis;* le troisième, plus petit et connu sous le nom de *Croix de la Victoire*, parce que Constantin et ses successeurs le portaient dans les combats : *Aliam crucem mediocrem quam crucem triumphalem veteres appellabant.*

Saint Louis reçut aussi, dans ce même envoi, la pointe de la lance qui traversa le côté du Sauveur. L'origine de la sainte lance n'est pas moins certaine que celle de la sainte couronne. Cet instrument de la passion de Jésus-Christ se trouvait dès le commencement du VIIe siècle dans la chapelle du *Martyrion*, élevée par Constantin sur le Calvaire au lieu de la crucifixion. Héraclius, craignant que la sainte lance ne tombât entre les mains des Perses, la fit transporter de Jérusalem à Constantinople. Elle fut apportée plus tard à Antioche ; les Croisés l'y trouvèrent en 1097, mais la pointe était restée à Constantinople, d'où elle fut envoyée à Paris. Il y avait, en outre, un morceau du manteau de pourpre dont furent couvertes les épaules du Sauveur au prétoire, un fragment du roseau et une partie de l'éponge de la Passion. Toutes ces reliques étaient conservées depuis longtemps, à Constantinople, dans la chapelle du palais de *Bucoléon*. Baudoin Ier, qui s'était rendu maître de ce palais, lors de la prise de Constantinople en 1204, avait, moyennant certaines concessions faites aux princes croisés, obtenu que la chapelle serait respectée, et pu de la sorte conserver pour lui la plus grande partie du trésor sacré qu'elle possédait. Son successeur y puisa pour faire à saint Louis ces présents magnifiques.

Le pieux monarque se préoccupa sur-le-champ de faire élever, pour recevoir ces saintes merveilles, un monument digne d'elles. Les grands artistes ne manquaient pas. Le milieu du XIIIe siècle fut pour l'architecture religieuse l'époque la plus brillante. De toutes parts s'élevaient alors des chapelles, des églises et des cathédrales telles que le génie humain n'a jamais rien rêvé de plus beau. Louis IX choisit pour l'exécution de ses projets son architecte, Pierre de Montereau, le plus illustre maître tailleur de pierres de la grande école de Philippe-Auguste. Il le chargea de lui construire au Palais, à la place de la chapelle de Saint-Nicolas, qui était vieille et ruinée, une autre chapelle qui fut moins une église qu'une châsse de pierre, travaillée à jour comme un filigrane d'or, tapissée d'émaux et toute illuminée par de brillantes verrières.

L'artiste était fait pour comprendre la pensée du roi, comme il était digne de la réaliser. Le plan, d'une perfection inimitable, d'une pureté, d'une grâce, d'une élégance que rien n'égale, fut bientôt prêt, soumis à l'approbation du monarque qui en fut émerveillé et dès ce moment ne rêva plus que de le voir prochainement exécuté. La légende, qui n'admet pas aisément qu'une œuvre trop parfaite puisse sortir des mains de l'homme, n'a pas manqué de broder ses fantaisies autour de la réalité, et d'attribuer, selon l'ordinaire, la conception et le dessin d'un modèle si merveilleux à des moyens extra-naturels et à l'intervention du démon : peine ici tout à fait inutile ! On conçoit que l'imagination naïve des peuples se soit donnée carrière en présence de la construction colossale de nos grandes cathédrales, qui ont mis des siècles à s'élever et qui n'ont laissé trace ni du maître qui en a dessiné le plan ni de ceux qui l'ont réalisé ; mais la Sainte-Chapelle ne devait point avoir ces dimensions prodigieuses qui exigent à la fois tant de temps et tant de travaux, et l'artiste allait d'ailleurs laisser son nom sur ce bijou de pierre. Le génie de Pierre de Montereau, bien que la Sainte-Chapelle ait été son chef-d'œuvre, eut l'occasion de se révéler en d'autres circonstances ; et ce qu'il a fait nous donne la plus haute idée de son ampleur et de sa puissance. Ce n'était pas seulement un maître hors ligne, c'était encore un chrétien de roche, aussi humble que savant et qui eût volontiers, comme la plupart de ses contemporains, réclamé pour son nom l'amnistie de l'oubli, si l'éclat de ses œuvres dans la capitale et ses rapports avec saint Louis n'eussent rendu impossible un pareil effacement.

Avant la Révolution, on voyait encore son tombeau dans l'église de Saint-Germain-des-Prés. C'était un honneur que la vieille basilique devait bien à ses cendres, car il avait été l'architecte d'une merveilleuse chapelle qu'avait fait élever la noble abbaye à la gloire de la très-sainte Vierge, et qui fut une œuvre digne en tous points des plus belles conceptions de l'artiste. Il était modestement représenté sur la pierre tombale, tenant à la main une règle et un compas, avec cette inscription en latin : « Ici repose Pierre de Montereau, l'honneur des mœurs et le maître des carriers. Dieu l'appela à lui à l'âge de cinquante-quatre ans. »

Il semble bien que la grande préoccupation du maître dans le plan de la Sainte-Chapelle ait été de donner à la matière ce caractère spiritualiste et chrétien qui l'emporte vers les cieux dans un sublime élan, et la saisit en dépit de ses propriétés terrestres, pour lui faire traduire le *sursùm corda* des aspirations religieuses. La pierre ne va pas s'attarder sur le sol qui doit la porter, elle va s'élancer d'un jet audacieux dans les airs ; la construction s'amincit et se fait légère, elle se découpe en larges ouvertures dès l'étage inférieur qui sert de base au monument ; à mesure qu'elle monte, elle se dégage de plus en plus ; arrivée au niveau de la chapelle supérieure, elle jette fièrement de côté le manteau d'une muraille trop pesante au gré de la pensée chrétienne ; elle n'admet plus que d'immenses verrières, séparées par de minces contreforts pyramidaux, décorés de fines sculptures et qu'on dirait taillés dans le bronze. Le verre enrichi de tous les feux de la couleur, le vitrail harmonieux et imagé, reproduisant les milliers de sujets de l'histoire divine et humaine, c'est la robe diaprée, la robe de fête que cette vierge céleste a mise sur ses épaules, pour se tenir debout, grande et svelte, le front tourné vers les cieux, effleurant la terre de la pointe du pied seulement, et pour chanter au Christ vainqueur et roi couronné d'épines, l'hymne éternel de la reconnaissance et de l'amour.

Le roi saint Louis tint à honneur d'en poser lui-même la première pierre, en l'année 1245. Les proportions que dut avoir le monument sont à citer comme les plus parfaits modèles qu'il eût été donné à l'art chrétien de concevoir et de réaliser. Elles forment un parallélogramme allongé qui se termine en abside du côté de l'est et qui est composé de deux chapelles superposées, sans bas-côtés ni transepts. L'édifice a 36 m. 33 de longueur sur 17 m. de largeur, hors d'œuvre. L'élévation extérieure, depuis le sol de la chapelle basse jusqu'au sommet du pignon de la façade, est de 42 m. 50 ; la flèche, qui est de construction toute récente et que M. Lassus a si audacieusement lancée vers les cieux, monte au-dessus des combles à la hauteur de 33 m. 25. Il n'est point absolument certain que la Sainte-Chapelle ait eu ce couronnement dès le temps de saint Louis ; nous sommes portés à croire cependant que Pierre de Montereau n'a pu négliger de le donner à son œuvre. L'élévation intérieure sous voûtes est de 6 m. 60 dans la chapelle basse et de 20 m. 50 dans la chapelle haute.

Le roi était impatient, il lui tardait de pouvoir donner un si noble asile à ses pieux trésors. Il fallut faire marcher la construction, qu'elle qu'en dût être la perfection, avec une incroyable célérité. D'ailleurs, ni les ouvriers ni les matériaux ni les ressources pécuniaires ne faisaient défaut. En trois années, ensemble et détails, tout était terminé ; peintures et sculptures, émaux et vitraux, rien n'y manquait. C'était une féerie, et l'enthousiasme qu'excitait la vue d'une pareille création tenait du délire. Cette admiration pourtant se trouvait tempérée par des craintes sérieuses qui soulevèrent contre l'architecte une tempête de récriminations. Pierre de Montereau en fut lui-même un instant effrayé, et pensa qu'il aurait à se repentir de son audace. Comment avait-il pu s'imaginer de bâtir une église mince comme une coquille et soufflée comme la coupe d'un verrier? Ce frêle édifice se tiendrait-il ferme sur ses bases, comme pour jeter un défi aux lois les plus ordinaires de la statique?

Au dire de Sébastien Rouillard, à peine la Sainte-Chapelle fut-elle élevée, qu'on la vit osciller au vent sur les pavés, comme une nacelle au milieu des flots ;

son clocher se balançait dans les airs et suivait les impulsions que donnait à ses cloches la corde du sonneur. Aussi le dimanche de la Quasimodo de l'année 1248, où la chapelle fut consacrée, loin d'être une fête et un triomphe pour le pauvre architecte, fut-il un jour d'angoisses. On le chercha partout, s'il faut en croire la tradition, bien inutilement d'ailleurs, car il s'était si bien caché qu'on ne parvint pas à le trouver. « Les ouvriers eux-mêmes avaient pris la fuite, dans la crainte qu'on ne leur fît apprendre les lois de l'équilibre au haut d'une potence. Le temps a donné raison à la témérité du vieux maître ; il s'est trouvé que cette fleur exquise a des racines de vieux chêne [1]. »

Les proportions avaient été si bien gardées, les lois mathématiques suivies avec tant de précision, les matériaux si bien choisis et si exactement taillés, que l'aérienne et délicate structure ne pouvait manquer de s'affermir sur ses bases et de prendre racine dans le sol. « On ne peut concevoir, dit M. Viollet le Duc, comment ce travail surprenant par la multiplicité et la variété des détails, la pureté de l'exécution, la richesse de l'ornementation, la beauté des matériaux, put être achevé en un temps si court. De la base au faîte, il est entièrement en pierre dure, liais et cliquart ; chaque assise, cramponnée par des agrafes en fer coulées dans le plomb, est taillée et

[1] Paul de Saint-Victor, *La Sainte-Chapelle*

posée avec une perfection rare ; la sculpture est composée et ciselée avec un soin particulier. Sur aucun point, on ne sent la négligence et la précipitation [1]. »

Ajoutons que ce ne fut pas seulement la chapelle qui se trouva terminée au bout de ces trois années : ce fut encore la magnifique sacristie qui lui était attenante et dont Pierre de Montereau poursuivait en même temps la construction. C'était une seconde merveille jointe à la première, moins éclatante sans doute, ainsi qu'il convenait, mais, au même titre qu'elle, un chef-d'œuvre incomparable de l'art gothique le plus exquis, avec cette pointe de raffinement qu'il avait prise au contact de l'art arabe.

Deux chapelles superposées composent l'édifice religieux. Cette disposition répondait aux divisions du palais. La chapelle basse, qui est moins une crypte qu'une splendide église avec ses vitraux étincelants, ses peintures, ses colonnes légères à chapiteaux brodés, était destinée aux officiers du palais et à la domesticité de la maison royale. Au trumeau de la porte principale était adossée cette statue de la sainte Vierge qui, d'après une gracieuse légende, en l'année 1303, pencha la tête en signe de remerciement vers Duns Scott, l'habile théologien qui avait défendu l'Immaculée-Conception, et conserva depuis cette attitude. La chapelle haute, que nous décrirons plus tard, était réservée au roi et à la cour. Saint Louis y

---

[1]. *Diction. archéol.*

avait son oratoire, c'était cette cellule qu'on voit encore adjacente à la paroi méridionale du monument.

Ce fut, on le comprend bien, l'église de prédilection du saint monarque. Il en avait fait faire la consécration solennelle, le même jour, par deux illustres prélats : le premier, Philippe de Berruyer, archevêque de Bourges, avait consacré la partie basse sous le vocable de la sainte Vierge; l'autre, Eudes de Châteauroux, évêque de Tusculum et légat du Saint-Siége, la chapelle haute, sous le vocable de la Sainte-Couronne. Le saint roi, qui n'avait rien de plus à cœur que la beauté de la maison de Dieu, se plaisait au milieu de ces pieuses magnificences qui le transportaient dans la Jérusalem céleste, plus chère et plus désirée encore que celle de la terre ; n'avait-il pas là, d'ailleurs, réunis sous ses yeux, les trophées du Calvaire, objets constants de son amour le plus ardent?

Ces merveilleux reliquaires d'or, bosselés d'émaux, semés d'escarboucles et de perles, c'étaient les souvenirs vivants de la passion du Sauveur, la croix, la couronne, la lance, les clous qu'ils renfermaient; c'étaient ces chers objets, encore baignés du sang divin que le regard pieusement avide du chrétien découvrait à travers le cristal dans la grande châsse qui renfermait tous ces trésors. Cette châsse était elle-même prodigieusement riche. « Ce qu'on appelle la grande châsse, dit l'historien de la Sainte-Chapelle, est une grande arche de bronze doré, ornée de quelques figures sur le devant. Elle est élevée sur une voûte gothique sise derrière le maître-autel, au rond-point de l'église. Elle est fermée avec dix clefs de serrure différente, dont six ferment les deux portes extérieures, et les quatre autres un treillis intérieur à deux battants. Les reliques y sont conservées dans des tableaux et des vases de cristal garnis en or.[1] »

C'est donc là que fut déposée, en un précieux reliquaire, la sainte couronne du Sauveur, entre la vraie croix d'une part, c'est-à-dire le morceau le plus considérable du bois sacré, et le fer de la sainte lance de l'autre. Grâce au luxe de clefs et de serrures, aux six archers encore qui durent veiller toutes les nuits dans la Sainte-Chapelle, les saintes richesses furent à l'abri de toute tentative de vol et de détournement.

Louis IX ne fit point exécuter toutes ces merveilles sans qu'il lui en coûtât fort cher. Les dépenses de la Sainte-Chapelle montèrent à plus de 800,000 livres ; les sommes versées à l'empereur de Constantinople, celles qui furent consacrés à la confection des châsses, atteignirent le chiffre de deux millions. Saint Louis, qui pouvait disposer de ces richesses temporelles, n'hésita pas à les consacrer à un si noble emploi et répondit à quelqu'un de son conseil qui trouvait ces prodigalités excessives : « Dieu m'a donné tout ce que possède, ce que dépenserai pour

---

[1]. *La Sainte-Chapelle*, par Morand.

lui et les nécessiteux sera tousiours le mieux placé. »

Il n'attendit pas même que son église fut achevée pour y établir un collége de dix-sept ecclésiastiques, qu'il dota généreusement. Le clergé de la Sainte-Chapelle, en vertu de priviléges et d'exemptions accordés par le pape Innocent IV, ne relevait que du Saint-Siége. Le même pape, à la prière du roi, voulut bien enrichir d'indulgences nombreuses les reliques de la nouvelle église ; il accorda en même temps à saint Louis et à ses successeurs le privilége d'y faire l'ostention des saintes reliques le mardi saint. Ce jour-là, le peuple des douze paroisses de Paris arrivait dès sept heures du matin dans la cour du palais et s'y tenait, parce qu'il était impossible à la foule de pénétrer dans l'enceinte trop exiguë de la chapelle. Le roi prenait alors la croix et l'élevait, tandis que le peuple chantait : *Ecce crux Domini*, puis l'exposait devant la fenêtre centrale du chevet, de telle sorte que, la porte de l'église restant ouverte, tout le monde pouvait la voir de la cour.

C'était là pour le saint monarque la plus grande joie qu'il pût éprouver. Tout lui plaisait d'ailleurs dans le pieux sanctuaire qu'il avait élevé, la pompe des religieuses solennités et la solitude du saint lieu. Autant il aimait à voir s'y prolonger le service divin qu'il suivait dévotement, autant il y passait volontiers de longues heures en prières, agenouillé dans son oratoire ou étendu sur les dalles voisines de l'autel. Il s'était créé là quelque chose de cet Orient vers lequel s'en allaient toujours les pensées et les désirs de son âme. Autour de ce Calvaire glorifié qu'il avait élevé à son Dieu, il avait voulu voir comme une représentation idéale de la Terre-Sainte ; toutes les rues adjacentes avaient pris les noms des villes ou des bourgades du pays de l'Evangile, Bethléem, Nazareth, Jérusalem. Mais la sainte illusion où se berçait son âme éprise de la croix ne pouvait lui suffire jusqu'au bout : son cœur chevaleresque bondissait au récit des malheurs récents de la Terre-Sainte. C'était là que Dieu l'attendait. Le 25 mai 1257, il attachait de nouveau la croix sur sa poitrine, la donnait à ses fils, la faisait prendre à ses barons, et bientôt après il partait pour la Palestine. Il y trouvait la fin de sa glorieuse carrière, et s'en allait recevoir dans les cieux la récompense de ses vertus.

Ce fut un grand deuil, que cette mort, pour la France et pour la Sainte-Chapelle, qui sembla plongée dans le veuvage. Le poëte Rutebeuf, dans ses *Regrets au roy Loeys*, n'a garde d'oublier cette désolation qui s'est répandue sur le pieux sanctuaire :

> Chapèle de Paris, bien ères maintenue,
> La mort, ce m'est advis, t'a fost desconvenue,
> Du miex de tes amys t'a laissé toute nue.
> De la mort sont plaintifs et grant gent et menue.

Pourtant ce fut un jour de renaissance et d'allégresse pour la Sainte-Chapelle, celui où son bien-aimé souverain put recevoir publiquement dans son enceinte les premiers hommages de la piété chrétienne. Le pape Benoît VIII, cédant aux vœux ardents de toute la France et se rendant à cette voix du peuple qui ne pouvait être ici que la voix de Dieu, avait proclamé dans sa bulle du 11 août 1297 la sainteté de Louis IX. L'année suivante, Philippe le Bel avait convoqué dans l'église abbatiale de Saint-Denis tous les archevêques, évêques, prélats, abbés, princes et barons du royaume. Le corps du pieux roi, ayant été levé de terre et embaumé, fut mis dans une châsse d'argent que les archevêques de Reims et de Lyon portèrent jusqu'à la Sainte-Chapelle. Une immense multitude qui avait peine à contenir les transports de sa joie y attendait les restes du saint monarque, qui furent déposés dans son sanctuaire de prédilection; ils y demeurèrent trois jours exposés à la vénération des fidèles. Philippe le Bel avait bien envie d'y garder désormais le corps du saint roi, et le pape l'y avait autorisé. Il eut peur toutefois, en agissant de la sorte, de violer les droits de la royale abbaye de Saint-Denis; il lui fit donc restituer au plus vite les reliques de saint Louis, il en garda le chef seulement, qu'il fit mettre en un buste d'or au trésor de la Sainte-Chapelle.

La Sainte-Chapelle devait avoir encore de longs jours de gloire et compter dans ses annales toute une suite de solennités. Ses dimensions restreintes ne permettaient pas à un nombreux public de trouver place dans son enceinte, mais elle convenait à certaines fêtes royales, d'un caractère plus intime, auxquelles l'élite des prélats et des seigneurs seule était convoquée.

Alors les chapes de drap d'or rehaussées de perles fines et de broderies de couleur, les satins et les soies du levant, les velours de toutes nuances, ruisselaient à flots avec les bijoux et les diamants; mais la fière et joyeuse église ne pâlissait point devant ces splendeurs : elle pouvait rivaliser d'éclat avec les plus belles parures du monde et les surpasser toutes. Et quand les grandes verrières flamboyaient au soleil, la lumière qui descendait des mosaïques transparentes se jouait sur les draperies, leur prêtait des couleurs fantastiques et des tons inconnus; et depuis la voûte d'azur toute semée d'étoiles d'or jusqu'aux richesses ondoyantes du parvis sacré, les costumes étincelants, les peintures, les émaux, les ors des colonnes et des chapiteaux, tout rayonnait, tout s'embrasait, jetait des flammes. C'était l'harmonie magique d'un éblouissement universel.

Les grandes solennités de la Sainte-Chapelle eurent lieu surtout à l'occasion des mariages royaux et de couronnements de reines. En 1275, Marie de Brabant, fille de Philippe le Hardi, y reçut la consécration royale. En 1292, Henri VII, empereur d'Allemagne, y épousa, en présence du roi, Marguerite de Brabant. Quelque temps après, la fille de ce prince, Marie de Luxembourg, y était unie à Charles le Bel qui se mariait en secondes noces et qui, rendu libre bientôt par la mort de cette princesse, n'allait pas tarder à contracter une troisième union à la Sainte-Chapelle avec Jeanne d'Evreux. La trop fameuse Isabeau de Bavière devait, elle aussi, dans ce même sanctuaire, donner sa main à l'infortunée Charles VI. Il avait été témoin, plus d'un siècle auparavant, d'une noble et touchante cérémonie. L'empereur Charles IV, accompagné de son fils Venceslas, roi des Romains, et du roi de France, avait voulu y assister, la veille de l'Epiphanie, aux premières vêpres de la fête, et le lendemain, à la grand'messe célébrée par l'archevêque de Reims ; les trois augustes personnages, représentant les rois mages, avaient apporté leurs présents à l'autel : l'or, l'encens et la myrrhe.

La Sainte-Chapelle était toujours le centre de ralliement et le point de départ de toute expédition publique ou privée en Terre-Sainte. Même à cet âge où les croisades n'étaient plus en faveur, elle vit éclater en son enceinte les derniers élans de l'enthousiasme religieux qui les avait produites. En 1332, une auguste assemblée se trouva un jour réunie dans la chapelle haute. Il y avait là Philippe VI de Valois, Jean de Luxembourg, roi de Bohême, Philippe d'Evreux, roi de Navarre, Eudes IV, duc de Bourgogne, et Jean III le Bon, duc de Bretagne, nombre de prélats, de nobles seigneurs et de barons. Le patriarche de Jérusalem, Pierre de la Pallu, porta la parole et fit des malheurs de la Terre-Sainte un tableau si navrant que toute l'assistance se leva du même coup, et que tous, le visage tourné vers l'autel, la main droite tendue vers la couronne et la croix du Sauveur, firent le serment d'aller au secours des saints lieux. Hélas! le temps n'était plus des Tancrède et des Godefroy de Bouillon. Les circonstances, plus fortes que les courages, allaient paralyser cette généreuse ardeur.

Le clergé que saint Louis avait institué, suffisait largement au service de la Sainte-Chapelle; il comptait dix-sept prêtres, dont cinq chapelains, cinq vice-chapelains, les autres, clercs ou marguilliers. Il garda longtemps ses priviléges et son organisation. Au temps où la Révolution vint briser toutes les institutions religieuses, la Sainte-Chapelle était desservie par un trésorier, un chantre, douze chanoines et treize clercs. La chantrerie avait été fondée, en **1319**, par Philippe le Long. Quant au trésorier, c'était un personnage d'une haute importance; il portait l'anneau épiscopal et officiait avec la mitre; on l'appela quelquefois le pape de la Sainte-Chapelle. Toujours est-il que cinq cardinaux, entre autres le fameux Pierre d'Ailly, beaucoup d'archevêques et d'évêques ont illustré la trésorerie.

Le chapitre ne se targua jamais d'une très-grande austérité. Il y eut des jours peut-être où le relâchement se glissa dans son sein. Une première réforme y fut faite sous Charles VI; une seconde plus sévère eut lieu en 1520, sous François Ier. Rien n'y fit. Ces prêtres, qui se trouvaient en rapport avec la cour, se pliaient difficilement à la règle. Grâce à Dieu cependant, il n'y eut guère lieu de crier jamais au scandale. Certes, il est permis de rire avec Boileau de ce franc et joyeux rire qu'ont toujours aimé nos pères, quand on lit la plaisante critique du poëme héroï-comique qui restera le chef-d'œuvre du maître :

> Les chanoines vermeils et brillants de santé
> S'engraissaient d'une longue et sainte oisiveté :
> Sans sortir de leurs lits plus doux que leurs hermines,
> Ces pieux fainéants faisaient chanter matines,
> Veillaient à bien dîner et laissaient en leur lieu
> A des chantres gagés le soin de louer Dieu.

Tout le monde connaît ces vers, et ces autres encore :

> C'est là que le prélat, muni d'un déjeuner,
> Dormant d'un léger somme attendait le dîner.
> La jeunesse en sa fleur brille sur son visage :
> Son menton sur son sein descend à double étage.
> Et son corps, ramassé dans sa courte grosseur,
> Fait gémir les coussins sous sa molle épaisseur.

Le lecteur intelligent ne prendra pas au sérieux les fantaisies joviales du poëte qui lui-même a pris soin de dire : « Tous les personnages sont non-seulement inventés, mais j'ai eu soin de les faire d'un caractère directement opposé au caractère de ceux qui desservent cette église, dont la plupart, et principalement les chanoines, sont tous gens, non-seulement d'une fort grande probité, mais de beaucoup d'esprit, et entre lesquels il y en a tel à qui je demanderais aussi volontiers son sentiment sur mes ouvrages qu'à messieurs de l'Académie [1]. » Toutefois, si les caractères sont fictifs, la dispute qui s'éleva entre le chantre et le trésorier à l'occasion d'un lutrin est bien réelle. Il en reste un procès-verbal qui montre à quel point fut troublée en cette affaire la sérénité des hauts personnages. Boileau s'est trouvé fort à propos pour en saisir le côté comique et pour en immortaliser les auteurs. Personne ne s'en fâcha d'ailleurs; et les chanoines qu'il avait chantés lui gardèrent si peu rancune, qu'après sa mort ils s'empressèrent de donner asile à son tombeau qui fut placé dans la chapelle basse.

La Sainte-Chapelle avait certaines cérémonies qui lui étaient particulières. Le jour de la Pentecôte, on y donnait en quelque sorte la représentation sensible du mystère; des étoupes enflammées descendaient de la voûte sur les assistants et figuraient l'effusion du Saint-Esprit sous la forme de langues de feu. Quelques instants après, de blanches colombes, exprimant toujours sous un autre symbole la descente du Saint-Esprit, étaient lâchées dans l'enceinte de

---

[1]. Boileau, 2ᵉ préface du *Lutrin*.

l'église; enfin, à l'offertoire, un jeune enfant de chœur entièrement vêtu de blanc, avec des ailes d'or éployées, apparaissait tout à coup planant au-dessus de l'autel, à la hauteur des voûtes; il en descendait au grand ébahissement de l'assistance, et venait donner à laver au célébrant dans l'aiguière d'argent qu'il tenait à la main. Le moyen-âge aimait passionnément ces pieuses exhibitions. On y poussa quelquefois la naïveté un peu trop loin; quelques-unes de ces fêtes n'eurent pas le caractère de gravité qui convient essentiellement aux choses saintes; bien qu'en ces âges de foi on n'eût en aucune façon la pensée de manquer au respect dû à la maison de Dieu, les évêques y virent un abus contre lequel ils protestèrent de bonne heure. Il n'y eut jamais rien à la Sainte-Chapelle qui ressemblât aux excentricités de la fête des Fous ou de la fête de l'Ane; seulement, le jour des Saints-Innocents, en vertu d'une coutume qui avait bien son côté touchant, les chanoines cédaient leurs stalles aux enfants de chœur, lesquels, supérieurs à leurs maîtres pour quelques heures en vertu de la sainte innocence, avaient l'honneur de chanter l'office et d'en faire toutes les cérémonies. Tout ce petit monde trônait, portait la chape, officiait gravement. Rien ne lui manquait en fait d'honneurs; le bâton cantoral lui-même était confié aux jeunes mains d'un *præcentor* improvisé. Cet usage put subsister à la Sainte-Chapelle, tant on y mit de réserve et de décence, jusqu'en l'année 1671. Il portait avec lui son enseignement et rappelait aux anciens du sanctuaire la parole du Maître : « Si vous ne devenez semblables à ces enfants, vous n'entrerez pas dans le royaume des cieux. »

Les splendeurs de la Sainte-Chapelle commencèrent à se voiler du jour où les rois abandonnèrent le palais de la Cité pour aller s'établir de l'autre côté de la Seine. A partir du seizième siècle, on la dirait condamnée à l'oubli. Les événements qui, de temps à autre, rappellent vers elle l'attention et secouent quelque peu l'indifférence publique, ont quelque chose de lugubre ou de sinistre.

A peine la Réforme eut-elle pris naissance et soulevé dans notre pays les passions qui allaient le livrer pendant de longues années aux fureurs de la guerre civile, que le fanatisme se signala par un premier attentat commis dans l'intérieur de la Sainte-Chapelle. Un écolier de vingt-deux ans, un énergumène, le 25 août de l'année 1503, se précipitait dans son enceinte, pendant qu'on y célébrait la sainte messe, arrachait l'hostie des mains du prêtre et la mettait en pièces dans la cour du Palais. Ce fou furieux fut arrêté, jugé et condamné à être brûlé vif. Le bourreau jeta ses cendres au vent. On fit une cérémonie expiatoire pour réconcilier la Sainte-Chapelle ; le pavé de la cour sur lequel avait tombé la sainte hostie, fut enlevé avec un religieux respect et déposé dans le trésor de l'église.

Le plus considérable des trois morceaux de la

vraie croix, cédés à saint Louis par l'empereur Baudoin, avait été renfermé, comme on l'a vu, avec la sainte couronne dans la grande châsse, où les saintes reliques étaient conservées sous dix clefs différentes. Le morceau le plus petit du bois sacré, connu sous le nom de Croix de la Victoire, s'y trouvait pareillement; mais le fragment intermédiaire, désigné dans l'acte de cession par ces mots : « *Aliam magnam partem,* » était mis en dépôt dans la sacristie. C'était celui qu'on exposait aux adorations des fidèles. Tout à coup, le 10 mai 1575, on apprit que cette partie de la vraie croix avait disparu. Ce fut une désolation inexprimable. Ce trésor sacré avait été volé, il ne pouvait y avoir à cet égard le moindre doute. On pouvait espérer qu'il se retrouverait. Toutes les recherches imaginables furent faites aussitôt, elles n'amenèrent aucun résultat; de grandes récompenses furent promises à toute personne qui mettrait sur la trace des voleurs ; des processions et des prières publiques furent ordonnées pour obtenir la recouvrance de la sainte relique.

Tout fut inutile. Le coupable n'était pas tel qu'on pût porter sur lui des soupçons. C'est triste à dire, mais toute autre explication est impossible et de graves historiens l'ont affirmé : le voleur n'était autre que le roi Henri III, lequel, sous le sceau du secret, avait, pour une somme très-considérable, remis cette portion de la vraie croix entre les mains des Vénitiens, d'où elle ne devait jamais plus revenir.

Il fallait une vraie croix cependant pour les expositions solennelles qui se faisaient à la Sainte-Chapelle. Henri III s'était fait un front qui ne savait pas rougir; au mois de septembre de la même année, il se fit ouvrir la grande châsse, en tira la grande croix, en coupa une portion qui dût être désormais exposée devant le peuple à la place de celle qu'il avait vendue aux marchands de Venise. On s'appliqua à lui donner la forme et l'apparence de l'ancienne, on la fit mettre dans un reliquaire semblable. La décoration de ce reliquaire fournit au monarque une nouvelle occasion de s'enrichir aux dépens du trésor de la Sainte-Chapelle. « Le 23 février 1576, dit Morand, le roi fit tirer de la grande châsse cinq gros rubis estimés à deux cent soixante mille écus et que l'on n'a plus revus à la Sainte-Chapelle. On les retrouva chez des gagistes, et de tristes débats s'en suivirent sous Henri IV qui ne put les retirer. Henri III avait donc volé ces bijoux. Les clefs qui les renfermaient furent trouvées dans sa chambre après sa mort [1]. »

Un désastre bien autrement grave frappait la Sainte-Chapelle, trente et quelques années plus tard. Elle échappa comme par miracle à un incendie terrible, qui consuma en un clin d'œil la charpente, les combles avec leur couverture en lames de plomb et la flèche magnifique qui avait été élevée au quatorzième siècle, soit pour remplacer celle de Pierre de

---

[1]. Morand, *Hist. de la Sainte-Chapelle*, p. 193.

Montereau, soit pour donner à l'édifice un couronnement qu'il n'avait pas eu jusque là, au dire de certains auteurs. Le sinistre fut, comme beaucoup d'autres du même genre, le résultat de l'imprudence des plombiers qui oublièrent un réchaud sur les toits. Par bonheur, le feu ne trouvant d'aliment que dans la partie supérieure s'y maintint, la voûte résista, et les vitraux ne furent pas atteints. Le mal put donc être réparé. Seulement, comme on n'avait plus le secret des élégances de l'art gothique, on mit à la place de la flèche une sorte de clocher indigne du monument, d'un style bâtard, d'une construction manquée, qui ne put jamais s'asseoir sur ses bases, et qu'un siècle et demi plus tard, il fallut jeter bas. N'en regrettons pas la ruine, en présence de cette aiguille si admirablement ciselée, qui s'élève fièrement vers les cieux et semble jeter comme un défi à la flèche de Charles VIII, d'avoir jamais été plus belle.

La série des malheurs de la Sainte-Chapelle était commencée ; longtemps encore elle allait suivre son cours. En l'année 1776, l'amour de la ligne droite entraîna des constructeurs ineptes à commettre un acte de vandalisme inqualifiable. On entreprit de prolonger la façade septentrionale du Palais de Justice. L'admirable sacristie que Pierre de Montereau avait posée aux flancs de la Sainte-Chapelle, comme un bouton de rose à côté de la fleur épanouie, se trouvait dans l'alignement des bâtiments projetés ; les barbares qui s'appelaient des architectes n'hésitèrent pas, ils renversèrent, pour passer leur cordeau, le bijou du treizième siècle et mirent, à la place, de lourds et odieux bâtiments, qui vinrent masquer la Sainte-Chapelle et priver de lumière une partie de ses vitraux.

Bientôt après arrivent les jours néfastes de la Révolution. L'Assemblée nationale, en même temps qu'elle établit la constitution civile du clergé, supprime tous les chapitres, monastères et abbayes. La Sainte-Chapelle se voit privée des chanoines et des prêtres qui la desservent; et la municipalité de Paris met les scellés sur le trésor, en attendant qu'elle s'en empare. Louis XVI, qui ne prévoyait que trop bien le sort réservé à toutes ces richesses, voulut au moins sauver les saintes reliques. Il fit venir un de ses conseillers dans lequel il avait une entière confiance, M. Gilbert de la Chapelle, et le chargea de les retirer du trésor pour les mettre en lieu sûr.

Le 12 mars 1791, le conseiller du roi, assisté de l'abbé Fénelon, fit lever les scellés en présence du président de la Chambre des comptes et d'autres notables personnages, enleva toutes les saintes reliques, les présenta au monarque, et, croyant les mettre à l'abri des atteintes des révolutionnaires, les accompagna lui-même à Saint-Denis, où elles furent déposées dans le trésor de la basilique. Personne ne s'imaginait alors que la main sacrilége de la Révolution s'étendrait bien au delà, jusqu'aux extrémités de la France. La haine sauvage des hommes de quatre-vingt-treize n'en fut bientôt plus à compter avec les attentats et les crimes. Un cortége dérisoire se présenta aux portes de la Sainte-Chapelle et fit entasser pêle-mêle, sur les fourgons de la Convention, tous les objets sacrés que la piété de nos pères y réunissait avec amour depuis plus de cinq siècles. C'étaient, outre la grande châsse et le buste d'or du chef de saint Louis, des statues d'or et d'argent massives, des croix, des calices, des ostensoirs, des reliquaires, où l'or lui-même n'avait qu'une valeur secondaire, en comparaison des merveilles artistiques qui en rehaussaient le prix, des émaux, des perles fines, des pierres précieuses qui les décoraient; c'étaient des ivoires ciselés, des missels dont les reliures toutes chargées de perles et les miniatures à fond d'or étaient inappréciables, des escarboucles, des gemmes et des camées tels que le monde n'en connut jamais de plus merveilleux. Tout disparut, tout fut traîné à la Monnaie, brutalement tordu, martelé, fondu en lingots. A peine si quelques-uns des plus rares chefs-d'œuvre furent épargnés, quand la cupidité ne trouva pas moyen d'en tirer immédiatement parti. De ce nombre fut la merveille des merveilles, le camée en agathe de l'*Apothéose d'Auguste*, qui n'a point son égal dans le monde et qui est aujourd'hui la plus grande richesse du cabinet des médailles.

Les saintes reliques déposées à Saint-Denis allaient être elles-mêmes bientôt arrachées de leur asile. Dans la nuit du 11 au 12 novembre de cette année sinistre, la basilique de Saint-Denis fut, comme on l'a vu, profanée à son tour. On sait à quelles saturnales elle était réservée. Le trésor de la vieille cathédrale fut enlevé, avec les reliques innombrables qu'il contenait, et l'on en fit hommage à la Convention, comme d'objets servant d'aliment à la superstition.

Qu'allaient devenir la sainte couronne et la vraie croix entre les mains des forcenés de la Révolution? Humainement parlant, il ne pouvait y avoir pour elles aucune chance de salut. Ceux qui brûlaient les restes mortels de sainte Geneviève et de saint Denis pouvaient bien, sans aucun scrupule, détruire encore les souvenirs de la Passion. Dieu cependant veillait sur eux. On eut l'idée de soumettre les reliques à l'examen de savants, pour voir si quelques-unes d'entre elles ne méritaient pas d'être conservées à titre de curiosités. L'abbé Barthélemy, conservateur de la Bibliothèque nationale, s'empressa de déclarer que la couronne avait une valeur de rareté et d'antiquité qui devait la préserver de la destruction; il obtint qu'elle lui serait confiée, et la garda soigneusement à la Bibliothèque. Puisse la miséricorde divine lui en tenir compte! Un membre de la commission, M. Beauvoisin, prit la vraie croix et la remit à sa mère. Le saint clou fut également sauvé avec bon nombre d'autres reliques très-précieuses. Tous ces objets sacrés furent mis à l'abri des fureurs de l'impiété et attendirent en paix que les temps devinssent meilleurs.

La main des hommes fut plus dure encore pour la Sainte-Chapelle et pour ses sculptures qui se recommandaient assez cependant par leur seul mérite artistique. Elle ne tomba pas sans doute sous le marteau des démolisseurs ; mais ses admirables statues, la Vierge de Duns Scott, la figure du Sauveur au trumeau de la chapelle haute, les bas-reliefs, le portail, le tympan et les voussures, les grandes statues des apôtres à l'intérieur, les émaux, les peintures, rien, à l'exception des vitraux, ne trouva grâce devant les briseurs d'images chrétiennes. On la laissa toute nue et affreusement mutilée. Et comme si ce n'eût pas été assez de ravages et de ruines, quand la tempête fut apaisée, l'ineptie des utilitaires vint à point pour rendre plus complète l'œuvre de destruction commencée par le fanatisme anti-religieux. Il se trouva des administrateurs, en l'année 1803, qui crurent n'avoir rien de mieux à faire que d'installer dans un pareil monument les archives judiciaires de la république.

On cribla les murs de clous et de crochets, à travers les archivoltes et les chapiteaux effeuillés ; on arracha dans tout le pourtour de l'édifice un grand pan de vitraux qu'on fit murer de plâtre, pour le garnir d'armoires et de casiers à compartiments..... Dulaure, dans son tableau de Paris, trouvait cela beau et estimait qu'en fin de compte la Sainte-Chapelle n'avait rien perdu à être changée en paperasserie. Il s'extasiait de voir des placards boucher des verrières. — « La Sainte-Chapelle, dit-il, est aujourd'hui consacrée à l'utilité publique; elle contient des archives dont les diverses pièces sont placées avec un ordre admirable. Les armoires où elles sont rangées occupent une grande partie de la hauteur de l'édifice et présentent, par leur objet et leur décoration, l'heureux mélange de l'utile et de l'agréable... — O Prud'homme, tu es éternel [1]! »

Elle avait pourtant essayé de renaître à la vie religieuse, la pauvre fleur que la tempête avait si rudement éprouvée. L'aurore de la résurrection chrétienne y jeta ses premières lueurs. Dès l'année 1800, alors que Notre-Dame, livrée encore au clergé schismatique, était absolument déserte, deux prêtres courageux, l'abbé Borderies, depuis évêque de Versailles, et l'abbé Lalande, mort évêque de Rodez, appelèrent, les premiers, les fidèles dans l'enceinte de la Sainte-Chapelle; ils y firent des catéchismes dont on garda longtemps le souvenir, et, en l'année 1802, ils y célébrèrent une cérémonie touchante que la France ne connaissait plus depuis longtemps : une première communion d'enfants et de jeunes gens préparés par leurs soins. Ce premier rayon qui éclaira la Sainte-Chapelle ne devait pas tarder à s'y éteindre; il n'en sortit du moins que pour se ré-

---

1. Paul de Saint-Victor, *La Sainte-Chapelle*.

pandre bientôt sur tous les sanctuaires du royaume.

Comment en eût-il été autrement ? Elle était si misérable, si délabrée ! Quand les églises se rouvrirent, il fallut leur donner des prêtres, hélas ! trop peu nombreux. Il n'y en eut plus pour elle. On ne savait à quoi l'employer : on en fit le bel usage que vous savez. Et quand, plus tard, la pudeur monta au front de ceux qui avaient méconnu un pareil chef-d'œuvre, quand on s'occupa de savoir s'il pourrait être un jour rendu à sa destination première, on le trouva en si mauvais état, qu'on se demanda s'il n'était pas à propos de l'abattre plutôt que d'essayer de le restaurer. Grâce à Dieu, on ne fit ni l'un ni l'autre. Les architectes de l'empire, ceux même de la Restauration, étaient incapables de toucher, autrement que pour le perdre sans retour, à ce joyau de l'art gothique.

Au sortir de la Révolution, la Sainte-Chapelle se trouvait dans un tel état de dégradation, qu'on ne put songer à lui restituer les saintes reliques, dont une partie au moins avait été sauvée. Elle ne pouvait plus offrir un asile convenable à ces trésors sacrés.

Elle resta donc veuve de toutes ses anciennes richesses et demeura pendant de longues années entièrement abandonnée. Le temps la dégradait de plus en plus. Elle fut bientôt dans un tel état, qu'on dut en attendre la ruine très-prochaine. Ce n'était pas seulement dans les détails de l'ornementation qu'elle avait été atteinte et mutilée ; la flèche, les galbes, les pinacles, les clochetons, les balustrades et les contreforts étaient à moitié détruits, et les points de soutènement étaient ébranlés.

Si l'on voulait sauver la Sainte-Chapelle, il était temps d'y aviser, mais il n'était que temps. Entreprise prématurément, la restauration du monument eût été très-imparfaite, sinon tout à fait manquée. Ce fut en 1837 que M. Duban fut chargé d'exécuter d'abord les travaux de consolidation. A cette époque, on commençait à comprendre le moyen-âge ; on étudiait sérieusement l'art gothique, et l'on ne se refusait plus à admirer des merveilles que les générations précédentes avaient si injustement dédaignées.

Bientôt, en vue de procéder à une restauration complète de la Sainte-Chapelle, deux nouveaux architectes furent adjoints à M. Duban. Citer les noms de MM. Lassus et Viollet le Duc, c'est dire combien l'on fut heureux dans le choix qu'on en fit. On trouvait en eux la science archéologique la plus compétente, la connaissance la plus parfaite de l'antiquité, de son esprit, de ses traditions, et, de plus, cette investigation patiente, ce flair habile qui parvient à reconstruire un monument avec un débris, de la même manière que Cuvier, avec un ossement fossile, arrivait à dessiner l'animal tout entier.

La Sainte-Chapelle avait été bâtie en trois années ; on allait en mettre vingt-cinq à la restaurer. L'important n'était pas d'aller vite, mais sûrement. Rien ne devait être livré au caprice. Chacune de ces brèches et de ces blessures devait être étudiée par un œil attentif, et fermée par une main expérimentée, pour que, de la tête aux pieds, pût revivre dans son intégrité ce beau corps tel qu'il était sorti des mains de Pierre de Montereau. Il fallait, ici, retrouver pour cette pierre le motif que le sculpteur lui avait autrefois assigné ; là, donner à ce chapiteau le feuillage dont on l'avait orné, avec sa disposition vraie ; ailleurs, chercher sous la détrempe le tracé et la couleur des dessins originaux, pour les suivre exactement ; interroger enfin les fragments des mosaïques du parvis, des émaux et des vitraux, pour que rien de douteux, d'apocryphe ou de faux ne vînt altérer la pureté de l'œuvre du vieux maître.

Ce fut une longue étude, conduite avec une lenteur qui pouvait seule assurer la résurrection vraie du monument. Rien n'y manque aujourd'hui. A l'extérieur, les contre-forts et les clochetons se dressent avec leurs fleurons et leurs doubles couronnes : celle de la Royauté dominée par celle du Christ ; les bas-reliefs et les statues sont à leur place ; les combles ont repris leurs crêtes de plomb finement découpées ; l'ange d'or s'est posé, comme autrefois, au sommet de l'abside, et, s'élançant au-dessus de toutes ces merveilles, au milieu des saintes figures qui se pressent à sa base, la flèche, incomparable de hardiesse et de légèreté, porte haut dans les airs sa pyramide fine comme une aiguille, ajourée et ciselée comme une pièce de bijouterie.

Même travail consciencieux et correct à l'intérieur.

Les couleurs anciennes retrouvées sous le badigeon guidèrent la main des décorateurs dans la distribution des peintures, de l'or et de l'argent sur les colonnes et les chapiteaux ; la voûte d'azur s'étendit de nouveau comme un firmament semé d'étoiles d'or, et la mosaïque sema sur le dallage, comme aux jours de saint Louis, ses arabesques, ses entrelacs et ses tours de Castille.

On eut plus de peine pour les vitraux. Ceux de la chapelle basse avaient entièrement disparu. Une peinture du treizième siècle, représentant une Annonciation et tenant la place d'une verrière, qu'on y découvrit en 1842, indiqua la manière dont on devait concevoir les autres sujets. Dans la chapelle haute, les panneaux qui avaient été brisés furent rétablis avec une admirable entente par les soins de MM. Steinheil et Lusson. Quant aux grandes figures des apôtres adossées contre les piliers, il n'en restait en quelque sorte plus aucune trace. On savait seulement que la statuaire, au treizième siècle, n'avait nulle part réalisé des types si nobles et si fiers d'expression, de formes et d'attitudes. Des recherches minutieuses en firent découvrir des fragments importants épars çà et là, en des jardins publics ou particuliers. Quelques-unes de ces statues furent intégralement restituées ; les débris retrouvés permirent de reconstituer les autres.

Le sol de la chapelle basse était tout plein de tombeaux ; celui de la chapelle haute n'avait jamais servi aux inhumations. Le 15 mai 1843, en soulevant une des dalles de l'abside, on mit à découvert une boîte d'étain sans date et sans inscription, dans laquelle était renfermé un cœur humain. On eut des raisons de croire que c'était le cœur de saint Louis, et des motifs aussi d'en douter. Ce fut l'occasion de longs et savants débats, dans lesquels la question ne put être éclaircie. Le Ministre des travaux publics fit mettre d'abord le cœur à la même place ; il en a été enlevé depuis pour être porté à Saint-Denis. Mais ce pieux sanctuaire n'en reste pas moins tout plein des souvenirs du saint roi ; le nom de saint Louis est sur les lèvres de tous ceux qui le visitent ; sa pensée est dans tous les cœurs, et l'on se persuade aisément que, du haut des cieux, son âme plane encore sur la sainte demeure, où tant de fois elle exhala devant Dieu ses vœux et ses prières.

Entrons-y avec un sentiment de profond respect. Ce n'est pas un musée chrétien que nous allons voir ; bien que le tabernacle de Dieu y soit vide encore, c'est toujours la *Sainte-Chapelle :* il convient de ne pas l'oublier.

La chapelle basse est au niveau du sol, on y pénètre de plein-pied par le porche occidental, au trumeau duquel est revenue se poser la Vierge au front penché de Duns Scott. Elle est éclairée par sept larges ouvertures ogivales et par sept autres fenêtres plus étroites qui rayonnent autour de l'abside. Elle a trois nefs longitudinales, si l'on veut donner ce nom aux divisions latérales qui bordent à droite et à gauche la nef du milieu. Les voûtes, dont la courbe ogivale est très-surbaissée, reposent sur quatorze piliers à bases polygonales, dont les chapiteaux sont richement feuillagés, dont les colonnes ont une grande élégance, malgré leur peu d'élévation. Les murs sont décorés par une suite d'arcatures ogivales portées sur de légères colonnettes. Le tout est revêtu de peintures. Celles de la voûte, qui avaient été exécutées sous Louis XIII et qui étaient disparues sous le badigeon, figuraient de petits anges portant les instruments de la Passion et voltigeant à travers un ciel fleurdelisé ; pour rentrer dans le style du monument, on a dû supprimer les anges et laisser les fleurs de lis se détacher seules sur un fond d'azur.

Toute cette chapelle basse est merveilleuse ; gardez-vous, toutefois, d'y épuiser votre admiration. Prenez maintenant cet escalier étroit et tournant qui attend encore sa restauration ; vous arrivez sous le porche de la chapelle haute : « les portes sont toutes grandes ouvertes, et subitement, sans aucune transition, l'irradiation du sanctuaire se précipite et vous envahit comme un torrent de lumière irisée. »

Arrêtez-vous ! C'est une vision du Paradis ! Vous ne verrez rien de pareil ici-bas. La cité sainte qui, sous les yeux de l'exilé de Pathmos, descendit du ciel et de Dieu, parée comme une fiancée pour son époux, la Jérusalem nouvelle fut-elle plus radieuse et plus belle ? Vous ne distinguez à première vue aucun détail. C'est un miroitement magique où l'argent et l'or, le cinabre et l'azur, les émeraudes, les améthistes et les rubis dansent et flamboient avec des lueurs étranges, sous le pavillon du ciel bleu qui scintille au-dessus de vos têtes. Un instant encore, et chacune de ces merveilles, dont l'harmonie se confond, va reprendre son rang, et toutes les notes de cet immense concert vont chanter tour à tour, sur ce clavier sonore, un hymne tel que le monde n'en entendit jamais.

La matière s'est transfigurée, elle a pris des ailes, elle est devenue translucide. On dirait, après la résurrection, le corps glorieux d'un élu de Dieu.

Où sont les points d'appui de l'aérienne structure? A quelques pieds au-dessus du sol les murs disparaissent, de minces colonnes s'en échappent et dressent audacieusement à des hauteurs prodigieuses leurs profils fins et gracieux, jusqu'à ces voûtes si légères qu'on dirait tout au plus une coquille d'émail suspendue dans les airs. Entre ces tiges élancées s'ouvrent, de chaque côté de la nef, quatre baies immenses, encadrant ces gigantesques verrières qui tiennent tout l'espace, et font vraiment de la Sainte-Chapelle une maison de verre. Joignez-y les sept autres verrières qui forment les sept travées de l'abside et d'un seul jet montent jusqu'au sommet, et vous ne vous étonnerez plus de l'universel rayonnement qui vous enveloppe de toutes parts. Auprès de leurs éclats fulgurants, vous verrez pâlir les autres couleurs. L'or des corniches et des chapiteaux a pris des tons plus graves ; les émaux enchâssés sur les colonnes ont des reflets affaiblis ; les grands anges qui portent des couronnes et balancent l'encensoir, les douze apôtres, debout contre les piliers, drapés dans leurs robes, dans leurs manteaux de pourpre et de sinople niellés d'argent et d'or, se détachent sans trop de vigueur, et le double baldaquin du fond, avec la couronne d'épines portée par deux anges au fronton, et la grande châsse qui le dominent, arrêtent le regard sans l'éblouir et se fondent au milieu de ces splendeurs dans une harmonie décroissante.

Les voûtes du gracieux édifice, si légères qu'elles paraissent, ont eu besoin d'être appuyées solidement ; et leurs supports, si minces qu'ils puissent être, sont faits pour les porter. Ce sont, à l'intérieur, des faisceaux de trois colonnes dans la nef, et des piliers monolithes dans l'abside ; au dehors, ces vaillants contreforts pyramidaux, si remarquables par leur structure et par leur élégance. Les nervures arrondies se croisent dans la nef à chaque travée, celles du rond-point se réunissent à un centre commun : des clefs de voûte à têtes humaines et à feuillages en marquent l'intersection. Les arcs doubleaux et les nervures retombent sur les hauts chapiteaux des colonnes. Au-dessous des fenêtres, les murs entièrement peints ont pour revêtement des arcatures divisées en deux ogives à trois lobes, que soutiennent des colonnettes dont les chapiteaux feuillagés ne se ressemblent jamais, bien que la flore indigène et naturelle ait seule été admise dans l'ornementation de la Sainte-Chapelle. Une série de quatre feuilles se développe au tympan pour encadrer les émaux. Des anges avec des couronnes et des encensoirs, sortent à mi-corps dans les retombées des archivoltes, et la décoration est complétée par les figures magistrales des douze apôtres, si fièrement exécutées, qu'on les dirait du quinzième ou du seizième siècle, si le disque crucifère que chacune d'elles tient à la main n'en fixait la date. Ce furent ces disques, en effet, qui reçurent les onctions saintes de la main de l'évêque de Tusculum, lors de la consécration du monument.

L'autel, qui n'existe plus, sera reconstruit tel qu'il était au temps de saint Louis. Celui qu'a détruit la Révolution avait perdu son caractère primitif; il s'élevait, dès le temps de Henri III, entre quatre colonnes de marbre de Dinan, avec des anges adorateurs en bronze doré. C'était un hors-d'œuvre dans cette architecture du moyen-âge. L'autel du treizième siècle représentait en bas-relief, sur son retable, les figures du Sauveur sur la croix, de la sainte Vierge et de saint Jean à ses côtés, peintes sur un fond d'or. Il était surmonté d'une crosse de suspension, au sommet de laquelle se balançait, les ailes étendues, un ange portant la sainte Eucharistie dans un ciboire gothique.

M. de Guilhermy, qui a étudié en détail toute cette

architecture, peut nous aider encore à fixer le sens des grandes verrières qui occupent, à elles seules, plus de la moitié de l'édifice. Chacune d'elles est un écrin éblouissant, où les couleurs les plus merveilleuses se rencontrent sans se heurter jamais. Elles sont toutes du temps de saint Louis, à part celles des panneaux inférieurs, qu'il a fallu refaire, et celles de la rose occidentale, qui dut être reconstruite sous Charles VIII, comme l'indique le dessin des meneaux, savant et grandiose, mais tourmenté, avec des combinaisons qui ne se trouvent jamais au treizième siècle.

Dans ces compartiments étincelants, le regard ne distingue, au premier coup d'œil, que les jets chaudement colorés d'une lumière éclatante. Bientôt on y découvre des milliers de personnages de très-petite dimension, qui semblent défiler, vivre et se mouvoir sur la trame enflammée des vitraux. C'est tout un monde en action, le monde de la Bible, celui de l'Evangile et celui de la légende. L'ancien Testament remplit sept grandes fenêtres dans la nef et quatre dans l'abside. La huitième grande fenêtre de la nef est consacrée, ainsi que les trois autres de l'abside, à l'Evangile et à la légende des saintes reliques. L'histoire de la translation de la sainte couronne et de la vraie croix ne comprend pas moins de soixante-sept sujets : on y voit représentés plusieurs fois saint Louis, son frère et la reine Blanche ; et ces images sont très-curieuses, car il n'est pas douteux que d'artiste contemporain de ces personnages n'ait reproduit quelque chose de leurs traits et de leur attitude ordinaire, en dépit de l'incorrection du dessin. La fenêtre des prophéties d'Isaïe contient un panneau assez singulier. On voit le prophète adressant des réprimandes à Mahomet ; le nom du législateur arabe est écrit en toutes lettres.

Les vitraux de la rose occidentale, comme dessin, sont bien supérieurs à ceux du treizième siècle ; mais ils leur sont inférieurs en éclat. Tous les sujets appartiennent à l'Apocalypse. Le Fils de l'homme est au centre il est entouré des sept chandeliers, des sept étoiles et des sept anges des églises de l'Asie.

Dans les autres zones, sont figurés les vingt-quatre vieillards, les quatre animaux évangéliques, les anges et l'Agneau. Puis viennent les cavaliers qui désolent la terre, les élus, l'armée et le roi de l'abîme, la bête, le dragon, la femme mystérieuse, Babylone, la grande prostituée, le roi des rois sur son cheval, le démon enchaîné, la Jérusalem céleste avec ses murailles, ses portes et ses tours d'or et de diamant.

Sortez de la Sainte-Chapelle, vous verrez au tympan du portail, dans les voussures et sur les chapiteaux, sculptée dans la pierre et envisagée sous un autre aspect, cette page du jugement écrite en couleurs dans cette rose merveilleuse. C'est elle qui vient clore le cycle de l'ancien et du nouveau Testament, et qui nous conduit ainsi à travers les siècles rachetés, par-delà tous les temps, au seuil même de l'Eternité.

Telle nous apparaît aujourd'hui la Sainte-Chapelle enfin restaurée. Mais quand est-ce qu'on lui rendra les gloires du culte religieux? quand est-ce que les saintes cérémonies y viendront consacrer de nouveau les magnificences de l'art et la majesté des souvenirs? Une seule messe célébrée une fois par an, au jour où la magistrature reprend ses séances, ce n'est point assez pour consoler cette enceinte sacrée des trésors qu'elle a perdus, ni pour rendre la joie à ces voûtes augustes dont l'écho redit encore les prières de saint Louis, auxquelles ne peuvent plus se mêler en ces lieux les chants sacrés de l'Eglise.

II

Notre-Dame! Comment retenir son nom plus longtemps sur nos lèvres, quand, la première entre toutes les églises de Paris, elle est présente à nos cœurs? Elle nous apparaît ici, au point de vue de nos études, comme l'héritière de la Sainte-Chapelle; mais elle demeure au premier rang dans nos pensées comme dans la réalité, par ses titres, par ses gloires, par sa primauté métropolitaine et par le vocable sous lequel elle est placée.

Par l'antiquité de sa fondation, Notre-Dame est

l'égale des plus fameux sanctuaires du monde chrétien. Ses origines se confondent avec celles de la monarchie française, si même elles ne leur sont pas antérieures ; car l'histoire de sa première fondation se perd dans la nuit des temps.

On croit pouvoir établir sur des données sérieuses que, sous l'épiscopat de Prudentius, vers l'an 380, la cité de Lutèce avait déjà sa première église au lieu même où s'élève Notre-Dame. C'était, suivant certains auteurs, celle que saint Denis avait fait bâtir dans la cité au bord de la Seine et dont il est parlé dans la vie de saint Marcel. Toutefois, l'emplacement précis de ce premier temple chrétien aurait été, dit-on, un peu au midi de l'église métropolitaine, dans le jardin. Cette église était dédiée au premier martyr, saint Etienne.

Mais nous sortons bientôt des conjectures. Dès l'année 555, sous le premier successeur de Clovis, Notre-Dame prend sa place dans l'histoire d'une manière authentique. Le roi Childebert se trouvait très-dangereusement malade dans le domaine qu'il avait à Chelles. Il fit venir auprès de lui le saint évêque de Paris, Germain, dans l'espérance que Dieu daignerait à sa prière lui rendre la santé. Effectivement, à la seule imposition des mains de l'évêque, Childebert se sentit guéri. Saint Germain qui regardait comme insuffisante l'église de Saint-Etienne et qui désirait avoir une basilique, fit part de ses vœux au monarque et l'exhorta vivement à se charger du soin de cette construction. Le roi ne pouvait rien refuser à celui qui lui avait sauvé la vie. L'église fut bâtie ; et trois années plus tard une charte royale datée du mois de juin 558, faisait donation de plusieurs domaines importants « à l'église-mère, dédiée en l'honneur de Marie et dans laquelle on voit présider le seigneur Germain. »

Il s'agit bien ici de la cathédrale, et nous y trouvons la preuve que, dès cette époque, le vocable de la très-sainte Vierge primait déjà, sans les effacer toutefois, les autres titres anciennement donnés à l'église ; car dans cette même charte sont également désignés comme patrons Etienne, premier martyr, et Vincent, martyr de Sarragosse. Il paraît d'ailleurs que Childebert n'avait pas détruit leur sanctuaire, mais qu'il avait élevé tout auprès et vers le nord sa nouvelle basilique en l'honneur de la mère de Dieu.

Fortunat nous donne, dans un de ses poëmes, une pompeuse description de l'église bâtie par Childebert ; mais le poëte manque de précision et l'on est tenté de croire qu'il exagère les magnificences du nouveau temple. Les trente colonnes de marbre n'ont peut-être existé que dans son imagination. Il faut noter toutefois, comme un très-grand luxe à cette époque, un point sur lequel le poëte n'a pu se méprendre. Il parle des merveilleux effets que produit au soleil levant la lumière colorée qu'un habile artiste a su renfermer dans le temple grâce à des fenêtres vitrées. Certes, nous sommes ici bien loin encore des vitraux merveilleux dont on n'aura le secret que cinq ou six siècles plus tard, mais l'emploi du verre pour fermer les fenêtres était encore assez rare, et c'est la première fois qu'on peut constater l'usage des verres de couleur à cet effet.

L'église de Sainte-Marie était dès ce moment en si grande vénération que personne n'eût osé en arracher celui qui s'y était réfugié, quel qu'il fut d'ailleurs. Frédégonde le savait bien quand, après le meurtre de Chilpéric, poursuivie par l'indignation publique, elle vint avec ses trésors y chercher un asile. Elle en était bien indigne, observent les anciens chroniqueurs, tant à cause de ses crimes qu'en raison du peu de respect qu'elle témoignait au Seigneur et à sa mère.

La basilique voyait croître ses richesses et son importance. Outre les domaines qu'elle tenait de Childebert, elle avait reçu en toute propriété le monastère qu'avait fondé saint Cloud, avec ses dépendances. Pépin le Bref et Charlemagne ajoutèrent beaucoup à ses possessions. En l'année 805, le comte Etienne et son épouse Amaltrude lui laissèrent par testament des propriétés considérables qu'ils avaient dans le Parisis, au lieu appelé *Sulciacum*.

Le nom de Sainte-Marie qu'on donne toujours à cette église est encore à cette époque accompagné des noms de quelques patrons secondaires, comme saint Etienne et saint Germain. C'est le temps où l'on s'habitue cependant à ne plus l'appeler que Notre-Dame. D'ailleurs, le sanctuaire dédié au premier martyr est toujours debout auprès d'elle. En l'année 857, lors de la première invasion des Normands à Paris, on put obtenir d'eux à prix d'or que Saint-Etienne serait épargné ; mais on n'en put offrir assez pour sauver Notre-Dame qui fut impitoyablement saccagée et incendiée par les barbares.

Charles le Chauve, pour réparer ces désastres, fit des donations importantes à la métropole ; Enée était alors évêque de Paris et s'y faisait remarquer par sa science et par son zèle à combattre les iconoclastes. Malgré cela, l'église ne se releva pas de ses ruines ; le service divin n'y fut pas interrompu, mais elle pouvait à peine suffire aux besoins du culte.

En 885, Notre-Dame donna asile, contre les Normands, à toutes les reliques des saints qui se trouvaient hors de la cité. Les corps de sainte Geneviève, de saint Marcel et de saint Germain y furent accueillis par l'évêque Gozlin qui fut tout ensemble un digne prélat et un vaillant défenseur de sa ville épiscopale. On le vit plusieurs fois sur les remparts combattre contre les barbares avec un courage intrépide. Après de nombreuses tentatives toujours infructueuses, les Normands donnèrent enfin une attaque désespérée. Ils avaient à leur tête le terrible Sigefroi. Les assiégés tombaient si nombreux sous leurs coups, que le fossé qui défendait l'accès d'une des plus fortes tours allait se trouver comblé et que l'ennemi allait entrer bientôt de plein-pied dans la cité en marchant sur les cadavres de ses défenseurs. Gozlin était là cependant, son cœur se brisait à la vue du carnage; mais son courage n'avait pas faibli. Tout à coup il s'arrête au milieu du combat, il lève vers les cieux des mains suppliantes et des yeux pleins de larmes et s'écrie, invoquant la patronne de son église à peu près dans les termes que la liturgie a consacrés depuis :

*Alma Redemptoris genitrix mundique salutis,
Stella maris fulgens, cunctis præclarior astris,
Cede tuas precibus clemens aures rogitantis* 1.

« Auguste mère du Rédempteur et du salut du monde, étoile radieuse de la mer qui brillez plus que tous les autres astres, prêtez une oreille favorable aux prières que je vous adresse. » En même temps, l'intrépide évêque saisit une flèche, l'ajuste dans son arbalétrier et visant droit au chef des Normands, le renverse parmi les morts. Ce fut à cet endroit pour les assiégeants le signal de la déroute. Sur une autre partie des remparts, les châsses de sainte Geneviève et de saint Germain obtenaient un semblable résultat. Les Normands étaient repoussés et vaincus.

L'évêque pensa sans doute que la courageuse dé-

1. *Abbon*, chant 1er.

fense de la cité méritait bien quelque récompense, et que plusieurs des saintes reliques qu'on lui avait confiées devaient appartenir à l'église qui les avait sauvées. Toujours est-il que, dès ce moment, quelques-unes des châsses qu'avait reçues Notre-Dame, celle de saint Marcel et de saint Severin entre autres, y demeurèrent en dépit de toutes les réclamations.

Tant qu'on ne fut pas délivré de toute crainte du côté des Normands, Notre-Dame resta en très-mauvais état; mais sous le règne de Charles le Simple, l'évêque Anschéric songea à réparer à la fois sa cathédrale et l'église de Saint-Etienne. Les libéralités du roi lui permirent de réaliser ses projets.

C'est vers cette époque que fit sa première apparition un fléau qui devait sévir plus cruellement encore dans les âges suivants et qu'on appela le mal des ardents. C'était, comme on l'a vu précédemment, une sorte d'érésipèle qui couvrait de plaies le corps des malheureux qu'elle atteignait et les conduisait au tombeau, sans qu'il fût possible de les guérir ou de les soulager. La piété fut heureusement moins impuissante que la médecine; partout on eut recours à la très-sainte Vierge pour échapper au mal. A Paris, tous les malades qui furent assez heureux pour pouvoir se réfugier dans l'église de Notre-Dame furent guéris sans exception, dit le chroniqueur Flodoard; il paraît toutefois, d'après lui, qu'il ne suffisait pas de passer quelques instants dans l'église ; il fallait y séjourner ; ceux qui en partaient trop tôt étaient repris bien souvent par la cruelle maladie et devaient retourner à Notre-Dame. Le duc de France, Hugues le Grand, père de Hugues Capet, avait la charité d'y nourrir tous les malheureux qui y cherchaient asile.

La nouvelle race des rois ne devait pas se montrer moins dévote envers Marie que les deux premières ; elle fit surtout paraître un plus grand empressement à décorer son sanctuaire. Notre-Dame devint l'église des monarques de la dynastie capétienne. Ils s'y rendaient facilement de leur palais situé à la pointe occidentale de l'île. En 1044, l'évêque de Senlis, venu à Paris, le jour de la Pentecôte, pour obtenir la confirmation d'un privilége, y trouvait le roi qui assistait à l'office. Notre-Dame fut dès ce moment l'objet de toutes les faveurs royales. Les ressources ne manquaient plus d'ailleurs ni pour la restaurer ni pour la décorer. En 1123, l'archidiacre Etienne de Garlande y fit exécuter des travaux si considérables qu'on l'appela l'église neuve par opposition à la vieille église de Saint-Etienne qui subsistait toujours, mais qui était un peu délaissée. Plusieurs autres chapelles s'élevaient encore dans le voisinage de la cathédrale qui les avait dans sa dépendance ; telles que Saint-Aignan, Saint-Jean Baptiste le Rond qui servait de baptistère, et Saint-Denis du Pas où, suivant la tradition, le premier évêque de Paris avait été soumis à la torture.

Dès ce moment, la métropole possédait un trésor de saintes reliques d'une très-grande richesse. C'était d'abord la châsse en vermeil couverte de perles et de pierreries qui contenait le corps de saint Marcel. Elle était placée derrière le maître-autel, élevée sur une table de cuivre, de telle sorte qu'on la voyait de toute l'église. Ensuite, ajoute Jacques Dubreul [1], « au côté droict, sur l'autel de la Trinité, étoit la châsse de Notre-Dame, en laquelle il avoit du laict de la dite Vierge et de ses vestements, plus des pierres desquelles fut lapidé saint Estienne, du cierge de sainte Geneviefve, du cilice de saint Germain, évesque de la dite église, de saint Eloy, de saint Denys et de ses vestements. » On avait encore la châsse de saint Lucain martyr, celle des saints Cosme et Damien, celle de saint Justin d'Auxerre martyrisé à l'âge de neuf ans au pays Beauvoisin ; puis la châsse de saint Severin, moine de Paris, qui donna à saint Cloud l'habit religieux ; celle de saint Gendulphe, apôtre du Berry, sans parler d'un grand nombre de riches tableaux à reliques et de plusieurs bustes d'argent ou d'or.

Enfin la relique la plus précieuse de toutes était un morceau considérable du bois de la vraie croix enfermé dans une grande croix d'argent doré, dite la *croix d'Anseau*, du nom de celui qui l'avait envoyée. Anseau avait été d'abord chanoine de Notre-Dame.

---

1. *Théâtre des antiquités de Paris.*

Etant allé faire un pèlerinage en Terre-Sainte, il voulut rester à Jérusalem et y devint chantre du Saint-Sépulcre. En l'année 1109, en souvenir de sa vie d'autrefois, il envoya à l'évêque Galon et aux chanoines de Notre-Dame un superbe morceau du bois sacré dont il était devenu possesseur, avec des lettres établissant l'authenticité et racontant l'histoire de la sainte relique. Cette croix avait appartenu en dernier lieu au patriarche de Géorgie. Elle était faite de deux sortes de bois et figurait une petite croix blanche enfermée dans une plus grande de couleur foncée : la première composée du bois auquel Notre-Seigneur fut attaché ; la seconde, du bois dans lequel fut planté l'instrument de son supplice. Anseau envoya encore au chapitre une croix faite avec les pierres du saint sépulcre, mais il ne paraît pas qu'elle soit arrivée à sa destination. Sitôt que les chanoines eurent appris l'arrivée de la vraie croix au village de Fontenay près Bagneux, ils allèrent au devant d'elle, la reçurent avec les plus grands honneurs et la déposèrent provisoirement dans l'église de Saint-Cloud. Ils vinrent l'y chercher le dimanche suivant dans une procession solennelle où se trouvaient plusieurs évêques et l'apportèrent ainsi à Notre-Dame.

Le roi Louis VII eut pour la vénérable église une prédilection toute particulière. Il y avait été élevé, il avait été, dès son enfance, mis dans le cloître de Notre-Dame pour y faire son éducation. Il se plaisait à le reconnaître : « Volontiers, dit-il dans une ordonnance à l'évêque et aux chanoines, nous vous accordons ce que vous demandez, par égard pour l'église de Paris, dans le cloître de laquelle, comme dans une sorte de giron maternel, nous avons passé les jours de notre enfance et de notre première jeunesse [1]. »

L'école de Notre-Dame n'avait pas encore tout l'éclat qu'elle allait bientôt acquérir. Cependant, depuis longtemps déjà, on y envoyait de toutes les parties du royaume les enfants des meilleures familles pour qu'ils y fussent formés à la science et à la piété. Cet usage remontait au temps de saint Germain. Le saint évêque avait reçu de la sorte le jeune Bertrand ou Bertichrand, l'avait élevé à l'ombre du sanctuaire, lui avait conféré les saints ordres et l'avait pris pour archidiacre de son église. Bertrand dut s'éloigner de Notre-Dame pour aller prendre le gouvernement de l'église du Mans ; il en fut le onzième évêque et y fonda l'abbaye de la *Coulture de Dieu, de Culturâ Dei*. Saint Brieuc, avant d'être évêque de la ville qui porte son nom, avait été formé pareillement à l'école de saint Germain. Le cloître de Notre-Dame fut ainsi, dès l'origine, une pépinière de prêtres et de chanoines dont un grand nombre devinrent archevêques et évêques et furent promus aux plus hautes dignités de l'Eglise.

1. Gérard Dubois, *Eccl. Parisiens. Histor.*, tom. II, p. 17.

Bien que l'église eût été remise à neuf par Etienne de Garlande et que depuis Suger lui eût donné de superbes vitraux, on la trouvait trop petite pour les grandes solennités qu'il fallait y célébrer; d'ailleurs, elle ne répondait plus aux exigences du goût qui avait prévalu en architecture. On avait donc le projet, dès le temps de Louis VII, de la rebâtir entièrement sur le même emplacement et de comprendre dans le nouveau plan tout le terrain occupé à la fois par Notre-Dame et par la vieille église de Saint-Etienne. L'exécution en fut commencée quelques années après, sous l'épiscopat de Maurice de Sully. C'est bien lui qui doit être regardé comme le véritable fondateur de la cathédrale actuellement existante. C'est sans aucune raison que des écrivains postérieurs au temps où il a vécu, lui ont contesté cet honneur. Le témoignage des auteurs contemporains a bien plus de valeur, et la plupart des chroniqueurs d'alors le désignent expressément comme ayant jeté les fondements du nouveau monument.

Les travaux furent poussés très-activement pendant tout le cours de son épiscopat qui fut de longue durée. Philippe-Auguste, qui régnait alors, secondait de tout son pouvoir la réalisation de cette grande entreprise. « Il y a déjà longtemps, écrit en 1177 Robert de Thorigny, abbé du Mont-Saint-Michel, que Maurice, évêque de Paris, travaille sans relâche à la construction de l'église de cette ville. Le chevet est déjà terminé, à l'exception de la plus grande toiture ; si cet ouvrage s'achève, il n'y en aura point en deçà des monts qui puisse lui être comparé [1]. »

On avait dû commencer à creuser les fondements vers l'an 1162 ; l'année suivante, le pape Alexandre III, qui, pour échapper aux persécutions de Frédéric Barberousse, s'était réfugié en France, en avait posé la première pierre, après avoir célébré les fêtes de Pâques. C'était la troisième année de l'épiscopat de Maurice de Sully.

Le nom auquel s'attache la fondation d'une telle œuvre est par cela seul assez glorieux pour pouvoir se passer des illustrations de la naissance et de la fortune. Maurice de Sully était né de parents pauvres et obscurs, au village de Sully dans la Sologne ; il était arrivé au trône épiscopal par sa science et par son mérite. Toute sa vie il resta fidèle au principe auquel il devait son élévation, le seul qui soit en honneur dans l'Eglise et qui confère les dignités à la science et à la vertu en dehors des considérations de la noblesse, de la richesse et de la grandeur [2].

La nouvelle cathédrale s'éleva sur le sol qu'avait occupé l'ancienne. On a découvert les fondations de l'église antérieure dans les fouilles qui ont été exécutées sous le chœur en 1858. Il faut observer toute-

---

1. *Chronic. Gemblac. continuatio. Anno* 1177.
2. *Notre-Dame de France*, par M. Hamon, curé de Saint-Sulpice, t. I, p. 22.

fois qu'on ne détruisit pas d'un seul coup le vieil édifice et que les démolitions se firent successivement, au fur et à mesure que les constructions avançaient. Il en résulta que l'érection du nouveau sanctuaire ne parut jamais aux écrivains d'alors un événement tellement frappant qu'ils aient pu songer à lui donner l'importance qu'il mérite. Certaines parties de l'ancien monument restaient toujours affectées au culte; on n'eut même pas la pensée de consacrer solennellement la cathédrale qui s'élevait insensiblement à la place de celle d'autrefois. On se contenta de bénir successivement et sans grande solennité les nouvelles constructions à mesure qu'elles étaient élevées. En 1182, le cardinal Henri, légat du Saint-Siége, procéda à la bénédiction du maître-autel, en présence de Maurice de Sully qui vécut encore jusqu'en l'année 1196, assez pour voir son œuvre déjà très-avancée, mais non pas entièrement terminée. Il fut enseveli dans la basilique de Sainte-Geneviève, alors occupée par les religieux de saint Victor. L'abbé Etienne de Tournay composa en distiques latins l'épitaphe de son tombeau. Il y rappela, avec le souvenir de ses vertus, celui de l'œuvre qui doit rendre son nom immortel. Le temps n'a pas épargné cette inscription; il fallut la remplacer par une autre qui fut conçue en termes différents, mais qui proclama toujours le titre de fondateur de Notre-Dame comme la grande illustration de Maurice de Sully :

HIC JACET REVERENDVS PATER
MAVRITIVS PARISIENSIS EPISCOPVS
QVI PRIMVS BASILICAM BEATAE MARIAE VIRGINIS INCHOAVIT.

Le chœur avec les galeries supérieures était élevé ainsi que les grosses colonnes de l'intérieur, quand mourut Maurice de Sully. Les premières années du treizième siècle virent construire la façade occidentale, la plus grandiose et la plus imposante qu'il y ait dans les cathédrales gothiques ; c'est une composition d'une admirable unité, conçue et réalisée par un génie prodigieux, par un maître dont le nom est resté dans l'oubli, comme celui de presque tous les constructeurs de cathédrales, qui ne voulaient être que de simples tailleurs de pierres.

On travaillait en même temps à l'achèvement des nefs. Ce fut seulement en l'année 1218, qu'on abattit l'église de Saint-Etienne pour permettre aux nouvelles constructions de prendre leur entier développement. On y trouva des reliques précieuses ; entre autres une partie du chef de saint Denis et des pierres qui avaient servi à lapider saint Etienne.

Les évêques sous lesquels se continua l'œuvre de Maurice de Sully, furent d'abord Eudes de Sully, son successeur, puis Pierre de Nemours. En 1857, fut commencé le portail méridional par Jean de Chelles, dont le nom se trouve gravé dans une inscription au soubassement du portail. L'architecture avait fait alors de grands progrès : elle s'était débarrassée des derniers vestiges du caractère romano-byzantin que portent encore les premières constructions de la cathédrale. D'après les observations les plus récentes, il paraît que le portail septentrional est de la même époque; on croyait précédemment qu'il n'avait été construit qu'au quatorzième siècle avec l'argent provenant des biens des Templiers dont l'ordre venait d'être supprimé; l'examen de ses sculptures semble le faire remonter à une époque antérieure. Mais la plupart des chapelles ne furent achevées qu'à la fin du treizième siècle ou au commencement du quatorzième.

Ainsi, ce monument colossal a demandé pour le moins cent cinquante années d'un travail assidu pour arriver à son entier achèvement. Si l'on doit citer avec reconnaissance les noms des évêques et des rois sous le patronage et l'action desquels s'est élevée la basilique, il ne faut pas oublier non plus que nous sommes redevables de cette œuvre magnifique au concours empressé des populations chrétiennes qui n'y mirent pas seulement leurs deniers, mais y consacrèrent leurs fatigues et leurs sueurs. « Ainsi, dit M. Hamon, de tous les monuments de la capitale, Notre-Dame, qui est de beaucoup le plus ancien, est en même temps le plus national, puisque toute la nation y a concouru; le plus populaire, puisque nul n'y a contribué pour une part plus forte que le peuple; et du haut de ses tours au sommet desquelles il aime à monter, l'homme du peuple pourrait se dire avec fierté, en regardant cette grande basilique, s'il en connaissait l'histoire : C'est là notre ouvrage, nous y avons contribué plus qu'aucun roi, qu'aucun grand du monde ; et les deux seuls noms dignes d'être gravés sur ces murs, les deux seuls que l'histoire ait conservés, sont ceux de deux d'entre nous : celui de Maurice, ce pauvre étudiant qui devint évêque, et celui du tailleur de pierres, maître Jean de Chelles [1]. »

Ce n'est pas dans une étude aussi rapide que celle-ci doit l'être, qu'il serait possible de donner une description suffisante d'un aussi vaste monument. Il faudrait des volumes, pour l'analyser dans chacune de ses parties. Tout a été dit d'ailleurs sur l'architecture de Notre-Dame. Tous les amis de l'art chrétien ne peuvent manquer de l'étudier et de la connaître. Elle est d'autant plus intéressante qu'elle commence à une époque de transition où l'on voit se produire les premiers essais d'un art nouveau, qu'elle se continue sans interruption pendant de longues années, de telle sorte qu'on peut suivre pas à pas tous les progrès, tous les développements du gothique, jusqu'à sa plus parfaite expression et jusqu'aux premiers symptômes de sa décadence.

Notre-Dame a été construite, non pas sur pilotis, comme on l'a cru longtemps et comme le répète, avec

---

1. *Notre-Dame de France*, t. Ier, p. 31.

une assurance qui reste toute à ses frais, le bon Jacques Dubreul :

> Le tout bâti sur pilotis
> Aussi vray que je te le dis,

mais bien sur un gravier très-solide et très-dur, tel qu'il le fallait pour porter une pareille masse qui, dans le cours des siècles, n'a jamais fléchi. On arrivait à l'église par une place qui existe toujours et qu'on appelle encore le *Parvis* Notre-Dame. Ce mot, suivant Menage, a le sens de *Paradis* et en est une abréviation. Nos pères regardaient comme une terre spécialement bénie celle qui donnait accès aux saintes basiliques. Le parvis Notre-Dame, si fameux dans notre histoire nationale, n'a plus la physionomie d'autrefois. Le sol s'est exhaussé sous l'action lente et continue des siècles, il a recouvert successivement les onze degrés qu'il fallait gravir pour arriver à l'entrée de l'église ; la fontaine qui était au milieu de la place, a disparu ; et des bâtiments sans caractère, sans rapport avec le passé, se sont élevés à l'entour.

Au fond de la place, se dresse avec ses deux tours l'immense façade, d'un aspect si grandiose et si imposant qu'au premier coup d'œil on demeure atterré devant elle : « *Mole suâ terrorem incutit spectantibus,* » a dit un chroniqueur. Tout y est harmonieux cependant. C'est quelque chose comme la majesté de la Religion qui se révèle sous une forme sensible. L'âme et les yeux étonnés tout d'abord ne tardent pas à se reposer pleinement satisfaits sur ce magnifique ensemble dont toutes les lignes, toutes les dispositions sont parfaites.

Prise dans le sens de la largeur, la façade se divise en trois parties nettement accusées par les quatre contreforts qui se dressent de chaque côté des trois larges portes donnant accès au monument. Dans le sens de la hauteur, ce triple portail, dont les ogives ont été si puissamment fouillées dans la pierre, forme l'étage inférieur. Encadrées sous leurs voussures profondes, ces portes sont flanquées et enveloppées de tout un peuple de statues, de statuettes et de figurines qui mettent en action les grands drames de la religion. Au tympan qui les couronne de ses bas-reliefs, au trumeau qui les partage verticalement et porte quelque grande figure, dans les colonnes latérales, les chapiteaux et les voussures, l'histoire divine est écrite, magistralement taillée dans la pierre. Au centre, c'est le jugement dernier. C'est toujours, comme dans toutes les cathédrales gothiques, Jésus-Christ, le Juge suprême, assis sur son trône, environné de ses anges qui sonnent de la trompette ou portent les instruments de sa Passion, accompagné des apôtres, des évangélistes, des prophètes de l'ancienne loi, de toute la cour céleste, procédant au milieu de ce monde de ressuscités au terrible discernement des élus et des réprouvés. Le sujet sans doute est traité dans la forme voulue et consacrée; que de traits, curieux cependant, que de détails originaux et naïfs laissés à l'interprétation libre de l'artiste pourraient ici donner matière aux études les plus intéressantes !

La porte qui s'ouvre sous la tour septentrionale est celle de la Sainte-Vierge; elle a été taillée et ciselée avec amour, les statues et les bas-reliefs y abondent et sont d'un travail exquis. Dans la tour méridionale s'ouvre la porte de Sainte-Anne, également enrichie de toutes les merveilles et de toutes les fantaisies du ciseau.

De ce triple portail, les yeux s'élèvent doucement et sans effort jusqu'à cette galerie qui couronne le premier étage et forme le second; dans ce cordon finement découpé, vingt-huit niches à arcades trilobées se développent pour encadrer vingt-huit figures de nos rois, à partir de Childebert qui éleva à cette place même la première basilique à Marie, jusques et y compris Philippe-Auguste, sous le règne duquel la façade de la cathédrale gothique monta progressivement vers les cieux.

Au dessus de cette galerie, dans un troisième étage, s'ouvre la rose centrale, tracée avec toute l'ampleur d'un gigantesque compas, et flanquée de deux grandes fenêtres en ogive. Enfin, une arcature à jour, svelte et légère, porte sur ses colonnettes et ses trèfles la lourde plate-forme et relie les deux tours vers leur base, c'est-à-dire au point où elles se dégagent de la construction pour monter plus haut et se dresser comme deux sombres géants pour la garde du temple.

A partir de là, on les voit s'élever carrément dans les airs, toujours lourdes et massives, mais libres, et laissant sur chacune de leurs faces s'ouvrir deux larges baies en ogive. Une élégante balustrade entoure la plate-forme du sommet et couronne les deux tours. Pour arriver à ce point, il faut gravir trois cent quatre-vingts degrés. On y découvre Paris et ses environs à une très-grande distance, dans un des plus beaux panoramas qui se puissent voir. Si belles et si majestueuses que soient ces tours, elles sont incomplètes. Elles n'ont jamais reçu la flèche pyramidale qui devait entrer sans aucun doute dans le plan du maître qui a conçu et exécuté toute cette façade. On peut le regretter ; mais il est permis de se demander aussi si, telle qu'elle est, son œuvre ne gagne pas en imposante majesté ce qu'elle perd en élégance et en élévation.

Comme la plupart des cathédrales, Notre-Dame affecte dans son plan général la forme d'une croix latine. Elle a de longueur dans œuvre 126 mètres 68 centimètres, sur 48 de largeur. Elle est haute d'environ 34 mètres, les tours s'élèvent à 68. Outre les trois portes de la façade occidentale, elle en a trois autres ; l'une à la façade du transept septentrionale, l'autre qui lui correspond au côté méridional ; la sixième est au nord de l'abside. Elle a cinq nefs dans toute sa longueur, trente-sept chapelles, cent treize fenêtres, trois grandes roses de 40 pieds de diamètre, et soixante-quinze colonnes pour supporter ses voûtes, sans compter les colonnes engagées. Au dehors, et spécialement à l'abside, c'est une forêt de contreforts, d'arcs-boutants, de clochetons, de colonnettes, de balustrades, de gargouilles, de pignons, de corniches, d'ornements de toutes sortes à feuillages, à têtes d'hommes et d'animaux, dont il est impossible de se faire une idée autrement que par une étude longue et minutieuse qui ne saurait trouver place ici.

Ainsi, ces blocs de granit si magistralement posés, si fiers dans leur allure, n'ont pas seulement la puissance de leurs assises et l'énormité de leur masse : ils offrent une telle délicatesse d'ornementation, une si grande finesse de sculpture, une recherche si parfaite dans l'arrangement des figures et des bas-reliefs, que le ravissement s'empare de l'esprit et des sens, que la vue, quand elle se détache des vastes proportions de l'ensemble pour s'appliquer aux détails, est constamment sous le charme de ces merveilles, et qu'elle embrasse partout, dans un sentiment de curiosité et d'admiration, les innombrables manifestations d'une vie multiple et luxuriante incrustée par l'art chrétien dans la pierre.

Le moyen-âge est là tout entier. C'est son Iliade racontée par lui aux siècles à venir. Le monde réel et le monde idéal, le monde de la science et celui de la foi, le monde du ciel, de la terre et de l'enfer, tout y est, écrit en traits vivants et par une main puissante qui semble pétrir à son gré la matière et lui donner la physionomie vraie de son époque.

Que de choses ces murailles auraient à raconter, s'il était possible d'évoquer tous les souvenirs de la légende et de l'histoire! C'est un merveilleux domaine pour le rêve et pour l'imagination, et nos pères n'ont pas manqué de l'exploiter. A chacune des parties du monument se rattachent de curieux récits. Pour n'en citer qu'un seul en passant, savez-vous de quelle façon ont été forgées les ferrures des portes de la Sainte-Vierge et de Sainte-Anne dans la façade occidentale? Le travail en est très-remarquable; c'est une œuvre qui dénote une habileté supérieure. N'en soyez pas surpris : c'est le grand démon *Biscornet* qui les a faites. Et pour qu'on n'en puisse douter, il a eu soin d'y mettre sa signature ou son cachet. C'est son portrait que représentent ces têtes cornues qu'on voit grimacer dans plusieurs de ces bandes d'acier si curieusement travaillées.

Il y avait alors un garçon serrurier assez habile, mais dont l'ambition dépassait le talent. Son rêve était de se faire recevoir maître, et il réclamait avec instance qu'on lui fît subir les épreuves nécessaires. On ne lui demanda rien moins, sans doute pour se moquer de lui, que d'exécuter les ferrures des portes de Notre-Dame. Notre homme était au désespoir, car un pareil travail dépassait de beaucoup son savoir. C'est alors que le démon eut l'idée de lui rendre ce service, tout en le lui faisant payer cher, comme on le pense bien. Il s'en vint trouver le garçon serrurier, un soir qu'il était dans sa forge à se creuser la tête. Biscornet, sans se faire connaître pour ce qu'il était, lui proposa de lui livrer la besogne toute faite dans les meilleures conditions, si seulement l'ouvrier s'engageait à lui appartenir corps et âme pour un temps déterminé. Le malheureux accepta, et l'histoire ne dit pas s'il vint à bout, plus tard, de se tirer des griffes du diable. Toujours est-il que Satan lui tint parole : la marchandise fut livrée, en partie du moins. Le serrurier la présenta, au grand ébahissement de tout le monde ; elle fut jugée tout à fait supérieure, et elle lui valut les honneurs de la maîtrise.

La commande, toutefois, resta incomplète. Satan ne put jamais venir à bout de fabriquer les ferrures de la porte du milieu. Celui qui est plus fort que lui ne lui en donna pas la permission, sans doute par ce motif que, le Saint-Sacrement devant passer par là dans toutes les grandes processions, il eût été inconvenant que l'œuvre du démon se trouvât sur son passage.

Telle est la légende qui ne fut pas, il faut bien le dire, acceptée sans conteste par tous ceux qui la connurent. Aucuns disaient que le serrurier s'appelait tout simplement Biscornet, et que, jouant sur son nom, comme on le faisait volontiers au bon vieux temps, il avait eu la fantaisie de figurer dans son travail ces têtes à deux cornes qui en désignaient assez clairement l'auteur.

Mais il faut quitter ces agréables fictions pour en venir à des récits plus sérieux. L'histoire de Notre-Dame est liée à celle du pays et de la monarchie. On n'en finirait pas, si l'on voulait raconter les solennités dont la vieille cathédrale fut témoin et auxquelles se rattachent nos souvenirs nationaux : les baptêmes, les mariages des princes, les funérailles des rois, les couronnements des reines, les conciles, les traités de paix, les *Te Deum* à la suite des victoires, sans parler des drapeaux enlevés à l'ennemi et qui restaient, tant que durait la guerre, suspendus aux voûtes du chœur. On sait que Louis XIV appelait un illustre vainqueur le *tapissier de Notre-Dame*.

Le maître-autel était béni depuis deux années seulement, le chœur n'était pas encore achevé que déjà une imposante cérémonie réunissait à Notre-Dame tout ce qu'il y avait de plus illustre au royaume de France. Le patriarche de Jérusalem, Héraclius, était venu à Paris en l'année 1185 pour enflammer l'ardeur des guerriers chrétiens et les appeler à la délivrance de la Terre-Sainte. Après avoir célébré pontificalement dans la cathédrale à peine à moitié bâtie, il prêcha la croisade au milieu d'une affluence prodigieuse de prélats, de princes et de seigneurs dont sa parole excita l'enthousiasme au plus haut degré. De toutes parts, on répondit à son appel et l'on prit la croix pour la délivrance du tombeau du Seigneur.

Dans les premières années du treizième siècle, un jour que saint Dominique devait y faire entendre aux fidèles les mâles accents de son éloquence, et qu'il préparait dans une méditation fervente au pied de l'autel le discours qu'il allait leur adresser, tout à coup le sanctuaire lui sembla comme embrasé d'une céleste lumière; et il vit, au milieu des splendeurs, la Vierge bénie descendre des cieux et lui présenter un livre dans les pages duquel il put lire le sujet qu'il avait à traiter et dont toutes les paroles se gravèrent dans sa mémoire.

La grande fête de Notre-Dame était alors, comme aujourd'hui, l'Assomption de la sainte Vierge. Ce jour-là et dès la veille, on avait coutume de tendre toutes les murailles de riches tapisseries brodées d'or et de soie; tout le parvis sacré était jonché de fleurs odoriférantes qui devaient être fournies par les prieurs de l'archidiaconné de Josas. Albéric de Trois-Fontaines raconte, dans sa chronique, qu'en l'année 1218, des voleurs songèrent à s'emparer des richesses dont le temple était orné à l'occasion de cette solennité. Les malfaiteurs s'étaient cachés dans les combles de la cathédrale; dans la nuit qui précédait la fête, quand tout le monde eût quitté le saint lieu, ils tentèrent d'exécuter leur coup et d'enlever par les voûtes avec des cordes les tapisseries et autres objets précieux. Ce vol sacrilége n'eut pas le succès qu'en attendaient ses auteurs, mais n'en causa pas moins un dommage considérable. Un chandelier qu'ils renversèrent avec son cierge allumé mit le feu aux tentures et occasionna un incendie; au lieu de chercher à l'éteindre, les malfaiteurs prirent la fuite. On estima à neuf cents marcs d'argent — environ 70,000 francs — la valeur des tentures qui furent ainsi détruites.

Le 12 avril de l'année 1229, Notre-Dame eut le spectacle d'une imposante cérémonie qui mit le sceau au triomphe du catholicisme sur l'hérésie des Albigeois. Le comte Raymond de Toulouse avait été longtemps le plus intrépide champion des hérétiques dans le Midi. Louis VIII, après lui avoir infligé une sanglante défaite, était mort au retour de son expédition. La régente, Blanche de Castille, n'en assura pas moins par un traité le succès définitif des armes royales et contraignit le comte rebelle à venir faire amende honorable de ses erreurs et de ses crimes. Le vaincu, après avoir juré fidélité au roi et à l'Eglise, se présenta en chemise, comme un pénitent et un coupable, aux portes de Notre-Dame, où l'attendait sur les marches du maître-autel le cardinal de Saint-Ange, entouré du clergé et dans toute la pompe d'un prince de l'Eglise. La cérémonie religieuse terminée, le comte fit hommage de ses terres au jeune roi Louis IX qui le créa chevalier, puis le comte fiança sa fille à Alphonse de France, à la mort duquel le comté de Toulouse fut réuni au domaine et à la couronne de France.

Ce fut en l'année 1230 qu'on apporta pour la première fois les reliques de sainte Geneviève à Notre-Dame, dans la grande procession qu'on y fit pour obtenir la cessation du mal des ardents. L'église cathédrale avait seule le privilége de recevoir la châsse de la patronne de Paris; et l'on vit depuis lors, dans presque toutes les calamités publiques, le corps de sainte Geneviève quitter son sanctuaire, au milieu des supplications et des larmes de tout un peuple, pour venir à Notre-Dame apaiser la colère du Seigneur par l'intercession de Marie. La métropole resta d'ailleurs jusqu'à la fin le refuge des malheureux qui étaient atteints du mal des ardents. A partir du jour où l'on y apporta les reliques de la sainte, le fléau entra dans une phase de décroissance très-marquée. Cependant, en 1248, il y avait encore à Notre-Dame des malades qui y attendaient leur guérison. Ils demeuraient auprès de la porte qui est située au midi dans la façade occidentale, et c'était sous la tour méridionale que les médecins donnaient leurs consultations.

Saint Louis aimait Notre-Dame comme il aimait la Sainte-Chapelle : celle-ci était son cher oratoire, celle-là, sa chère église. Il y venait souvent faire ses dévotions, il y communiait fréquemment; en fils pieux et dévot de la très-sainte Vierge, il ne manqua pas de visiter Notre-Dame et de s'y mettre sous la protection de Marie avant de quitter son royaume pour s'en aller en Terre-Sainte.

Un fait assez curieux se produisit en son absence, alors que la régence avait été par lui confiée à la sagesse de sa mère Blanche de Castille. La régente eut avec les chanoines de Notre-Dame un différend qui mérite d'être signalé. Ces hauts personnages qui avaient à cette époque de très-grands domaines, jouissaient du droit de haute et basse justice sur leurs vassaux. Comme on l'a remarqué maintes fois et comme le constate l'histoire, la domination du clergé était généralement assez douce et il valait bien mieux se trouver sous la dépendance des bénéficiers ecclésiastiques que sous celle des seigneurs laïques. Il paraît bien cependant qu'en cette circonstance, les titulaires de Notre-Dame se départirent de l'esprit de douceur qui doit être celui de l'Eglise.

Les serfs de leur domaine de Chatenay se trouvaient dans l'impossibilité, par suite d'une mauvaise récolte, de payer les charges et redevances qu'ils devaient au chapitre de Notre-Dame. Les chanoines les citèrent à leur tribunal, on trouva qu'ils n'étaient pas exempts de toute faute et on les fit mettre en prison. Les parents des prisonniers eurent recours à la régente et firent si bien qu'ils la gagnèrent à leur cause. Blanche demanda donc aux chanoines de mettre leurs captifs en liberté. On ne se pressa pas de lui obéir, et la reine se plaignit de la dureté des chanoines envers des malheureux « que garder ils debvoient pour monstrer l'exemple des bonnes doctrines. »

Tout fut inutile. Blanche alors fit appel à quelques-uns de ses fidèles chevaliers et bourgeois, les arma de pied en cap « et se mit à la voye. » Elle se porta avec eux, suivie d'une foule nombreuse, droit à la maison du chapitre, demandant qu'on ouvrit les portes de la prison. Sa requête demeurant sans réponse, elle se rendit à cette porte et commanda à ses hommes « qu'ils l'abattissent et la dépessassent; » et de son bâton, l'insigne de son autorité, elle frappa elle-même le premier coup sur la muraille. « Tant est qu'elle eust féru le premier coup, sa gentre tresbucherent les portes à terre. » Les prisonniers furent vite dehors aux acclamations du peuple et il fallut bien que les chanoines se soumissent et demandassent pardon. « Cette justice et maintes aultres bonnes fist la bonne royne, tant comme son fils fut en Terre-Sainte. « Elle reprit ensuite le chemin de sa maison de Nesle aux cris mille fois répétés : « Blanche! Blanche! l'amour des pauvres et des gens de foy, la fortune de la France [1] ! »

La dépouille mortelle de saint Louis et celle des autres princes ou princesses morts avec lui dans sa dernière expédition en Orient furent portées à Notre-Dame, avant de recevoir à Saint-Denis la royale sépulture qui les y attendait. Quand plus tard, à la grande joie de tout le royaume, Louis IX eût été mis au nombre des saints et que ses reliques purent être présentées à la vénération des fidèles, le roi Philippe

1. *Hist. du dioc. de Paris*, par l'abbé Lebeuf.

le Bel donna à Notre-Dame un des ossements du saint monarque et le fit enchâsser dans un reliquaire d'or. Le même prince, après qu'il eût gagné la bataille de Mons-en-Puelle, se rendit en grande pompe à Notre-Dame pour rendre à la sainte Vierge de solennelles actions de grâces. Il proclama hautement qu'il lui devait non-seulement d'avoir remporté la victoire, mais encore d'avoir échappé par son assistance au plus grand des périls ; car des ennemis avaient pénétré par surprise jusque dans sa tente, et le roi avait été sur le point d'être tué ou fait prisonnier. Ce fut, monté sur son cheval de bataille, qu'il fit son entrée dans la cathédrale. Il y fit placer sa statue équestre en mémoire de ce grand événement et y fonda une rente annuelle de cent livres.

Le parvis Notre-Dame fut, en l'année 1313, le théâtre sur lequel vint se dénouer d'une manière lugubre le fameux procès des Templiers. Un échafaud très-élevé avait été dressé sur la place. Le grand-maître y monta avec plusieurs dignitaires de l'ordre. Là, sommé par le légat de renouveler, en présence de tout le peuple, les aveux que la torture lui avait arrachés, il parla en effet ; mais ce fut pour rétracter tout ce qu'il avait dit dans la violence des tourments et pour citer le roi et le légat à comparaître dans le cours de l'année au tribunal de Dieu. Il fut ensuite brûlé vif avec ses compagnons ; mais la double menace qu'il avait faite ne tarda pas à se réaliser et la mort de ses deux ennemis sembla lui donner raison et rendre témoignage de son innocence.

La sainte demeure de Marie était toujours l'asile où tout un peuple venait épancher sa douleur et faire entendre les accents de sa prière quand on était sous le coup de quelque grand malheur. Quand le roi Jean le Bon eut été fait prisonnier à la bataille de Poitiers, les bourgeois de Paris, profondément émus et inquiets de la grande détresse dans laquelle se trouvait le royaume de France, se portèrent en foule à l'église de Notre-Dame et s'engagèrent par un vœu à offrir chaque année une bougie assez longue pour faire le tour de la ville. La chose n'avait rien d'impossible, et ce qui le prouve c'est qu'elle se fit. Jusqu'en l'année 1605, la promesse fut religieusement exécutée; une grande partie du luminaire de la cathédrale lui était ainsi donné chaque année. Seulement la ville prenant toujours de nouveaux développements, il devenait difficile aux bourgeois de tenir encore dans toute sa rigueur l'engagement qu'ils avaient pris. Le vœu fut commué à cette époque. Au lieu de l'interminable bougie, ce fut une lampe d'argent ayant la forme d'un navire, emblème de la cité, qui fut offerte annuellement à Notre-Dame, à la charge par les donateurs de l'entretenir d'huile pour qu'elle brûlât jour et nuit devant l'autel de la sainte Vierge.

L'auguste sanctuaire de Marie ne recevait pas seulement l'écho des douleurs nationales, il accueillait encore les accents de la joie et de la reconnaissance publiques dans tous les événements heureux. Le 29 janvier 1393, au milieu d'une fête follement imaginée par des misérables jongleurs qui prétendaient guérir le roi Charles VI de son triste mal, tandis que le roi avec plusieurs seigneurs de la cour, tous vêtus de peaux de bêtes et liés ensemble par des chaînes de fer se démenaient comme des insensés dans les salles du palais, le feu prit tout à coup dans les costumes bizarres de la troupe; plusieurs y périrent, d'autres furent grièvement brûlés, et l'on eut toutes les peines du monde à sauver le roi. Le peuple aimait encore ce pauvre fou dont il plaignait le malheur; ce fut avec une stupeur universelle qu'on apprit le lendemain l'horrible aventure qui avait failli coûter la vie au monarque. Tandis que les ducs de Berry, de Bourgogne et d'Orléans allaient à Montmartre d'abord rendre grâces au Seigneur pour le salut de Charles VI, tandis qu'ils en revenaient pieds nus pour se rendre en pèlerinage à Notre-Dame, le peuple se précipitait en foule dans l'enceinte de la basilique et ne savait par quelles démonstrations témoigner sa joie et sa gratitude pour la miraculeuse conservation des jours du monarque. Le roi lui-même, à peine remis de son épouvante et jouissant alors de toute sa raison, arrivait de son côté à Notre-Dame et y entendait dévotement la sainte messe en actions de grâces.

Singulière époque où la religion retrouvait tout son empire et ramenait subitement aux idées les plus sérieuses, au lendemain des fêtes les plus bouffonnes ! Dans la piété populaire d'alors, la gaieté conservait tous ses droits. Elle en abusait quelquefois ; et le rire, avant de faire place aux pleurs de la pénitence, aux méditations de la mort et du jugement, éclatait en accents désordonnés. Dans les peintures et dans les sculptures, au moyen-âge, on trouve partout l'empreinte de ces sentiments opposés et extrêmes qui vont inspirer bientôt les innombrables compositions tragi-comiques de la danse macabre. C'est à peine si l'on peut toujours empêcher les manifestations burlesques de franchir le seuil de l'enceinte sacrée. Chaque année, il fallait célébrer à Notre-Dame la fête des Fous. Quelque porté qu'on soit à se montrer indulgent en faveur des naïvetés et des excentricités de cet âge, on ne peut s'empêcher de juger très-sévèrement les parodies et les irrévérences qui trop souvent, en ces occasions, profanaient le sanctuaire. Les évêques avaient beau protester, la fougue populaire ne tenait aucun compte de leurs ordonnances. Dès l'année 1198, le légat, Pierre de Capoue, avait essayé de faire disparaître cette coutume dès longtemps établie déjà. Il n'avait pu y réussir. Eudes de Sully n'avait pas été plus heureux que lui. Cet abus ne cessa qu'en l'année 1444, au prix d'efforts inouïs et sous la menace des anathèmes les plus formidables.

La piété, quelques années après, entrait en des voies plus correctes et se traduisait sous les formes les plus louables. La confrérie de Sainte-Anne et de Saint-Marcel était, en l'année 1449, érigée à Notre-Dame. Elle était spécialement fondée par les orfèvres de Paris dans le but d'honorer la sainte Vierge et d'offrir chaque année à la cathédrale un *mai*, c'est-à-dire un énorme et magnifique bouquet, ainsi nommé sans doute parce que la présentation en était faite le premier jour du mois de mai. Déjà la dévotion populaire consacrait le mois des fleurs à la très-sainte Vierge. Les orfèvres élisaient parmi eux le prince du mai; il était chargé de composer l'offrande et de la présenter à Notre-Dame au nom de ses confrères. A l'heure de minuit, le mai était déposé sur un pilier richement décoré devant le grand portail; dans la journée, on le portait à l'entrée du chœur où se trouvait la statue de la sainte Vierge ; il y restait toute l'année et passait dans la chapelle de Sainte-Anne le jour où le nouveau mai venait le remplacer.

Les orfèvres avaient l'habitude d'offrir avec leur bouquet quelque riche présent; c'est ainsi que la corporation présenta plusieurs beaux tabernacles à Notre-Dame. Celui de l'année 1608, entre autres, fut d'une rare magnificence. A partir de l'année 1630, l'offrande des orfèvres fut d'une autre nature. Ils firent exécuter chaque année, par les meilleurs artistes, un tableau de 4 mètres de hauteur, dont le sujet fut généralement emprunté aux Actes des Apôtres. Ils en eurent bientôt couvert tout le pourtour du chœur, et en 1708, il fallut renoncer à cet usage parce qu'il n'y avait plus de place pour de nouveaux tableaux.

Au seizième siècle, les solennités des *Te Deum* devinrent fréquents à Notre-Dame, pour célébrer tantôt une victoire, tantôt la conclusion d'une paix désirée. Les grandes processions de toutes les églises à la cathédrale se multiplièrent aussi en l'honneur de Dieu, « en révérence du Saint-Sacrement et réparation de l'impiété des huguenots. »

La grande basilique était comme le centre de toute la vie religieuse. C'était là que venaient les fidèles faire les stations prescrites par le souverain Pontife pour gagner les indulgences, c'était là qu'on accourait dans toutes les nécessités publiques, là encore qu'on venait implorer des grâces particulières et des faveurs spéciales. « Tous ceux qui se porteront à Notre-Dame, écrivait le P. Poiré, en 1643, seront témoins du grand concours qu'on y voit tous les jours, à l'occasion des miracles qui s'y font ordinairement et dont le cours interrompu durant quelques années a été renouvelé depuis peu. »

Il y avait, en effet, à Notre-Dame, une image miraculeuse de la sainte Vierge : les prières qu'on faisait à ses pieds étaient souvent récompensées par des grâces extraordinaires. Plusieurs de ces faits inexplicables au point de vue purement naturels ont été, après un examen sérieux, reconnus et attestés par l'autorité ecclésiastique.

En 1626, le premier archevêque de Paris, Jean-

François de Gondy, publiait, dans une lettre pastorale, la relation d'un miracle opéré à Notre-Dame, le 28 août de la même année, en la personne d'une pauvre fille de Nogent-le-Rotrou, nommé Anne Truville. Elle avait été amenée à l'Hôtel-Dieu de Paris, atteinte d'une paralysie très-grave dont on n'espérait pas la guérison. Malgré son infirmité, elle avait fait vœu d'aller en pèlerinage à Notre-Dame de Liesse. Son directeur, la voyant dans l'impossibilité d'accomplir un pareil voyage, lui recommanda simplement d'aller en pèlerinage en l'église Notre-Dame de Paris, « et là, devant l'image de la Vierge qui est en la nef de l'église, près la grande porte du chœur, faire quelques prières. Ladite Anne Truville, après avoir reçu la sainte communion dans l'église de l'Hôtel-Dieu, prit ses deux potences comme cy devant, et, assistée d'une jeune fille, ledit 28 avril, sur les onze heures du matin, commença à s'acheminer en ladite église de Paris, jusqu'à ce qu'elle fut parvenue avec difficulté devant ladite image, avant laquelle il y avait une barrière pour opposer à la presse du peuple qui a la dévotion de baiser et vénérer les saintes reliques... Tellement que ladite Truville estant arrivée devant ceste image, elle posa ses deux potences sur le travers de ceste barrière, puis ayant commencé quelques parties de prières qui lui estoient enjointes, se tourna et dist en pleurant qu'elle pensoit n'avoir plus de mal... Elle s'en retourna sans ayde à l'Hôtel-Dieu et n'éprouva plus aucun mal.

Et pour vérifier la vérité de ce miracle faict en la personne de ladite Truville, a été procédé à l'audition d'icelle et de plusieurs personnes dignes de foy, tant par nous que par nos officiers et ceux du chapitre de ladite église de Paris, en la forme et manière qui ensuit. » Suit effectivement tout le récit de l'information la plus minutieuse [1].

Le lendemain 29 avril, autre miracle du même genre. « Une dame de la rue des Vieux-Augustins, près de la porte de Mont-Marthe *(sic)*, également atteinte d'une paralysie, se trouva entièrement guérie après avoir assisté à la sainte messe à Notre-Dame [2]. »

Deux ans plus tard, Jean de la Carrière, perclus de tous ses membres, est amené à Paris dans un bateau qui suit le cours de la Marne, il se présente à la cathédrale, avec ses potences et béquilles, le dimanche 16 juillet, y assiste à trois messes; après l'élévation de la quatrième, il sent un tremblement au bras, une sueur au visage, se lève, se tient debout et constate que son infirmité a disparu.

En 1630, Marie Varenne, native de Charly près de Château-Thierry, est guérie le jour de l'Assomption d'une paralysie qui lui est survenue à la suite de ses couches et qui a résisté à tous les remèdes.

Enfin le 9 mai 1631, Marie Brunet, femme de Jac-

---

1. Récit véritable d'un miracle arrivé en l'église de Paris.
2. Le second miracle arrivé à Notre-Dame.

ques Raisin, brodeur à Paris, demeurant à la Porte-au-Peintre, près de la rue Saint-Denis en la paroisse de Saint-Leu et Saint-Gilles, abandonnée des médecins, se fait porter à la cathédrale, y entend la messe, à la fin de laquelle il lui survient une syncope accompagnée d'une grande faiblesse. Un instant après, elle se sentit fortifiée, « et de fait se leva toute seule sur ses pieds, et, tout étonnée de se voir debout, s'avança proche des balustres de la chapelle dudit autel, où elle s'agenouilla sans aucune ayde, lors de la bénédiction de la fin de la messe ; et, se relevant, elle recongnut qu'elle estoit entièrement guérie. »

Tous ces miracles ne sont point d'un ordre éclatant, mais il n'est point inutile de voir comment la Reine des Cieux daigna exaucer, dans son sanctuaire, les vœux des plus humbles enfants de la famille chrétienne. Elle protégeait, d'ailleurs, d'une manière non moins efficace, les destinées du royaume et celles de nos monarques. C'est ce que voulut solennellement reconnaître le roi Louis XIII, quand il se vit, par la prise de la Rochelle, victorieux de ses ennemis et maître des rébellions de l'hérésie. Le 10 février 1638, il déclara, dans un vœu qui restera à jamais fameux, qu'il plaçait son royaume et sa personne sous la protection de Marie et s'engagea, en mémoire de cette consécration à refaire à neuf avec plus de magnificence le grand autel de Notre-Dame. « En conséquence, est-il dit dans l'acte royal, nous déclarons par les présentes que, prenant la très-sainte et très-glorieuse Vierge pour protectrice spéciale de notre royaume, nous lui consacrons particulièrement notre personne, notre Etat, notre couronne et nos sujets, la suppliant de nous inspirer une si sainte conduite et de défendre avec tant de soin ce royaume, que, soit en guerre soit en paix, il ne sorte point des voies de la grâce qui conduisent à celles de la gloire. Et pour que le souvenir de cette consécration demeure à jamais dans la postérité, nous ordonnons qu'il soit fait chaque année, le jour de l'Assomption, après les vêpres, dans toutes les églises cathédrales, paroissiales ou conventuelles de nos Etats, une procession très-solennelle où assisteront toutes les autorités judiciaires et civiles. »

Le 15 août de la même année, cet édit fut mis à exécution ; et pour qu'on ne doutât pas dans les âges postérieurs que Marie avait eu ce vœu pour agréable, la reine, après vingt-deux années d'un mariage demeuré stérile au grand déplaisir de toute la France qui voulait un dauphin, mit enfin au monde, le 5 septembre, un enfant qui devait prendre dans l'histoire le titre de grand et donner au royaume toutes les gloires du grand siècle.

La France a été religieusement fidèle à garder le vœu du pieux monarque ; alors que la plupart des usages de l'ancienne royauté ont disparu dans les formes diverses des gouvernements que nous essayons, celui-ci n'a pas été emporté par la tempête. Sous Louis XIV, plus que jamais, Notre-Dame resplendit de tout l'éclat des grandes solennités ; jamais surtout les accents du *Te Deum* ne retentirent si souvent sous les voûtes du vieux temple. Ce ne fut qu'en 1699 que le roi songea à remplir la promesse de son prédécesseur relativement à la reconstruction du maître-autel. Des raisons diverses en avaient fait différer l'exécution ; on eût bien fait d'attendre encore dans l'intérêt du monument qui avait gardé jusque-là sa vraie physionomie, et qui subit, à partir de ce moment, une série de changements ou de mutilations aussi regrettables les unes que les autres.

Ce ne fut certes ni la bonne volonté ni l'argent qui firent défaut dans les travaux qu'on entreprit ; mais le goût de l'époque était déplorable, et l'on avait la manie de moderniser les vieilles cathédrales.

« Qui a substitué, s'écrie avec indignation un auteur célèbre, au vieil autel gothique splendidement encombré de châsses et de reliquaires, ce lourd sarcophage de marbre à têtes d'ange et à nuages, lequel semble un échantillon dépareillé du Val-de-Grâce ou des Invalides ? Qui a bêtement scellé ce lourd anachronisme de pierre dans le pavé carlovingien de Hercenduc ? N'est-ce pas Louis XIV accomplissant le vœu de Louis XIII ? »

Hélas ! oui, et l'on en fit bien d'autres. Le chœur avait une clôture à jour que l'art gothique avait avec amour taillée dans la pierre au temps de son plus radieux épanouissement, un jubé de la même époque, qui était une merveille, des stalles en bois du quatorzième siècle que les boiseries les plus habilement sculptées de la Renaissance ne pouvaient dignement remplacer ici. Aucune de ces merveilles ne trouva grâce aux yeux des embellisseurs. Le dallage historié des vieux tombeaux avec de vieilles inscriptions, des figures incrustées dans la pierre, des chevaliers armés de fer, des rois et des reines portant le sceptre et la couronne, des prélats crossés et mitrés, fut impitoyablement arraché pour faire place à ces carreaux de marbre uniformes et insignifiants. On eût beau prodiguer les marbres les plus rares et les dorures, on ne fit rien que de détestable.

La restauration n'en resta pas là. On se plaignit de l'ombre qui planait dans le saint lieu ; ce demi-jour discret et tamisé qui convient si bien aux antiques cathédrales dut faire place à la grande lumière versée crûment par les immenses baies de la nef et du chœur. On dépouilla sans scrupule, à cet effet, les fenêtres de leurs admirables verrières qui furent misérablement remplacées par des carreaux de verre blanc.

Enfin, on ne voyait pas d'un très-bon œil les sculptures sans nombre semées à profusion à l'extérieur du monument ; les délicats de l'époque, frottés au contact des Grecs et des Romains, n'étaient pas faits pour comprendre l'œuvre des sublimes barbares du treizième siècle, et lors même qu'on ne pouvait la détruire pour la remplacer par des constructions modernes, on avait bien quelque envie de la mutiler. L'occasion s'en présenta. Le grand portail de la façade méridionale, séparé verticalement par le trumeau qui portait la statue colossale du Sauveur, n'était ni assez haut ni assez large pour laisser passer le dais à carie immobile, dans les processions qu'on faisait fréquemment. Rien de plus simple que de supprimer le trumeau et d'enlever toute la partie inférieure du tympan avec ses bas-reliefs du Jugement dernier. Ce fut Soufflot qui se chargea d'exécuter la besogne. Qu'on lui pardonne cet acte de vandalisme, il obéissait aux idées de son temps. Sainte-Geneviève, d'ailleurs, plaide en sa faveur. Le portail méridional, les chapelles de la nef, les arcs-boutants du chœur eurent à subir les mêmes injures de la part des hommes de l'art.

Il ne manquait plus, pour couronner l'œuvre de ces maladroits amis de la cathédrale, que de voir les ennemis de Dieu s'acharner contre elle à leur tour. L'impiété révolutionnaire n'allait pas y manquer. Les démolisseurs avaient arraché et brisé les vingt-huit statues de nos rois ; ils se préparaient à faire subir aux autres le même sort, quand la voix du citoyen Chaumette protesta, au nom des curiosités antiques, contre une plus complète dévastation. On daigna, et ce n'est pas ce qui doit causer le moins d'étonnement, avoir égard à ces réclamations.

Mais le trésor de Notre-Dame, ce splendide trésor qui pouvait rivaliser avec celui de Saint-Denis, avait eu nécessairement le même sort. Dès l'année 1792, on l'avait dépouillé d'une foule d'objets précieux qu'on avait envoyés à la Monnaie. La châsse de saint Marcel, qu'on attribuait à saint Eloi, y fut portée le le 9 octobre ; puis, ce fut la croix à filigrane d'or du même saint Eloi, puis les ornements, ceux entre autres de velours cramoisi aux arabesques de soie et d'or, venus de Perse en 888, puis des reliquaires de toutes sortes en argent et en or, puis le magnifique soleil en vermeil du poids de 80 kilogrammes, etc., etc. L'abbé Barthélemy demanda et obtint que ce bel ostensoir fut déposé à la Bibliothèque nationale avec plusieurs autres saintes reliques qui furent ainsi sauvées, en partie du moins.

Vers la fin de l'année 1793, le culte catholique ayant été déclaré aboli par la Convention, Notre-Dame fut fermée à toute cérémonie religieuse autre que les fêtes hideuses du paganisme renouvelé. Les représentants de la nation y voulurent inaugurer le nouveau culte de la déesse Raison, représentée par une prostituée qui trôna ignominieusement sous les voûtes augustes du sanctuaire de la Vierge Marie. On s'était appliqué à faire disparaître à l'intérieur tout ce qui rappelait le christianisme. Statues, sculptures et bas-reliefs, tout avait été arraché et brisé. La destruction de toutes les saintes images leur épargna au moins le spectacle de ces abominables scandales.

C'est ainsi que la grande basilique est arrivée presque jusqu'à nos jours entièrement dégradée. De bonne heure cependant, elle avait été l'objet de la plus vive sollicitude de la part des archevêques de Paris et des gouvernements. Mais l'œuvre de restauration était considérable, elle effrayait à juste titre, et l'on ne savait à qui la confier. Ici encore il faut se féliciter de ces atermoiements, ils ont eu un excellent résultat. Les travaux ont été commencés en 1845, sous la direction de M. Viollet le Duc, qui s'est acquitté de sa tâche à Notre-Dame comme il l'a fait à la Sainte-Chapelle, et nous a rendu la vieille basilique telle qu'elle était au moyen-âge.

Mgr Darboy a fait en 1864 la dédicace solennelle de Notre-Dame, qui n'avait jamais reçu cette consécration dans les âges antérieurs.

La métropole a été dépouillée par la Révolution de la plus grande partie de ses richesses sacrées, mais elle en a acquis d'autres dont elle est justement fière et qui doivent en faire aujourd'hui un lieu de pèlerinage des plus illustres et des plus saints.

En l'année 1804, sur la demande du cardinal de Belloy, archevêque de Paris, le ministre des cultes, M. Portalis, ayant remis à l'abbé d'Astros, vicaire général du diocèse, toutes les reliques qui avaient été sauvées des destructions révolutionnaires par les soins de quelques membres de la commission des beaux-arts, on se disposa à les rendre aux honneurs du culte qui leur est dû. La sainte couronne était la plus précieuse et la plus importante. Portée d'abord à l'archevêché, elle y fit un séjour de deux années, pendant lequel on établit de la manière la plus évidente son identité et son authenticité, en même temps qu'on travaillait à lui préparer une châsse fut de la recevoir. Enfin, le 10 août 1806, elle fut transférée à Notre-Dame et solennellement exposée à la vénération des fidèles.

Il ne paraît pas qu'elle ait subi aucune altération, si ce n'est peut-être l'enlèvement de quelques parcelles, ni surtout qu'elle ait été brisée en trois parties, comme on l'a dit quelquefois. M. Rohault de Fleury, qui l'a examinée très-minutieusement, n'a pas découvert la moindre trace de ces fractures. Elle est aujourd'hui renfermée dans un grand reliquaire de cuivre doré, haut de trois pieds deux pouces, large d'un pied, dont le socle rectangulaire est porté sur des griffes de lion. Trois anges agenouillés sur ce socle soutiennent un globe décoré des attributs de la Religion, avec cette inscription : « *Vicit Leo de tribu Juda.* » Le fond est en lapis-lazuli veiné d'or. Dans les plates-bandes qui sont au-dessous et dans le soubassement, on lit diverses inscriptions relatives aux principaux faits de l'histoire de la sainte couronne. Le globe peut s'ouvrir par le milieu ; il renferme un reliquaire en cristal ayant la forme d'un anneau. C'est dans ce tube circulaire de dix pouces et demi de diamètre que la précieuse relique est enchâssée.

Un autre reliquaire d'argent ayant la forme d'une

croix contient la croix d'Anseau, ou du moins tout ce qu'on en possède aujourd'hui. Lors du pillage du trésor de Notre-Dame, M. Guyot de Sainte-Hélène, commissaire de la municipalité, obtint du comité révolutionnaire la permission de garder cette relique. Il eut le tort de la partager en quatre parties, dont trois seulement ont été rendues à Notre-Dame. Deux de ces fragments sont d'un bois noir qui paraît être du chêne; le troisième, d'une couleur plus claire, ressemble à du sapin, il avait été collé sur un bois commun qui lui servait de support. Cette relique, qui se trouvait encore à l'archevêché lorsqu'il fut saccagé dans la révolution de 1830, fut heureusement préservée; mais elle a subi des modifications qui ont bouleversé ses dispositions antérieures. Quatre parcelles sont aujourd'hui reconnues comme ayant fait partie de la croix d'Anseau, qui était composée, comme on l'a dit plus haut, de deux sortes de bois, celui de la croix et celui dans lequel elle fut plantée. Le chapitre de Notre-Dame, dans la crainte que l'authenticité de ces fragments ne fut pas assez certaine, y fit insérer des parcelles de la vraie croix donnée à saint Louis, afin de pouvoir en toute sécurité exposer le reliquaire aux adorations des fidèles.

Une autre partie considérable du bois de la vraie croix, provenant de la Sainte-Chapelle, est renfermée dans un reliquaire en cristal. C'est celle qui fut extraite de la croix de saint Louis, qu'on désigne dans les titres de Baudoin sous le nom de *Crucem magnam*, pour remplacer celle qui disparut en 1575 de la sacristie de la Sainte-Chapelle, et pour être montrée au peuple dans les expositions solennelles. Ce fragment très-remarquable n'a pas moins de huit pouces de hauteur. Les autres portions du bois sacré que possédait autrefois la Sainte-Chapelle sont perdues ; mais Notre-Dame a reçu encore du même sanctuaire le saint clou qui était autrefois dans la grande châsse, et une pierre du saint sépulcre.

La basilique a gardé encore dans une châsse de cuivre doré les reliques de saint Denis et de ses compagnons, lesquelles avaient été sauvées dans la Révolution par les soins de dom Varenflot. Les autres reliques provenant de l'église de Saint-Denis sont un morceau de la vraie croix de trois pouces de hauteur et deux chevilles de bois qui entraient dans l'instrument de la passion du Sauveur.

Plusieurs reliques de saint Louis y sont également conservées. C'est d'abord l'escourgette ou discipline, qui servait au pieux monarque ; elle est accompagnée d'une très-vieille inscription ainsi conçue : « *Flagellum ex catenulis ferreis confectum quo SS. rex Ludovicus corpus suum in servitutem redigebat.* » Guillaume de Nangis parle de cette discipline avec laquelle Louis IX se faisait flageller, tous les vendredis, par son confesseur. L'étui en ivoire qui renfermait cet instrument de pénitence, contient un morceau de parchemin sur lequel est écrit en lettres gothiques : « Cestes escourgetes de fer furent à M. Loys, roy de France. » Viennent ensuite plusieurs fragments des vêtements, ceintures, aumônières et mouchoirs du saint roi, enfin une chemise lui ayant appartenu. Sur le parchemin qui l'accompagne, on lit : « C'est la chemise de Mons. sainct Loys, jadis roy de France, et n'y ha qu'une manche. » La provenance de ces divers objets n'est aucunement douteuse ; on s'abstient néanmoins de les exposer à la vénération des fidèles, sans doute parce que l'intérêt de la curiosité se trouve ici trop mêlé aux souvenirs de la sainteté.

Mais toutes les autres reliques, spécialement celles de la Passion, sont exposées à Notre-Dame tous les vendredis de carême. Elles sont placées à l'entrée du chœur sur une estrade ornée de tentures rouges. On les présente à découvert dans leurs reliquaires de cristal, lesquels sont suspendus par des agrafes à une croix de cèdre. Le saint clou est placé à l'intérieur de la sainte couronne, la vraie croix au dessus. Le tombeau qui sert de base à la croix, laisse voir, par des ouvertures fermées en cristal, une pierre du saint sépulcre de Notre-Seigneur et une fiole qui porte cette inscription : « *De sanguine et aquâ quæ effluxerunt a latere Christi.* »

De pareils souvenirs se recommandent d'eux-mêmes à la piété chrétienne. Comment se fait-il que beaucoup de personnes pieuses en ignorent même l'existence ? Le pèlerinage de Notre-Dame serait assurément plus suivi qu'il ne l'est, si l'on connaissait mieux les trésors sacrés de cet auguste sanctuaire ; car il n'est pas un cœur catholique qui puisse manquer de s'y intéresser.

Notre-Dame des Victoires.

Il y a quarante ans, au milieu de l'indifférence religieuse qui succédait à l'impiété des années précédentes, on n'eût pas supposé que la dévotion à la sainte Vierge fût sur le point de refleurir. Telles étaient encore chez nous les dispositions des esprits, qu'on ne pouvait raisonnablement espérer que la France ou que Paris surtout serait le théâtre de cette résurrection. Dieu nous préparait cette surprise; et, pour y mettre le comble, il choisissait une église alors bien modeste, presque pauvre, dans une des paroisses les plus ingrates de la capitale, pour être le foyer de la vie chrétienne et de la piété envers Marie et embrasser le monde entier dans son rayonnement.

Ce n'est pas que cette église ne portât un nom glorieux et n'eût à revendiquer d'illustres origines. Louis XIII, au lendemain de ses victoires en Italie et des succès qui avaient mis fin, par la prise de la Rochelle, aux rébellions de l'hérésie, avait résolu de bâtir un temple en l'honneur de la très-sainte Vierge, sous le vocable de Notre-Dame des Victoires; il en avait lui-même posé la première pierre le 9 décembre 1629. Le temple s'était élevé grâce aux muniticences royales, et la desservance en avait été confiée aux Augustins déchaussés, qui furent appelés les Petits Pères. Malheureusement, à l'époque de sa construction, les arts n'étaient pas dans une période de grandeur. La Renaissance avait perdu sa première sève et n'en était pas encore à ce regain qui allait produire le Val-de-Grâce, les Invalides et Sainte-Geneviève. Un monument sans grandeur, d'un style froid et monotone, fut tout ce qu'on put exécuter alors pour exprimer la reconnaissance du monarque. En 1656, d'importantes modifications furent apportées aux dispositions primitives, sans qu'on pût arriver toutefois à faire une œuvre remarquable d'un édifice imparfaitement conçu.

Cette même année, la reine Anne d'Autriche, sur l'inspiration d'un saint religieux connu sous le nom de frère Fiacre, choisit l'église de Notre-Dame des Victoires pour y établir le siége d'une confrérie en l'honneur des Sept-Douleurs de la sainte Vierge, et obtint du pape Alexandre VII un bref accordant des indulgences à ceux qui en feraient partie. Malgré l'éclat donné à sa fondation et la protection de la reine, la confrérie demeura stérile dans ses développements. Les faveurs royales accordées au nouveau sanctuaire par Louis XIV qui fit décorer de marbres la chapelle de la sainte Vierge, ne changèrent pas notablement les conditions de son existence, et rien dans son histoire ne laissa jamais entrevoir qu'il dût devenir un jour un centre incomparable de grâces et de bénédictions. La Révolution en chassa les religieux augustins, y établit une paroisse constitutionnelle à laquelle le concordat de 1802 rendit une situation régulière. Mais la vie religieuse en était bannie. Absorbés par des préoccupations d'un ordre différent, les habitants étaient tout entiers à leurs affaires et à leurs plaisirs, et connaissaient les abords de la Bourse et le chemin des théâtres dont ce quartier est le centre, beaucoup mieux que leur église qui restait presque déserte, même aux jours des plus grandes solennités.

Les choses en étaient là et ne semblaient pas devoir suivre un autre cours, lorsqu'en 1832, un homme qui devait être l'instrument des desseins de la Providence dans la rénovation religieuse qu'elle préparait, fut nommé curé de cette paroisse. M. Des Genettes qui arrivait au milieu de cette population morte à la foi, était un prêtre déjà mûri par les années et l'expérience qu'il avait des hommes ; son caractère s'était fortement trempé au milieu des luttes de la vie, et son âme virile était prête aux épreuves en même temps qu'elle était supérieure aux ambitions de ce monde ; l'indulgence et la bonté faisaient le fond de son cœur, et dans la paroisse des Missions étrangères où il était précédemment, il avait donné des preuves éclatantes de sa charité, spécialement en faveur des orphelins, par la fondation de la maison de la Providence destinée à les recevoir ; il n'avait rien après cela de ces grands talents qui séduisent et dominent les esprits ; toute sa science fut celle de la conversion des âmes ; sa parole n'était pas brillante, mais elle avait de ces accents embrasés qui pénètrent et produisent quelquefois une émotion irrésistible. Au reste quels résultats pouvaient obtenir le zèle et la piété du serviteur de Dieu au milieu de la solitude qui l'environnait? Pendant quatre ans, il ne put que gémir devant Dieu de la stérilité de son ministère. Il faut l'entendre exposer les amertumes de son cœur désolé et tracer le triste tableau de l'état religieux de sa paroisse : « Depuis la révolution de juillet, écrit-il à son archevêque, les sacrements n'y sont plus fréquentés, les malades meurent comme s'il n'y avait pas d'avenir, la table sainte est abandonnée, l'église déserte ; c'est à peine si, aux jours de nos plus grandes solennités, quelques fidèles assistent aux saints mystères. Plus de croyance à ce qui fut longtemps la vénération des siècles, plus de respect pour ceux qui apportent à la terre l'évangile de la paix et du bonheur. Les ministres de la religion sont détestés ; et quand le dernier des citoyens peut traverser sans crainte nos quartiers populeux, le prêtre ne peut le faire sans déposer l'habit saint qui le distingue. Quelles couleurs ajouter encore à ce sombre tableau, si ce n'est que Jésus-Christ était plus à l'abri des insultes dans sa misérable crèche qu'il ne l'est aujourd'hui peut-être dans ma pauvre église [1] ! »

[1]. Voir : *Histoire de l'église de Notre-Dame des Victoires*, par

D'un autre côté, les ressources de la paroisse étaient, au point de vue matériel, tellement restreintes, qu'elles laissaient le sanctuaire et ceux qui étaient chargés de le desservir dans un véritable dénûment. C'est à peine si le prêtre trouvait, pour célébrer le saint sacrifice, des habits sacerdotaux d'une décence même équivoque et quelques vases sacrés pour les divins mystères. Aussi, plus d'une fois, M. Des Genettes parut-il chanceler en présence de l'inutilité de son ministère qu'il croyait pouvoir rendre plus fructueux ailleurs, et le vit-on supplier ses supérieurs de l'appeler à une tâche moins ingrate. Mgr de Quelen eut la bonne inspiration de combattre ses répugnances, en lui proposant l'exemple du divin Maître qui, dans les trois années de son ministère public, n'avait réussi qu'à grouper autour de lui qu'un très-petit nombre de disciples timides et hésitants au point de l'abandonner dans la suprême angoisse, alors que cependant le Crucifié du Calvaire devait bientôt attirer tout à lui.

La résignation, sinon l'espoir, était revenue au cœur du pasteur; et il avait repris courageusement sa lourde tâche, quand Dieu lui mit subitement au cœur une de ces pensées étranges qui n'ont pas de motif sur la terre et dont il faut chercher au ciel les

MM. Lambert et Buirette. Nous empruntons à ce remarquable ouvrage nos renseignements sur ce sujet. Après un semblable travail, il ne reste plus rien à dire.

mystérieuses raisons. L'institution de l'archiconfrérie de Notre-Dame des Victoires est une des histoi-
res les plus étonnantes ; et nous ne saurions trop recommander d'en suivre les origines, les progrès, les
obstacles et les triomphes dans le livre que nous
avons cité et que nous analysons.

Ce fut au jour de la fête de saint François Xavier,
le 3 décembre 1836, que la première idée en jaillit
comme un trait de lumière dans l'esprit de M. Des
Genettes, au moment où il commençait la sainte messe
à l'autel de Marie. Il faut encore ici laisser parler le
digne prêtre : « Je récitais, dit-il, le premier verset
du psaume *Judica me,* ce colloque divin où l'âme brisée du prophète cherche dans la confiance en Dieu
le repos de ses agitations, quand une pensée vint
s'emparer de mon esprit. C'était la pensée de l'inutilité de mon ministère dans la paroisse de Notre-
Dame-des-Victoires.... Je fis mille efforts pour l'éloigner ; mais elle se jouait de ma vaine résistance, et il
me semblait entendre comme une voix qui venait de
mon intérieur et qui me disait : Ton ministère est
sans fruit...... où sont les résultats de tes labeurs ?
Tels furent les troubles de mon âme jusqu'au moment où s'ouvre la partie solennelle du sacrifice.
Après avoir récité le *Sanctus,* je m'arrêtai un moment pour me recueillir ; je me disais : Puis-je vraiment continuer l'oblation sainte ? Ai-je assez de présence d'esprit pour une action si sublime ? A peine
eus-je prononcé ces paroles que j'entendis très-dis-

tinctement ces mots articulés d'une manière solennelle : « Consacre ta paroisse au très-saint et très-« immaculé cœur de Marie. » Puis la voix intérieure qui résonnait en mon âme se tut, et je recouvrai sans effort le calme et la liberté de l'esprit. Les saints mystères achevés, le souvenir des paroles que j'avais entendues me revint à l'esprit. Oh! non, me dis-je avec une espèce de terreur, non, c'est une illusion ; je ne puis croire à la possibilité d'une communication du ciel... Je ne veux plus songer à ces paroles. Telles étaient mes résolutions lorsque, me levant de mon prie-Dieu, j'entendis une deuxième fois distinctement ces mêmes paroles : « Consacre ta paroisse « au très-saint et immaculé cœur de Marie. » Je retombe à genoux, stupéfait et confondu. Je cherche à douter encore, mais je ne puis plus me le dissimuler : Marie veut à Notre-Dame des Victoires un nouveau culte et de nouveaux hommages. »

Rentré chez lui, M. Des Genettes, docile à l'avertissement, sinon miraculeux, du moins très-extraordinaire, qu'il venait de recevoir, rédigea de suite les statuts de la nouvelle association en l'honneur du très-saint et immaculé cœur de Marie et, les ayant soumis à Mgr de Quelen, reçut du prélat l'autorisation de commencer dès le lendemain les pieux exercices dans son église.

Donc le troisième dimanche de l'Avent, 11 décembre 1836, M. Des Genettes fit au prône de la messe paroissiale un appel aux fidèles, les engageant à prendre part aux exercices de la dévotion nouvelle et à venir le soir à sept heures à l'église pour demander la protection du très-saint cœur de Marie. Quel résultat le pasteur pouvait-il attendre d'une exhortation pathétique et pleine d'émotion sans doute, mais qu'il avait prononcée dans une enceinte presque déserte, suivant l'habitude ? Peut-être qu'une quarantaine de personnes répondraient à son appel. Le soir, il s'en trouva plus de cinq cents. Les cœurs assez froids d'abord ne tardèrent pas à se laisser gagner par l'émotion. Marie fut saluée avec enthousiasme par le chant des litanies de Lorette et l'invocation *Refugium peccatorum*, répétée par trois fois comme par acclamation par la foule attendrie, devint le vocable sous lequel fut placée la nouvelle association.

La joie et l'espérance mêlées de craintes encore sont entrées dans l'âme du pasteur qui demande avec confiance à Marie de lui donner promptement, par la conversion d'un pécheur, la marque que ses efforts lui sont agréables. Ce signe lui fut accordé.

Un des derniers ministres de Louis XVI, M. Jolly, un homme de grands talents, dont l'âge n'avait pu altérer les facultés, se trouvait malade depuis quelques mois. C'était un partisan déclaré de la philosophie sceptique et irréligieuse du dix-huitième siècle. M. Des Genettes s'était résolu d'essayer d'en faire un chrétien. Il eut beaucoup de peine à pénétrer auprès de lui ; mais y étant arrivé enfin, il eut la consolation de voir ses vœux exaucés et de recevoir dans cette éclatante conversion le gage d'assurance qu'il avait demandé à Marie.

Toutefois, si le vénérable prêtre s'imagina dès lors que son œuvre, consacrée en quelque sorte par ces faveurs, allait désormais voir s'ouvrir devant elle une carrière sans obstacle, que la foi et la piété éteintes dans sa paroisse allaient y renaître subitement et qu'il avait atteint la dernière limite de ses épreuves, ce fut une illusion qu'un prochain avenir allait dissiper. Tout allait conspirer, au contraire, contre la nouvelle institution. Le temps était d'abord aussi mal choisi que possible. On sortait de la révolution de 1830, qui avait couvert d'injures et de mépris tout ce qui de près ou de loin touchait aux congrégations et aux missions; les autels tremblaient encore des coups qu'on leur avait portés, et c'était à pareil moment qu'un simple curé prétendait fonder une confrérie. Mais le nom seul en était impopulaire, et l'objet — faut-il le dire? — l'était encore davantage.

Le culte de Dieu trouve grâce à peine en ces temps, les philosophes le tolèrent cependant; mais le culte de Marie, ne leur en parlez pas: le culte au cœur immaculé de Marie va réveiller le rire de Voltaire, évoquer tous les fantômes du moyen-âge dont le bon peuple de Paris est si fort effrayé et faire crier sur tous les tons à la superstition. On n'y manquera pas. Et puis, l'emplacement de cette confrérie n'est pas moins impossible que tout le reste; dans une petite église tranquille et silencieuse, on comprendrait qu'on fît l'essai d'une pareille institution ; mais là, entre le Palais-Royal et la Bourse, au milieu des théâtres, des maisons de change, des banques, des lieux d'affaires et de plaisirs, ne fallait-il pas être bien malavisé pour en former le projet ? A cette œuvre donc comme à la plupart de celles qu'il plaît à Dieu de réaliser, les difficultés ne manquaient pas. Elles furent bientôt soulevées. Tout un concert de récriminations se fit entendre contre son auteur. La presse en province comme à Paris se mit à l'insulter. C'était un ambitieux, un intrigant, un visionnaire ; il fallait l'interdire.

L'autorité ecclésiastique fut-elle émue de ces clameurs, non certes au point de leur donner raison, mais bien de juger l'œuvre inopportune ? Il faut bien le croire, car Mgr de Quelen qui s'était d'abord montré favorable à sa fondation ne tarda pas à changer de sentiment et à répondre par une froideur assez marquée, sinon une véritable défaveur, à toutes les instances que fit auprès de lui M. Des Genettes pour obtenir qu'il sollicitât à Rome l'érection en archiconfrérie de la nouvelle association. Mgr Affre, qui succéda bientôt au vénérable prélat, ne se montra pas mieux disposé, et le pasteur de Notre-Dame des Victoires dût se demander à plusieurs reprises s'il n'avait pas subi l'entraînement d'une illusion irréalisable, et s'il y aurait un lendemain pour son œuvre, qui déjà périclitait, en présence de la réprobation dont elle semblait être l'objet.

Il était décidé toutefois à s'attacher à tout ce qui pourrait la soutenir; il voulait espérer même contre toute espérance ; il se persuada donc bientôt qu'il pourrait obtenir les plus grands résultats de l'appui qu'il avait trouvé auprès de deux cardinaux de la sainte Eglise dont il avait fait la connaissance et qui avaient daigné lui promettre leur concours le plus absolu auprès du Saint-Siége. Grande fut la déception du vénérable prêtre, quand ils l'informèrent que leurs sollicitations n'avaient pas été accueillies auprès du pape. Sa Sainteté avait répondu que la faveur d'une érection en archiconfrérie était de celles que le Saint-Siége n'accordait jamais, pour ainsi dire, et qu'une demande, fût-elle adressée à cet effet par l'archevêque de Paris, n'aurait aucune chance d'être exaucée.

Un caractère moins ferme que celui de M. Des Genettes se fut entièrement découragé en présence de ces résistances qui venaient aggraver le poids des calomnies et des railleries auxquelles il était en butte. D'où lui vint la pensée que cette série d'épreuves qui s'attachait aux premiers pas de son association naissante pouvait être précisément la marque de sa prédestination et qu'aux luttes du présent succéderait un jour le triomphe? Comment son âme fut-elle à la hauteur des difficultés et des épreuves? Il convient peut-être, dans une certaine mesure, d'en faire honneur à l'énergie d'une volonté persévérante; mais il est impossible de ne pas reconnaître la persistance de l'inspiration qui lui était venue d'en haut et cette force divine que la Providence communique, quand il lui plaît, aux plus faibles instruments, lorsqu'elle les a choisis pour les associer à l'accomplissement de ses desseins.

L'heure du succès allait arriver ; et ce que n'avaient pu obtenir des princes de l'Eglise, une faible femme allait l'exécuter. Elle était sans doute aussi distinguée par sa naissance que par sa piété, mais les considérations du rang et des dignités humaines pèsent d'un faible poids dans la balance aux yeux des souverains pontifes, quand il s'agit des intérêts de l'Eglise et des choses de Dieu. La princesse Borghèse qui avait embrassé chaleureusement les vues de M. Des Genettes, sollicita une audience de Grégoire XVI. Dieu lui mit au cœur des sentiments dont elle traduisit l'expression avec de tels accents que le souverain Pontife en fut ému, et qu'il entrevit, sans doute à l'aide des lumières dont le ciel favorise toujours celui qui est sur la terre le vicaire de Jésus-Christ, les immenses bienfaits que l'œuvre du pauvre prêtre était appelée à produire dans le monde. Le pape n'hésita plus, et sur le champ il voulut que l'humble sanctuaire de Paris eût le privilége d'une de ces faveurs exceptionnelles que réclamaient en vain les églises les plus fameuses de l'univers : et ne mettant aucune limite à ses bénédictions, il décida que ce qu'on lui demandait pour la France seulement serait le partage du monde chrétien tout entier. Le

24 avril 1838, Grégoire XVI donna le bref qui érigeait à perpétuité et pour toutes les contrées du globe, dans l'église de Notre-Dame des Victoires, l'archiconfrérie du très-saint et immaculé cœur de Marie pour la conversion des pécheurs.

Dès ce moment commence une ère nouvelle pour le sanctuaire privilégié : l'œuvre du pasteur peut lever la tête désormais ; elle plane au dessus de toutes les tracasseries mesquines qui ont entravé sa marche, la persécution l'a fortifiée et grandie ; élevée d'un seul coup de l'humilité de ses origines à la hauteur du trône pontifical, elle présente à la terre tout entière la douce figure de Marie ouvrant ses bras à tous les pécheurs du monde ; et tous les regards vont se tourner vers elle. Il importe de la faire connaître toutefois ; il faut donner à cette grande institution l'éclat qu'elle mérite, et ne pas tenir la lumière sous le boisseau. Déjà les âmes qui se sont abritées sous la bannière de la pieuse association ont été l'objet des grâces les plus abondantes ; la paroisse de Notre-Dame des Victoires a pris une nouvelle vie : Paris n'est plus indifférent à ce mouvement de renaissance, et s'il y a des détracteurs encore dans le public irréligieux, tout ce qui s'intéresse à la gloire de Dieu soutient résolûment la cause de Marie. Mais il est temps de franchir ces bornes, de prendre un plus vaste essor et de dire avec l'apôtre : « *Exeamus extra castra*, sortons du camp ! » C'est une œuvre catholique qui vient de surgir, elle a droit à l'universalité, elle va la conquérir.

Quels moyens employer pour arriver à ce but? Toujours encore, conformément aux voies que la Providence suit d'ordinaire, des moyens qui ne paraissent être nullement en proportion des résultats à obtenir. Ceux qui les mettent en œuvre ne se doutent pas même du succès incroyable qui va couronner leurs faibles efforts. Ce ne sera ni l'éloquence d'un Lacordaire, ni la plume brillante d'un Lamennais qui accomplira cette mission. L'écrivain est à l'œuvre cependant; il a vaincu ses répugnances, fait taire les scrupules de son insuffisance, et mis de côté toutes les considérations qui lui représentent qu'il n'a point les talents nécessaires pour ébranler les masses et les entraîner dans le courant d'une dévotion nouvelle. C'est toujours l'humble curé de Notre-Dame des Victoires qui poursuit la grande tâche à laquelle il plaît au Seigneur d'attacher son nom. Le 1er janvier 1839, il fait paraître un livre destiné dans sa pensée à quelques âmes pieuses qui le répandront peu à peu et qui fera connaître à d'autres quelques-unes des merveilles de la grâce divine qui se révèle de plus en plus dans l'association qu'il a fondée : c'est le *Manuel de l'archiconfrérie*. Une étonnante publicité qui dépasse toutes les prévisions, attend cet ouvrage et le porte d'un seul coup aux extrémités du monde. Ce sont les séminaristes de Saint-Sulpice qui le répandent d'abord dans tous les diocèses de France, puis les missionnaires qui l'emportent dans les contrées les plus lointaines. Partout il est accueilli avec empressement ; les éditions se succèdent et ne suffisent pas à l'impatience des esprits. On le traduit dans toutes les langues de l'univers, et sur toutes les plages l'âme religieuse se nourrit de ses pages qui n'ont pour elles ni le prestige du style ni le charme de la diction, mais où respire une ardente piété envers la Reine des cieux et dont tous les accents sont pénétrés de cette confiance devant laquelle les cœurs malheureux — et le monde en est plein — se prennent à espérer encore.

Partout, en Italie, en Espagne, en Autriche comme en France, des montagnes du Tyrol aux rives du Canada, des bords du Rhin aux bouches du Danube, Marie est honorée dans son très-saint cœur et saluée universellement du titre de *Refuge des pécheurs*. Dès ce moment commence la plus merveilleuse diffusion de cette dévotion qui s'épanche, comme d'une source trop pleine, du sanctuaire de Notre-Dame des Victoires. Ce ne sont plus seulement des confrères innombrables qui se font inscrire sur les registres de l'archiconfrérie ; ce sont des paroisses entières de tout pays qui veulent avoir les honneurs de l'affiliation à cette auguste association. Le monde catholique s'ébranle et voit se lever de tous côtés des légions de serviteurs de Marie. Les royaumes où l'hérésie domine ne sont pas à l'abri de la sainte contagion, et les régions païennes évangélisées par les missionnaires comptent déjà d'innombrables confréries en communication de grâces et de prières avec l'église-mère qui leur communique les priviléges dont elle jouit et les indulgences dont elle est enrichie.

En 1842, les confréries s'élèvent au nombre de dix-huit cents; en 1853, il y en a près de six mille. Les évêques de tous les diocèses sont à la tête du mouvement, ils publient des lettres et des mandements pour en accélérer la marche et pour en propager le développement. Ce ne sont pas seulement d'humbles églises qui se font gloire d'être associées à Notre-Dame des Victoires; ce sont les sanctuaires les plus fameux par leur antiquité, par leur illustration, par leurs pèlerinages, qui sollicitent cet honneur. C'est, en France, Notre-Dame de Boulogne, Notre-Dame de Grâce près de Honfleur, Notre-Dame de Recouvrance aux bords de la Loire; ce sont les villes de Chartres, de Lyon et de Marseille si fameuses dans les fastes de la dévotion à la très-sainte Vierge et une foule d'autres. C'est, en Italie, la ville de Marie, *citta di Maria*, Gênes, qui compte près de cinquante églises dédiées à la mère de Dieu, c'est Naples avec son illustre sanctuaire de Notre-Dame des Grâces, c'est Bologne, c'est Florence, c'est Venise, c'est Lorette elle-même; c'est, à Rome enfin, Sainte-Marie Majeure, Notre-Dame de la Paix, etc., qui toutes accueillent Notre-Dame des Victoires et s'associent à l'archiconfrérie. L'Espagne n'est pas restée en arrière; la Belgique et l'Allemagne catholique semblent un instant oublier les gloires de leurs sanctuaires pour s'unir par des liens étroits à la nouvelle Notre-Dame, qui brille au firmament du monde religieux. En même temps que les affiliations se multiplient, de nouveaux autels, des sanctuaires et des temples s'élèvent de toutes parts en l'honneur de Marie, refuge des pécheurs. Des églises sont construites et placées sous le vocable de Notre-Dame des Victoires, à Rome, à Londres, à Ars, à Alençon, à Pékin, etc. Si l'on voulait enfin rendre compte du développement vraiment prodigieux que prit en quelques années la dévotion au cœur immaculé de Marie sous les auspices de l'archiconfrérie, il faudrait passer en revue toutes les contrées de la chrétienté, suivre dans leurs missions les apôtres de l'Evangile. Nous la verrions fleurir dans la Perse, dans la Chine et au Tonkin, envelopper l'Océanie, prendre possession des archipels les plus lointains, s'établir en 1843 dans les missions du haut Canada, chez les Hurons, sur les bords du lac Supérieur comme aux rives des lacs Erié et Ontario.

Et tout ce rayonnement de la piété chrétienne envers Marie émane d'un centre unique, de ce sanctuaire si obscur naguère, que M. Des Genettes a transformé ou plutôt que Dieu a choisi et qu'il a placé au premier rang parmi les asiles de grâces et de bénédictions. C'est là vraiment que se trouve le cœur de cette circulation puissante qui se répand jusqu'aux extrémités de l'univers. Tout part de là et tout y revient. Déjà les pèlerins d'une année ne se comptent plus par centaines de mille, mais par deux ou trois millions. Les associés s'élèvent au chiffre de vingt millions ; en 1860, il n'y a pas moins de treize mille deux cent soixante-cinq confréries affiliées à Notre-Dames des Victoires. C'est l'époque de la mort de M. Des Genettes, la plus brillante dans l'histoire de la célèbre archiconfrérie, bien qu'après lui il n'y ait pas de ralentissement dans l'élan qui a été donné, et que, quelques années plus tard, quatre mille associations nouvelles soient inscrites sur les registres.

On aurait d'ailleurs une idée très-imparfaite de ce mouvement, si l'on n'y voyait que la propagation d'une dévotion dont les âmes pieuses apprécient l'importance, mais que les chrétiens moins fervents se permettent de dédaigner, tandis que d'autres ne craignent pas de la taxer de superstition. Tout se tient et s'enchaîne rigoureusement dans le domaine de la religion ; et les peuples sont aujourd'hui assez éclairés pour ne point se laisser entraîner aveuglément à des abus que la vraie foi a toujours condamnés. Il est impossible que la mère de Dieu soit honorée, sans que le Dieu sauveur ne reçoive un culte d'amour et d'adoration, sans que le vrai christianisme ne s'implante dans les âmes et que, sous ses inspirations, le niveau moral ne s'élève dans les cœurs. Le changement qui s'est opéré dans l'église de Notre-Dame des Victoires, autrefois déserte, aujourd'hui constamment visitée et fréquentée à tel point que son enceinte est souvent trop petite pour contenir la foule qui s'y presse, se reproduit dans la plupart des églises de la capitale; on ne rougit plus d'y paraître comme autrefois; les jeunes gens et les hommes se font gloire d'arborer tous les signes de leur croyance; ils reprennent le chemin du temple de Dieu; et quand viennent les Pâques, la métropole les voit par milliers qui viennent s'asseoir à la table eucharistique. Les œuvres charitables, les associations bienfaisantes, les grands sacrifices, les grands dévouements, les saintes inspirations, les généreux exemples se multiplient, et presque jamais l'influence de Notre-Dame des Victoires n'est étrangère à leur naissance. Tout est placé sous son patronage et c'est elle encore qui en favorise les progrès et les développements. Impossible de le méconnaître; il y a dans la dévotion au cœur immaculé de Marie un remède contre les maladies morales de toutes sortes. Il y a là comme dans le cœur de Jésus une école sublime de toutes les vertus; et nul ne peut s'approcher d'un pareil foyer sans en ressentir la chaleur.

Cette dévotion, d'ailleurs, n'est point nouvelle dans l'Eglise. Outre qu'elle n'est qu'une des formes du culte de Marie aussi ancien que le christianisme, on en peut trouver la trace dans les âges les plus lointains. Ce fut sans doute un germe tout d'abord, un grain de sènevé; mais la plus petite de toutes les semences peut devenir un grand arbre à l'heure marquée par la Providence. Comme la graine reste cachée dans le sol avant de se produire à la surface de la terre, la dévotion au saint cœur de Marie fut longtemps renfermée dans le sein de l'Eglise, et ses origines sont assez incertaines. On a cru longtemps qu'elle avait pris naissance en Normandie dans la première moitié du dix-septième siècle où le père Eudes de Mezeray et ses religieux la rendirent populaire. Mais, dès le quinzième siècle, les villes d'Apt et de Coutances avaient des sanctuaires consacrés au saint cœur de Marie; et enfin l'abbaye d'Aurillac, vers la fin du dixième siècle, possédait déjà une chapelle connue sous le nom de Notre-Dame du Cœur, où se rendaient de nombreux pèlerins et qui paraît avoir été le berceau de cette dévotion considérée comme culte public et liturgique. Mais, quel qu'ait été l'éclat de ce culte dans les âges passés, jamais il ne brilla d'un lustre pareil à celui qu'il devait revêtir dans la grande institution de l'archiconfrérie; jamais non plus il n'avait exercé une influence aussi entière, aussi universelle.

Il est de toute évidence que l'œuvre de M. Des Genettes eut pour elle, dès sa naissance, non-seulement le concours actif et intelligent des hommes les plus dévoués à l'honneur de Marie, mais surtout les faveurs et les bénédictions du ciel les plus abondantes. Et rien ne s'opère dans l'ordre spirituel comme dans l'ordre temporel sans la rencontre de ce double travail. La terre remuée par la charrue et ensemencée par la main des hommes reçoit la pluie et la rosée, s'échauffe au soleil de Dieu et se couvre après d'abondantes moissons. La part de Dieu à Notre-Dame des Victoires fut des plus manifestes et des plus fécondantes. L'institution créée pour la conversion des pécheurs fut un foyer de grâces tellement prodigieux qu'on vit de toutes parts des cœurs rebelles revenir à la vertu, des esprits égarés rentrer dans les voies de la vérité : l'action de Dieu y fut si profondément marquée, que, dans mille circonstances, non-seulement les malheureux et les affligés qui mettaient leur confiance en Marie furent consolés et fortifiés, mais encore que des infirmes atteints des maladies les plus graves, les plus désespérées, furent guéris maintes fois en dehors de toutes les puissances et de toutes les énergies connues dans la nature.

La conversion de M. Ratisbonne, due sinon à l'influence directe de Notre-Dame des Victoires, du moins à l'intervention de la très-sainte Vierge, parut être comme le point de départ d'une ère nouvelle de grâce et de retour vers Dieu, dont le progrès fut aidé puissamment par l'extension donnée au culte du saint cœur de Marie. Les voix les plus éloquentes et les plus autorisées se sont plu à le proclamer, et des faits innombrables le disent plus haut encore. Là, c'est un jeune matérialiste qu'une phtisie pulmonaire arrivée à sa dernière période a couché sur son lit de douleur et qui ne veut pas entendre parler de

Dieu ; on l'a recommandé aux prières de Notre-Dame des Victoires ; on a même, à son insu, fait inscrire son nom sur la liste des associés. Tout à coup et sans que rien puisse expliquer un pareil changement, celui qui tout à l'heure répétait à tout le monde qu'il ne croyait ni à Dieu ni à l'éternité, proclame la véracité des miracles de l'Evangile, appelle le Sauveur à son aide, et, totalement subjugué par l'ascendant de la grâce, demande un prêtre et s'endort de la mort des prédestinés. Là, c'est un vieillard, un ancien officier dont le cœur est plein de bravoure, mais qui, n'ayant jamais été baptisé, n'est pas même chrétien et ne tient pas à le devenir. Il entre par hasard à Notre-Dame des Victoires, au moment d'un sermon à l'occasion d'une de ces cérémonies où la foule se presse dans son enceinte ; l'émotion le gagne, il tombe à genoux, va trouver un prêtre, demande la grâce du baptême, le reçoit après une préparation sérieuse, fait sa première communion et vit désormais comme un vrai chrétien. Ailleurs, c'est encore un jeune homme que les illusions du vice ont séduit et qu'elles ont entraîné au fond de l'abîme. Il veut se suicider ; mais la main de Marie l'amène aux pieds de M. Des Genettes, qui l'arrache à la mort et au mal pour le donner à Dieu. Il faut lire les lettres que le jeune converti écrit après à son père spirituel, pour savoir à quel point il avait besoin d'un secours surnaturel et comment il le trouva auprès de Celle qui est appelée le *Refuge des pécheurs*. Il n'y a qu'un ççi pour le dire, Marie a été partout, pour toutes les classes et pour toutes les conditions, pour tous les âges, pour toutes les sortes de misère, par la conquête qu'elle a fait des âmes et par l'empire qu'elle a exercé sur les cœurs, la véritable reine des Victoires.

Marie n'est pas seulement le refuge des pécheurs, elle est encore le salut des infirmes. Les murs de son sanctuaire vous diront, si vous voulez lire les milliers d'*ex voto* que la reconnaissance y a suspendus, comment elle a rempli cet autre titre que l'Eglise lui décerne. « Que de fois, à la lecture de ces inscriptions, vous sentirez de douces larmes mouiller vos yeux ! Ici, c'est une mère qui remercie Marie de lui avoir rendu, contre toute espérance, son fils bien-aimé ; là, c'est une jeune ouvrière qui trace sur le marbre, de sa main naguère enchaînée par la paralysie, l'expression de sa gratitude envers Notre-Dame des Victoires. Avancez de ce côté : ce sont des yeux éteints qui se sont ouverts miraculeusement à la douce lumière du jour; comptez, si vous le pouvez, ces dons, ces mosaïques, ces châsses élégantes, ces faisceaux de béquilles, que la reconnaissance a déposés dans l'église ou suspendus à ces voûtes sacrées, langage éloquent qu'ont emprunté nos douleurs et nos infirmités pour redire la puissance et la miséricorde de Marie [1] !

---

1. *Hist. de l'égl. de N.-D. des Victoires.*

Entre des milliers de faits qu'on pourrait citer, en voici deux qui, même dépourvus des détails qui les rendraient plus frappants, sont des témoignages irrécusables de la puissante intervention de la sainte Vierge. Le premier, c'est la guérison subite de Mlle Pauline Dumortier, le 16 décembre 1843. Elle était atteinte depuis près de deux mois d'une maladie à laquelle la science la plus éclairée ne trouvait aucun remède. Trois jours auparavant, le médecin avait cru devoir laisser entrevoir à la mère la fin prochaine de sa fille. Deux jours plus tard, on pensait que la malade touchait à sa dernière heure et les signes précurseurs de l'agonie se déclaraient. Le lendemain était le dernier jour d'une neuvaine faite à Notre-Dame des Victoires ; Mlle Dumortier avait eu certainement la confiance que ce serait le moment de sa guérison. Son espérance, quelqu'invraisemblable qu'elle fût, devait se réaliser. On avait apporté la sainte communion à la malade qui s'efforçait de se recueillir, quand tout à coup une révolution subite se déclare. « Je suis guérie ! » s'écria-t-elle. En effet, la paralysie, le gonflement causé par l'hydropisie, l'inflammation de la bouche et de la gorge, tout a disparu. L'enfant se lève et tombe dans les bras de sa mère. Le médecin proclame qu'il ne s'explique un tel fait que par la puissance divine de Celui qui, quand il lui plaît, peut opérer des miracles ; et le lendemain la ville de Tournai voyait, avec une indicible émotion, assister aux offices du dimanche celle qu'on savait être, la veille encore, aux portes de la mort.

L'autre fait s'est passé au petit séminaire de Versailles, en 1845 ; il eut pour témoins deux cents élèves, le supérieur, les professeurs et le médecin de la maison. Pierre Renauld, atteint depuis deux ans de palpitations de cœur, voit tout à coup son mal s'aggraver, déterminer des crises terribles dont une mort prochaine, au dire du médecin, doit être le résultat. La maladie se complique d'un épanchement au cerveau qui paralyse les nerfs optiques et produit une cécité complète. Le malade, dont tous les élèves ont constaté l'état désespéré, est recommandé à Notre-Dame des Victoires ; une neuvaine est commencée ; le 5 avril, le pauvre jeune homme est administré et l'on se demande si le faible souffle de vie qui lui reste se prolongera jusqu'à la fin de la cérémonie. Un quart d'heure s'est à peine écoulé que le malade, sortant comme d'une léthargie, se trouve guéri, se lève et assiste le lendemain, avec ses condisciples, aux exercices religieux de la journée. Toutefois Pierre Renauld reste toujours aveugle. M. Desmares, un oculiste des plus distingués de Paris, constate la paralysie des nerfs optiques, constate qu'il y a peu d'espoir, et propose de tenter néanmoins un traitement énergique qui doit commencer le 14 avril, à l'hôpital de Versailles. Avant de s'y rendre, le jeune homme désire faire la sainte communion à la messe de la communauté. Un de ses condisciples le conduit à la sainte table. « Comme j'étais à genoux au pied de l'autel, raconte-t-il lui-même, une voix me dit : Crois-tu? crois-tu? et je répondis : Oui, Seigneur, je crois que vous pouvez faire un miracle. Dès que la sainte hostie eut touché ma langue, je me suis trouvé ébloui, je voyais tout et je ne voyais rien. Comme je restais là immobile, mon camarade me poussa légèrement pour m'avertir de me lever. Alors j'aperçus distinctement la marche de l'autel. » Renauld retourna seul à sa place, y prit un livre, c'était l'*Imitation de Jésus-Christ,* l'ouvrit, y lut distinctement ces paroles : « Celui qui me suit ne marche pas dans les ténèbres, dit le Seigneur. » Un instant après, il était en récréation au milieu de ses condisciples qu'il voyait et appelait par leur nom. Sa mère, qui était à Versailles, s'évanouit en apprenant que son fils était miraculeusement et cette fois totalement guéri; et le médecin n'arriva que pour constater qu'il n'était plus besoin d'aucun traitement.

Il faut s'arrêter dans ces récits et renvoyer aux *Annales de Notre-Dame des Victoires* ceux qui auront le désir de connaître plus amplement les traits innombrables par lesquels Marie, invoquée au nom de l'archiconfrérie, a signalé sa protection envers ses serviteurs.

Jamais aussi ne vit-on concours d'hommages plus universel et plus empressé. Toutes les classes de la société, les illustrations de tous les pays, les évêques du monde entier, ceux de France tout particulièrement, célèbrent à l'envi la gloire et les grandeurs de ce sanctuaire qui devient en quelques années un des pèlerinages les plus fréquentés de l'univers catholique. C'est là que viennent les évêques consacrer à Marie les travaux de leur ministère; là, que les prêtres, chaque année, par milliers, demandent la faveur de célébrer le saint sacrifice; là, que les missionnaires partant pour les contrées lointaines se prosternent pour demander à la Reine des Victoires le succès de leur apostolat; là, que sont venus s'agenouiller, pour y puiser leurs meilleures inspirations, les grands orateurs chrétiens, les Félix, les Lacordaire, les Ravignan; là, que se sont présentés les plus vaillants officiers pour offrir et consacrer leur épée à Notre-Dame des Victoires; c'est là enfin que vous trouverez les noms les plus illustres inscrits sur les registres de l'archiconfrérie, princes, ducs, etc., toute la noblesse de France et du monde. Tous ces hommages sont dépassés par ceux qu'ont rendus les souverains pontifes. Grégoire XVI ne savait comment témoigner sa prédilection à Notre-Dame des Victoires. Il en parlait avec amour en toute circonstance; il regardait comme une de ses œuvres les meilleures l'érection de l'archiconfrérie; il en suivait avec une joie indicible les progrès et les développements, et ne savait rien refuser à son église. Cette sollicitude du pontife suprême ne devait pas s'éteindre avec lui. Pie IX en devait hériter et combler à son tour Notre-Dame des Victoires de grâces insignes et de faveurs innombrables. C'est vers elle que, du fond de son exil à Gaëte, le successeur de Pierre tournait les regards de son cœur : il lui demandait de bénir nos armes, en même temps que les vœux les plus ardents partaient du sanctuaire en faveur du Pontife. Aussi, à son retour dans sa capitale, Pie IX eut-il de suite la pensée de décerner à Notre-Dame des Victoires la couronne qu'il envoie chaque année à l'une des plus illustres madones du monde. Les plus beaux diamants de son trésor, les pierreries et les émaux offerts par les chanoines de la basilique vaticane allèrent rehausser l'éclat de deux couronnes admirablement belles et de l'or le plus pur, vrais chefs-d'œuvre des meilleurs artistes de Rome. L'une était destinée à la Vierge, l'autre à l'Enfant Jésus.

Le 9 juillet 1853, eut lieu le couronnement solennel, au milieu d'une pompe militaire et religieuse à la fois qui donnait la signification de ce couronnement accompli au nom de Sa Sainteté Pie IX en actions de grâces de la délivrance de Rome par les armes françaises. Ils sont là, les soldats qui ont servi cette noble cause avec les généraux qui les ont commandés ; les hauts dignitaires, les princes de de l'Eglise, les prélats, les sommités du clergé, l'élite des fidèles, se pressent dans l'enceinte du temple qui a été décoré pour la circonstance avec une magnificence inouïe. Après la célébration du saint sacrifice, Mgr Pacca, accompagné de M. Des Genettes, traversant les rangs pressés du clergé, s'avance du côté de l'autel de la sainte Vierge où, sur un immense voile de gaze, on lit ces mots : « *Archiconfrérie universelle;* » il monte sur une estrade, récite les oraisons du rituel et dépose successivement les diadèmes sur la tête de la Vierge et sur celle de l'Enfant Jésus, tandis que le chœur chante : « *Regina cœli, lætare, alleluia!* » Quand cette assistance choisie, qui seule avait pu être admise à la cérémonie, eut quitté l'enceinte sacrée, la foule respectueuse l'envahit et tout le reste du jour vint prendre part à son tour au triomphe de la mère du Sauveur.

Mais si l'on n'avait vu le sanctuaire de Notre-Dame des Victoires qu'au milieu des splendeurs des grandes solennités religieuses, on ne le connaîtrait pas dans ce qu'il a de plus intime et de plus doux. Il faut y prendre part à ces fêtes de famille qui le soir, à l'heure où Paris s'illumine, où les théâtres sollicitent quiconque a des loisirs à consacrer au plaisir, réunissent des foules nombreuses qui préfèrent à ces amusements les joies saines et vivifiantes des pieuses réunions à l'ombre de l'autel de Marie. Là, tous les rangs sont confondus; il n'y a pas de préséances dans le sanctuaire de la sainte Vierge. Ce sont côte à côte des militaires de toutes armes, des ouvriers, des jeunes gens des écoles, des religieux, des magistrats, des négociants et des médecins, des hommes de tout âge et de toute profession, beaucoup de jeunes ouvrières, des femmes, des mères avec leurs enfants, tout ce monde pressé autour de la chaire ou tourné vers l'autel, saintement avide d'entendre une parole émue, des accents d'amour et de piété envers Marie, de s'associer aux chants magnifiques de notre liturgie : *Ave Maris Stella*, *Magnificat* et autres, qui tout à l'heure vont, avec les grondements de l'orgue et les mille voix de la foule, ébranler les voûtes du temple. Le prédicateur n'est nulle part écouté au milieu d'un plus religieux silence, d'une attention plus recueillie; nulle part il ne trouve plus de sympathie; on dirait qu'entre lui et cet auditoire qui boit avidement ses paroles, un courant d'électricité s'est établi. Qu'il ait de l'âme et du cœur seulement, il soulèvera ces masses, il y verra naître les saints attendrissements et couler les larmes de la componction et de l'émotion chrétienne, qui entraînent les grandes résolutions et produisent la régénération spirituelle des pécheurs.

Viennent ensuite les recommandations faites à Marie par le directeur de l'archiconfrérie, où sont présentés les vœux, les prières, les misères, les regrets, les espérances, les douleurs, les infirmités et les maladies de milliers de personnes à Notre-Dame, à Celle qui est à la fois le refuge des pécheurs et le salut des infirmes. Quand les chants reprennent, quand succèdent au *Tantùm ergò* ces litanies de Lorette si douces et si triomphantes, c'est encore l'écho de toutes ces aspirations, de tous ces besoins, qui éclate comme le cri ardent de ces milliers de cœurs, et toutes ces prières montent vers les cieux qui ne peuvent rester insensibles à de pareils accents.

Ce n'est pas l'histoire du passé à Notre-Dame des Victoires que nous racontons; c'est bien ce qu'on y voit tous les jours et spécialement le dimanche soir, avec des circonstances et des détails bien autrement touchants et dont il faut avoir été témoin pour comprendre ce qu'il y a de bon, de rafraîchissant, de vraiment céleste dans la dévotion à Marie ainsi exprimée, comprise et goûtée.

Ces saintes réunions ont eu leurs jours d'angoisses; elles ont été même un moment interrompues par les saturnales hideuses de la Commune. Quand les brigands ont pénétré dans le temple le 17 mai, veille de l'Ascension, l'exercice de quatre heures du mois de Marie touchait à sa fin. Les fidèles étaient nombreux encore, malgré l'horreur des temps, autour de l'autel; il y eut à ce moment des protestations courageuses, et l'attitude de cette assistance religieuse où non-seulement des hommes, mais de nobles femmes, demeuraient impassibles devant les baïonnettes qui les menaçaient, et refusaient de quitter le sanctuaire, en imposait aux fédérés. Ce ne fut qu'à la prière du sous-directeur de l'archiconfrérie que la foule indignée consentit à s'éloigner. Hélas! le temple saint, cet asile de la miséricorde et de la puissance de Marie, fut le théâtre des profanations les plus monstrueuses. Les prêtres arrêtés, les tombeaux violés, les trésors de l'église qu'on avait eu l'imprudence d'y laisser dans une cachette aisément découverte, volés avec les titres de rente et surtout avec les deux splendides couronnes envoyées par Pie IX, l'orgie dégoûtante installée dans le sanctuaire et souillant les autels, les cris, les blasphèmes, les voix avinées, les danses immondes : telles furent les scènes d'horreur et d'impiété qui se passèrent à Notre-Dame des Victoires, jusqu'à l'heure où les troupes de Versailles en chassèrent, avec les fédérés, les femmes de mauvaise vie. Le 3 juin, l'église fut réconciliée par M. le curé ; et, dès le lendemain, les offices reprenaient leur cours ordinaire au milieu de fidèles aussi nombreux que jamais, reconnaissants envers Marie d'avoir été délivrés de la plus abominable des tyrannies et joyeux comme des enfants qui ont retrouvé leur mère.

Le pèlerinage de Notre-Dame de Sainte-Espérance à Saint-Severin.

Elle est toute pleine de la poésie des souvenirs et du charme de la piété, cette vieille église de Saint-Severin qui s'élève sur la rive gauche de la Seine au pied de la montagne Sainte-Geneviève et comme sous l'aile de Notre-Dame. Le culte qui depuis de longs siècles y fleurit, n'est pas tant celui du saint dont elle porte le nom que celui de la Vierge Marie. Il paraît qu'à certaines époques les avis ont été partagés sur son véritable patron. Les annales religieuses font mention de deux saints du nom de Severin : l'un, qui fut, au sixième siècle, un pieux ermite habitant sur les bords de la Seine ; l'autre, qui fut abbé d'Agaune, aujourd'hui Saint-Maurice en Valais. Cette indécision fut-elle quelque peu défavorable au développement de la dévotion envers le patron de cette église? On serait tenté de le croire. Toutefois il doit y avoir à cette négligence d'autres raisons encore, dont la principale fut sans doute la prééminence donnée dans cette église au culte de Marie. Saint Severin d'Agaune, bien qu'il ait eu sa chapelle dans le monument, ne fut jamais universellement accepté comme le vrai patron. Il est certain que c'est à l'endroit même où l'église est bâtie que vécut, au temps des premiers successeurs de Clovis, un solitaire gallo-romain de naissance, nommé Severinus ; ce fut là que vint le trouver Clodoald, fils de Clodomir. Le jeune prince, échappé au poignard de ses oncles, dégoûté des grandeurs mondaines, voulut se former quelque temps à l'école de saint Severin et recevoir de ses mains l'habit religieux. On montre encore dans une des chapelles le puits où le solitaire avait établi d'abord sa retraite, et auquel il continua plus tard de puiser l'eau qui le désaltérait. C'est en ce lieu qu'il fut enseveli. Son tombeau fut rendu bientôt glorieux par un grand nombre de miracles ; et son royal disciple, saint Cloud, fit construire, pour l'honorer, un premier oratoire. Le corps de saint Severin y demeura jusque vers la moitié du neuvième siècle et y fut constamment en grande vénération.

A cette époque, les Normands brûlèrent le pieux édifice avec une foule d'autres églises et le ruinèrent de fond en comble. Que devint le corps du saint dans un pareil désastre ? Notre-Dame lui avait donné asile, il fut sauvé. Mais la métropole fit payer cher son hospitalité. Ces saintes reliques n'ayant plus de sanctuaire qui pût les recevoir restèrent à Notre-Dame où l'on s'accoutuma si bien à la garde de ce précieux dépôt, que plus tard on ne voulut plus le rendre et que la possession valut titre.

Ce fut seulement vers la moitié du onzième siècle qu'on creusa les fondements d'une nouvelle église destinée à remplacer l'oratoire détruit par les Normands. Imbert, alors évêque de Paris, en avait obtenu l'autorisation du roi Henri Ier ; et c'est de cette époque que datent les piliers romans qui se dressent encore à l'entrée de la nef dans leur ampleur massive. Bien que la dévotion envers saint Severin se trouvât refroidie par la privation où l'on était de ses saintes reliques, l'église en conserva le nom, dans l'espoir sans doute que la métropole lui rendrait un jour le corps de son patron. Il n'en fut rien.

On touchait alors à ce moyen-âge qui devait être le rayonnement le plus merveilleux du culte de Marie. C'était déjà dans le monde chrétien tout entier un redoublement d'amour, un entraînement irrésistible et comme un enthousiasme sacré. Marie, c'était le grand poëme de la religion et du pays. Les drapeaux des rois portaient son image, les plus augustes cathédrales se glorifiaient de l'avoir pour patronne, les arts la choisissaient comme le type du beau, son son nom était sur toutes les lèvres. La plume de l'écrivain, le marteau du constructeur, le ciseau du sculpteur, le pinceau du peintre, la lyre du musicien, l'épée du soldat, tout se réunissait pour lui tailler à l'envi un manteau de gloire et pour lui faire ici-bas une auréole éblouissante dont l'éclat semblait vouloir rivaliser avec les splendeurs de la couronne qu'elle porte dans les cieux.

Aussi à mesure que les travaux de la nouvelle église qui devaient se poursuivre dans le douzième siècle pour être repris dans les âges suivants, donnaient au monument sa forme et son caractère, vit-on s'y traduire, d'une manière de plus en plus marquée, la dévotion qui primait toutes les autres et se substituait ici à celle du patron. On se complut dès lors à représenter Marie à toutes les avenues de l'édifice, sur les portes, sur les vitraux et dans toutes les parties de l'église, qui se trouva ainsi, intentionnellement du moins, dédiée dès son origine à la mère de Dieu. L'avenir allait répondre encore mieux aux vœux de la piété chrétienne.

Déjà surgissaient, nombreuses et pressées, aux flancs du monument sacré, de nouvelles habitations qui s'appelaient le bourg de Saint-Severin, *vicus sancti Severini*. Dès l'année 1100, c'était une paroisse ; un siècle plus tard, l'église avait grandi en importance, elle devenait archipresbytérale et sa juridiction s'étendait sur toute l'ancienne circonscription de Saint-Julien-le-Pauvre qui n'était pas encore relevé des ruines de l'incendie des Normands. A côté du culte de la très-sainte Vierge, celui de saint Martin, le saint le plus populaire en France, était en grand honneur. Sa chapelle était dès lors la plus fréquentée ; l'affluence y redoubla quand elle eut reçu une portion du manteau de saint Martin que lui envoya le chapitre de Champeaux en Brie. C'était en son honneur qu'on attachait au portail de l'église grand nombre de fers à cheval plus ou moins neufs. Les écoliers qui déjà fréquentaient ces quartiers où l'on ne comptait pas moins de sept collèges, les voyageurs, les pèlerins ne se mettaient pas en route avant d'avoir fait leurs dévotions à saint Martin; ils faisaient marquer leur monture avec la clef de sa chapelle, et, à leur retour, ils appendaient ces fers en guise d'*ex-voto*. L'industrie du voisinage en favorisait le débit :

> Saint Severin pour la ferprie
> Qui est achetée et vendue
> En son quarrefour est tenue
> De plusieurs manières de gent
> Qui s'en chevissent bel et gent.

Cependant le culte de saint Martin devait pâlir devant celui de la sainte Vierge qui chaque jour acquérait plus d'importance dans ce sanctuaire, et qui bientôt y prit un caractère sinon nouveau, du moins très-remarquable pour ce temps. Marie avait déjà été honorée depuis bien des années, dans sa conception immaculée, spécialement en Angleterre où il semble que, dès la fin du onzième siècle, cette dévotion ait pris naissance sous l'autorité de saint Anselme, archevêque de Cantorbéry et à Lyon où les chanoines l'avaient, au douzième siècle, établie dans leur église, comme on le voit dans la lettre de saint Bernard écrite à cette occasion. En 1228, au moment où déjà la question était agitée dans les écoles, une confrérie s'établissait à Londres sous le titre de la Conception de la sainte Vierge. Enfin, soixante ans plus tard, l'évêque de Paris, Renoul de Homblières, laissait à son église en mourant une somme de trois cents livres pour y fonder l'office de la Conception. Malgré cela, il ne paraît pas qu'il y ait eu jusque là en France aucune chapelle ou confrérie placée sous ce vocable. L'église de Saint-Severin eut la première l'honneur d'avoir une pareille institution. Ce fut en l'année 1311, suivant l'opinion la plus probable, que fut instituée la célèbre confrérie. Un vieux manuscrit gothique avec couverture en bois, découvert par Sauval, en fait foi. On y lisait au premier feuillet : « *Nota* qu'en ce livre appert qu'il s'est rendu comptes depuis l'an 1311 jusqu'en l'année 1361, qui sont cinquante comptes. » Le savant abbé Lebœuf est de cet avis. La chapelle de la Conception de la sainte Vierge, qui s'appelait aussi *Notre-Dame des Advents,* avait deux autels ; elle était placée au sixième pilier du contour de l'église, du côté septentrional, près de l'entrée actuelle du chœur.

La nouvelle confrérie fut, dès le premier moment, l'objet d'une vogue incomparable. Elle avait choisi pour naître et se développer un terrain des plus favorables. L'Université tout entière adoptait avec enthousiasme la croyance qui proclamait en faveur de la mère de Dieu l'exemption de la tache originelle et faisait une obligation à tous ses membres de soutenir envers et contre tous la doctrine qui allait traverser bien des siècles encore avant d'être reconnue comme un dogme de la foi catholique. Non-seulement les écoliers étaient prêts à rompre des lances pour défendre l'immaculée pureté de Marie; mais dans toutes les classes de la société, dans toutes les corporations, l'auguste Vierge avait ses tenants intrépides et ses défenseurs enthousiastes. On compte parmi les administrateurs de la chapelle des notaires, des procureurs au Châtelet, des merciers, des drapiers, des apothicaires, des libraires, des marchands de vin, des imprimeurs, des graveurs, etc. Toutes les professions y sont largement représentées. Tout le monde tient à honneur de faire inscrire son nom sur les registres. Les dons de toutes sortes se multiplient et viennent enrichir l'église. Les foules s'y pressent à chaque instant. On vient assister aux magnifiques cérémonies en l'honneur de la très-sainte Vierge. On s'étouffe pour entendre les appels aux croisades de Foulques de Neuilly, pour y écouter des chants en musique exécutés avec tout le soin dont on était capable. L'église de Saint-Severin était dès lors remarquable à cet égard entre toutes celles de Paris. Les écoliers étaient des connaisseurs, et des maîtres habiles leur enseignaient cette partie importante du *Trivium* et du *Quadrivium*. Nulle part ailleurs dans la cité on n'eût entendu les sons mélodieux des orgues, encore inconnues dans la capitale. La France avait reçu les premières, sous Pépin le Bref, en 757; c'était un envoi de l'empereur Constantin Copronyme. Cette importation orientale dont l'église de Compiègne avait été favorisée, avait fait l'admiration de tout le monde, mais personne encore

n'avait su en donner la reproduction. Au temps du roi
Jean, l'église de Saint-Severin était la seule qui pos-
sédât un petit buffet. Si modeste qu'il fut, les fidèles
venaient *esbattre* leurs oreilles à ces mélodies, *et
l'on cuidoit ouïr les angelz du paradiz.* Cet instrument
très-primitif ne tarda pas à être remplacé par un
meilleur. Ce fut cette fois *de bonnes orgues et bien or-
denées que donna à ladite église maistre Regnault de
Douy, escholier en théologie et gouverneur des escholes
de la paroisse Saint-Severin, en* 1358 ; elles furent en
usage pendant près de deux siècles.

Après les croisades, on trouva que l'église était
trop petite, et l'on s'occupa de l'agrandir en élevant
les ailes du chœur avec les chapelles du pourtour,
qui ont été construites à différentes époques antérieures à l'année 1495. C'est l'époque de l'entier achèvement du monument. Ce fut à cette date qu'il fut consacré, le pénultième jour de mars, par le révérend père
en Dieu Jean Simon, évêque de Paris. La construction
s'était faite lentement, à mesure qu'on avait eu assez
d'argent pour élever tantôt un pilier, tantôt une chapelle, tantôt une portion de voûte. C'étaient des confrères qui faisaient des dons à cet effet, des mourants
qui laissaient par testament tout ou partie de leurs
biens pour cette pieuse destination. Sur un pilier
placé dans l'aile méridionale, il y avait autrefois une
plaque de cuivre rouge sur laquelle on lisait l'inscription suivante en capitales gothiques : « Les exé-
cuteurs testamentaires de feu Antoine de Compaigne,

enlumineur de pinceI, et de Ondete, sa femme, ont fait faire ce pilier du résidu des biens desdits défunts, 1414. » En 1490, il fallut, pour continuer l'agrandissement de l'église, abattre la chapelle de la Conception, qui se trouvait près de l'entrée septentrionale du chœur. La confrérie se hâta de la faire reconstruire vers le fond du nouvel accroissement. C'est celle dans laquelle se trouve encore le puits de saint Severin. On eut soin de marquer la place de l'ancienne par une inscription gravée sur le sixième pilier à l'entrée du chœur, et par une statue en bois de la très-sainte Vierge qu'on y apposa. La mère du Sauveur était représentée dans une chaire de prédicateur. « Cette statue, dont aucun descripteur ni historien de Paris n'a parlé, écrit M. Pignaniol de la Force, est pourtant une des plus belles qu'il y ait. C'est la sainte Vierge dans une chaire à pans ou de prédicateur. La jeunesse, la beauté, la modestie sont peintes sur son visage. Tout ce qu'on y trouve à reprendre, c'est la draperie qui est mal jetée. » Perdue dans la Révolution, cette curieuse statue a été remplacée, en 1842, par une autre en plâtre donnée par M. Michéli, mouleur de l'Institut, laquelle est loin de présenter le même intérêt qu'aurait l'ancienne.

La confrérie de la Conception de la sainte Vierge fut, de la part des souverains pontifes et des évêques de Paris, l'objet de nombreuses faveurs spirituelles. Clément VI lui ouvrit, dès l'année 1347, les trésors de la munificence apostolique. Ces privilèges furent renouvelés, et de nouvelles bulles de pardons et indulgences furent accordées lors de l'achèvement de l'église, en 1495, et plus tard encore, par Grégoire XV, en 1621. Divers prélats, entre autres Jean Simon, Jean-François de Gondy, François du Harlay, se plurent à lui donner les marques les meilleures de leur protection. La prospérité de la confrérie alla toujours croissant et finit en quelque sorte par absorber tout le reste ; les autres qu'on tenta d'établir dans cette église végétèrent quelque temps, puis disparurent en présence de celle qui était si hautement agréée du clergé et des fidèles. Tel fut le sort de la confrérie de saint Mammès ou Mamert. Un chanoine d'Auxerre, Joachim de Chanteprime, ayant été, vers le commencement du quinzième siècle, nommé archiprêtre de Saint-Séverin, y apporta dans un magnifique reliquaire un fragment des ossements de saint Mammès. C'était une esquille assez petite, de couleur brune, pour laquelle on eut de suite une grande vénération. Une confrérie fut érigée en l'honneur du saint. Elle dura jusqu'en 1676. Elle avait dû avoir cependant une grande réputation ; car, au rapport de l'abbé Lebœuf, même après qu'elle eut cessé d'exister, on continua encore longtemps à venir de très-loin en pèlerinage auprès des reliques de Saint Mammès. Mais il semble vraiment qu'il n'y eût de place que pour Celle qui est la Reine des anges et des saints et que nul autre culte, après celui de Dieu, ne pouvait prospérer en présence du sien.

Le tableau chronologique des donations conservé dans les archives de la paroisse de Saint-Severin en contient soixante et une, jusqu'en l'année 1736. Il faut y ajouter le produit des troncs et des quêtes, ainsi que les présents particuliers, tels que lampes d'argent, chasubles, etc., que se plaisaient à faire à la chapelle les plus illustres personnages de la cour et de la ville. La fête de la Conception y était, chaque année, célébrée avec grande pompe. On y venait de tous les points de Paris, sur l'avis d'un crieur qui proclamait la fête dans tous les quartiers, distribuant partout l'image de Marie immaculée, avec une notice sur les indulgences que gagneraient tous ceux qui visiteraient la bénite chapelle [1].

Qui eût dit que ce centre florissant de la piété envers Marie allait être envahi par cette hérésie ingrate sans poésie et sans cœur qui semble n'avoir été faite que pour tarir dans les âmes toutes les sources de la charité et de la dévotion, et que Saint-Severin allait être en quelque sorte le quartier général du jansénisme? De vieux parlementaires, des bourgeois entêtés et rigoristes composaient alors la fine fleur de cette paroisse qui n'avait gardé de sa jeunesse universitaire que la pédanterie scholastique, l'amour de la chicane et de l'opposition religieuse. Ce milieu d'esprits étroits et méticuleux devait être, pour les

---

1. M. Hamon curé de Saint-Sulpice : *Notre-Dame de France*; tom. 1ᵉʳ p. 44.

jansénistes; le champ clos de leur prédilection ; une intolérance mesquine et sans dignité qui n'eut de science et de zèle que pour persécuter les pasteurs fidèles assez hardis pour refuser aux sectaires les sacrements dont ils n'étaient pas dignes, fut bientôt le caractère exclusif de la coterie tracassière et hargneuse qui fit consister toute sa vertu dans l'opiniâtreté qu'elle mit à combattre les décisions de l'Église. Quand la secte fut aux abois, ce fut à Saint-Severin qu'elle s'enferma comme dans ses derniers retranchements ; et l'on y vit, jusqu'au temps de la Révolution et presque jusqu'à nos jours, des vieillards entichés de leurs idées qui blâmaient avec une singulière outrecuidance les fêtes et les dévotions nouvelles en l'honneur de la très-sainte Vierge ou du Sacré-Cœur.

La Révolution mit bon ordre aux folies des novateurs ; mais elle renversa du même coup, à Saint-Severin comme ailleurs, tous les symptômes du culte légitime, brûla les reliques qui étaient nombreuses, détruisit les saintes images et ne laissa rien subsister des anciens vestiges de la vraie dévotion.

« En 1840, M. l'abbé Hanicle, nommé à la cure de cette paroisse, eut la pensée de placer tout son ministère sous le patronage de Marie appelée par l'Eglise mère de la sainte espérance, *Mater sanctæ spei;* et jaloux d'inspirer la même dévotion à son peuple, il conçut le projet de continuer l'ancienne confrérie de la sainte Conception par une association qui s'appelait *la confrérie de l'immaculée Vierge, Notre-Dame de Sainte-Espérance*. Ce projet fut accueilli avec bonheur par la paroisse : bientôt plus de quatre cents membres furent inscrits et fournirent une lampe qui depuis lors ne cesse de brûler nuit et jour devant l'autel de Notre-Dame de Sainte-Espérance. Cette institution fut comme l'ère d'une vie nouvelle pour la paroisse ; la piété s'y réveilla, les vertus y fleurirent, les sacrements y furent plus fréquentés ; les Frères des Écoles chrétiennes et plus tard les Sœurs de charité s'y établirent ; de nombreux *ex voto* appendus aux murailles de la chapelle attestèrent les grâces obtenues et la reconnaissance des fidèles ; le Saint-Siége accorda à l'association de nombreuses indulgences, l'érigea en archiconfrérie, et enfin la gratifia de la faveur insigne qui ne s'accorde qu'aux statues les plus privilégiées, la faveur du couronnement solennel de la statue vénérée au nom du Souverain Pontife et du chapitre de Saint-Pierre de Rome [1]. »

Dans le même temps, des travaux importants étaient exécutés pour la restauration de l'église qui en avait grand besoin. Au dix-septième siècle, le chœur avait été, sous prétexte de décoration, mutilé d'une façon déplorable ; il porte encore la marque de ces réparations inintelligentes. On a réussi toutefois à

---

1. M. Hamon, curé de Saint-Sulpice : *Notre-Dame de France* tom. Ier, p. 44 et 45.

rendre à la plus grande partie de l'édifice son véritable caractère. Le portail de l'ancienne église détruite de Saint-Pierre aux Bœufs y a été apporté pierre par pierre pour donner au monument une façade qu'il n'avait jamais eue; il se trouve si bien approprié à sa nouvelle destination qu'on dirait qu'il n'en a jamais eu d'autre. La statue de la Vierge immaculée a été sculptée et posée au faîte du pignon, comme pour être le vrai couronnement de l'œuvre, des anciens constructeurs et pour recueillir les hommages des siècles passés, ceux du présent et ceux de l'avenir.

Il est regrettable que la chapelle de la confrérie n'ait pas en même temps reconquis ses droits et n'ait pas été choisie pour être le sanctuaire de la nouvelle association. Les dimensions sans doute en auront semblé trop restreintes. C'est la chapelle des catéchismes qui a l'honneur d'être aujourd'hui consacrée à Notre-Dame de Sainte-Espérance. Elle est vaste, mais c'est un hors-d'œuvre qui a été construit extérieurement au collatéral du chœur et qui en brise l'harmonie. La statue en marbre blanc qu'on y voit et qui a reçu les honneurs du couronnement, est probablement, au point de vue artistique, la plus belle Vierge qu'il y ait à Paris. C'est une des œuvres les plus remarquables du sculpteur Bridan, l'auteur du groupe de *l'Assomption* de la cathédrale de Chartres. On hésitera peut-être à l'enlever du sanctuaire qu'elle occupe actuellement pour la mettre dans la chapelle du quinzième siècle où se trouve le puits de Saint Severin, parce qu'elle n'a aucunement le caractère gothique. Quelque soit le respect qu'on doit avoir pour les règles de l'art et le soin qu'il convient de prendre pour ne pas mélanger des styles disparates, il nous semblerait assez à propos de faire ici une exception ne fût-ce qu'en raison des souvenirs qui veulent être respectés aussi et qui protestent contre l'abandon dont l'ancienne chapelle de la confrérie est devenue l'objet. Nous ne pensons pas même que l'œuvre de Bridan, bien qu'elle soit d'un style tout différent, fût, à cette place, privée de son effet et dépouillée de ses charmes. Elle serait là tout près de ce pilier très-curieux qui occupe le milieu de l'abside ; dont les arêtes se tordent en spirales qui s'épanouissent à la naissance de la voûte ; les guirlandes de pierre vivement contournées qui s'en élèvent, montent et redescendent en formant de capricieuses et ravissantes ogives, ne seraient pas un encadrement indigne de ce beau marbre.

A quelques pas de là, dans le collatéral septentrional, vous remarquerez sans doute un grand tableau représentant l'Immaculée Conception. Vous y verrez agenouillés parfois des hommes dont le visage et les traits dénotent une nationalité étrangère. Ce sont des pèlerins polonais. Ce sont eux qui ont apporté la sainte image, avec leurs drapeaux déchirés et leurs épées brisées, du sol sacré de la patrie envahie par les schismatiques moscovites. La Vierge proscrite est à sa place auprès de Notre-Dame de la Sainte-Espérance.

Un autre trésor dont s'est enrichie l'église aux jours où la Révolution la dépouillait de tant d'objets précieux, c'est une relique tellement sainte qu'elle est, à elle seule, une compensation de tout ce qui a été perdu : c'est un morceau de la sainte tunique de Notre-Seigneur qui, depuis le neuvième siècle jusqu'au temps où l'orage révolutionnaire fondit sur l'Église, avait été conservée intacte à Argenteuil. Soustraite en ce moment aux profanations des impies, on eut le tort sans doute de la diviser pour être mieux assuré d'en sauver au moins une partie: mais l'église de Saint-Severin en profita et reçut avec la joie la plus vive une portion de cette insigne relique, qui est déposée dans un reliquaire doré, contre la muraille d'une chapelle voisine de celle de Notre-Dame de Sainte-Espérance.

Quant à l'association rétablie par les soins de M. Hanicle, elle est aujourd'hui des plus florissantes. Les pieuses réunions de l'archiconfrérie qui ont lieu le troisième samedi de chaque mois, tous les samedis pendant le mois de Marie et durant toute l'octave de l'Assomption, ont un caractère tout spécial d'amour et de confiance envers Celle qu'on invoque sous le titre de Notre-Dame de Sainte-Espérance. Qui donc n'a pas besoin d'espérer ? Qui n'a pas une grâce à demander dans l'ordre spirituel ou dans l'ordre temporel ? Les étudiants qui ont conservé des sentiments chrétiens n'oublient pas, quand ils sont sur le point de subir leurs examens, de recommander leur cause à la Vierge de Saint Severin ; lors même que leur prière ne leur donnerait qu'un peu de cette assurance qui est nécessaire même avec la science, Marie ne serait pas étrangère à leurs succès, et j'aime à croire qu'elle y prend souvent une part plus active encore. Ailleurs, elle soutient, elle console, elle encourage, elle guérit, et les âmes affligées qui l'ont invoquée l'ont trouvée toujours fidèle à son nom.

Notre-Dame de Bonne-Délivrance et Notre-Dame de Toute-Aide.

Aimez-vous à prier dans un oratoire recueilli au seuil duquel expirent tous les bruits du monde, en présence de quelque sainte image que les générations du passé ont entourée, depuis des siècles, de respect et d'amour? Vous faut-il l'atmosphère de la grâce et le parfum de la piété? Cherchez-vous la quiétude d'un asile de paix qui n'est point envahi par la foule, mais dont la douce retraite est connue et goûtée par des âmes d'élite? A l'éclat des solennités religieuses de nos grandes églises préférez-vous parfois un sanctuaire modeste, mais dont la décence et la propreté ne sauraient être plus parfaites, un autel qui a bien ses charmes et ses splendeurs et qui n'est décoré que par des mains pures? Voulez-vous, non plus les grands effets de la musique et de l'harmonie savante, mais des chants très-simples, une psalmodie quelque peu monotone, mais si pure qu'on la dirait modulée par des voix angéliques?

Rendez-vous à la chapelle des religieuses de Saint-Thomas de Villeneuve [1].

La statue de la Vierge qui est le plus cher trésor de ce sanctuaire, n'est sans doute pas un chef-d'œuvre, elle a cependant je ne sais quoi qui vous captive et vous charme. Elle est noire, comme l'Épouse des Cantiques, et n'en soyez pas surpris, « *nolite considerare quod fusca sim :* » la plupart des images qui sont un objet de pèlerinage ont cette couleur, comme pour mieux exprimer que toute la gloire de la Fille du Roi des rois est intérieure. Elle porte sur le bras gauche son divin Enfant, et tient de la main droite le sceptre de sa royauté. Au bras de l'Enfant Jésus, une ancre est suspendue : doux symbole auquel se rattachent les espérances des mortels. C'est une statue en pierre d'un très-beau travail, charmante de pose et ravissante d'expression. Elle est assez richement peinte et toute couverte de cœurs de bronze ou d'argent doré. Ce sont des témoignages de reconnaissance pour des grâces, des secours, des guérisons et d'autres bienfaits obtenus par l'entremise de Marie.

Ici, son nom tout seul est déjà une invitation à la confiance et comme une promesse de salut. Elle s'appelle Notre-Dame de Bonne-Délivrance. Ce titre, elle le mérite, vous diront tous ceux qui l'invoquent. Que de fois les infirmes qui se sont

---

[1]. Rue de Sèvres, 27.

agenouillés devant elle ou qui l'ont priée, se sont vus délivrés de tout mal et rendus à la santé ! Que de fois la douleur morale plus écrasante que l'autre, le chagrin qui dévore, les tortures intimes que le cœur veut épancher, ont exhalé ici leurs soupirs et leurs plaintes ! Que de larmes silencieuses ont coulé dans ce sanctuaire ! Et jamais, des affligés qui l'ont invoquée, Marie n'a manqué d'être la consolatrice et la libératrice. L'histoire de Notre-Dame de Bonne-Délivrance, depuis son origine jusqu'à nos jours, en rend témoignage.

Entre la rue Saint-Jacques et le boulevard Sébastopol, il existait autrefois, en face du grand couvent des Jacobins, une église collégiale connue sous le nom de Saint-Etienne des Grès, dont la fondation remontait à la plus haute antiquité. Suivant certains auteurs, comme André Duchesne et Jacques Dubreul, elle aurait été fondée par saint Denis l'Aréopagite, premier évêque de Paris, et son nom même rappellerait cette origine : *ecclesia sancti Stephani a Græcis*, Saint-Etienne des Grecs. Le Père Doublet affirme que, de son temps, en 1648, on voyait encore devant le portail une croix de pierre, sur laquelle se trouvait cette inscription : « *C'est la croix de monsieur saint Estienne, bastie par monsieur saint Denis.* » L'abbé Lebœuf tient pour certain qu'elle existait déjà au septième siècle : il donne de son nom une étymologie différente et pense que la véritable explication serait Saint-Etienne des Degrés. Quoi qu'il en soit de ces opinions, ce qui rendait cette église fameuse et chère aux fidèles, c'était un pèlerinage qu'on y faisait à Notre-Dame de Bonne-Délivrance, dont une Vierge noire était l'objet, celle précisément qui se trouve aujourd'hui dans la chapelle des religieuses de Saint-Thomas de Villeneuve.

Il est difficile de préciser l'époque à laquelle cette dévotion prit naissance. Il paraît toutefois assez certain que, dès le commencement du onzième siècle, la Vierge noire avait sa chapelle dans l'église de Saint-Etienne des Grès, et que déjà la piété envers Marie y était florissante. Ses plus fidèles serviteurs aimaient alors sans aucun doute à se soustraire au tumulte de la cité et à venir chercher dans la solitude de ces lieux le recueillement qui convient à la prière. Les maisons ne s'élevaient pas encore de tous côtés autour du sanctuaire, les rues n'étaient pas tracées ; quelques habitations isolées, des vergers et des vignes : tel était l'aspect du pays à ce point de la montagne de Sainte-Geneviève, que la vie bruyante n'allait pas tarder à envahir.

Les premiers monuments écrits, ayant trait au pèlerinage, ne remontent pas au-delà du seizième siècle. Son histoire antérieure ne saurait donc être racontée ; mais il est tout naturel de supposer que la dévotion des fidèles ayant été récompensée tout d'abord par des grâces, des assistances et des miracles, des malades ayant été guéris, des affligés consolés, de jeunes épouses ayant obtenu de mettre heureusement au jour leur enfant, de pauvres mères ayant été exaucées alors qu'elles demandaient la santé pour leurs nourrissons, on appela de très-bonne heure Notre-Dame de Bonne-Délivrance Celle à qui l'on devait toutes ces faveurs.

Au seizième siècle, quand on vit la dévotion envers Marie attaquée par les sectaires, on sentit le besoin d'unir plus étroitement les cœurs dans son amour; et il se forma, pour l'honorer sous le titre qu'elle portait dans l'église de Saint-Etienne des Grès, une confrérie, très-humble dans son origine, comme tout ce qui est grand dans l'Église de Dieu, où la parabole du grain de sènevé est éternellement vraie, mais qui ne devait pas tarder à devenir célèbre.

On trouve la preuve de ces modestes commencements dans le texte de la pièce relative à l'institution de la pieuse association : « S'ensuyvent les ordonnances faictes pour l'érection de la confrérie de la charité de Notre-Dame de Bonne-Délivrance, en l'honneur de Dieu nostre Créateur et de la glorieuse Vierge Marie, sa très-digne Mère, et pour entretenir en dévotion singulière tous vrays chrestiens et chrestiennes. Le dimanche, vingtième jour d'apvril, l'an 1533, messire Jean Olivier, prestre, chanoyne de Sainct-Estienne des Grès, homme grandement pieux, dévot à Notre-Dame, de bonnes mœurs et menant une vie fort honnête, et maistre Le Pigny et Quentin Froissant, gens de bien et fort affectionnés au service de la Reyne des anges, tous deux jurés bourgeois de Paris, s'adjoignirent pour commencer l'établissement d'une société saincte, sous le titre de *Confrérie royale de la charité de Nostre-Dame de Bonne-Délivrance.....* »

Tels furent les trois premiers associés, réunis non-seulement pour honorer la sainte Vierge et s'appliquer à la pratique des vertus chrétiennes, mais aussi pour travailler à la délivrance et au soulagement des prisonniers. Marie sourit à leur zèle, car de nouveaux associés en très-grand nombre se joignirent à eux. Dès l'origine, au rapport de Dom Doublet, les marques de la protection divine furent très-sensibles et l'église collégiale fut universellement renommée pour le culte spécial qu'on y rendait à Marie. Douze mille confrères se firent en très-peu de temps enregistrer au registre de la confrérie. Les cotisations des associés produisirent ainsi des sommes importantes qui furent consacrées au rachat des prisonniers pour dettes. « Ce seul mot de Bonne-Délivrance, observe encore Dom Doublet, y appelle tous les jours ceux qui sont en perplexité d'esprit, opiniâtreté de volonté, infirmité de corps, tyrannie des passions, oppression des ennemis ou dans quelque traverse que ce soit [1]. » Grégoire XIII s'empressa d'accorder à la pieuse confrérie un bref de confirmation qui contribua à lui donner encore une plus

---

[1]. *Histoire du glorieux protomartyr saint Etienne*, par Jacques Doublet.

grande extension, en raison des indulgences dont il la favorisa. Placé au centre du quartier Latin, le sanctuaire de Marie ne pouvait manquer d'attirer surtout la jeunesse des écoles, dans un temps où les étudiants étaient religieux, amis de l'ordre, du travail et de la discipline. Ces jeunes gens qui se faisaient gloire alors de réciter le matin le petit office de la sainte Vierge et le soir leur chapelet, se trouvaient souvent réunis en grand nombre dans la petite chapelle de Saint-Etienne des Grès.

En l'année 1578, on eût pu y remarquer un enfant de onze ans, qui, de la Savoie, sa patrie, était venu à Paris pour faire ses études dans le collége des Jésuites. Déjà, dans sa jeune âme, qui devait un jour être embellie de tous les charmes de la grâce et devenir le type le plus accompli de la sainteté la plus aimable, avait fleuri la piété et spécialement la dévotion envers la très-sainte Vierge. François de Sales — on l'a déjà nommé — avait trouvé son oratoire de prédilection : il y passait de longues heures dans un doux entretien avec Celle qui était sa mère au ciel et dont il avait d'autant plus besoin qu'il se voyait dans un âge encore bien tendre, éloigné de sa mère d'ici-bas. L'attrait de la grâce s'exerçait librement dans l'âme du candide enfant. Un jour qu'il avait bien prié et bien considéré l'excellence de la pureté de Marie, il se sentit pris de l'ardent désir de réaliser en lui, autant qu'il le pourrait, quelques-uns des traits de Celle qu'il avait prise pour modèle, et, sans hésiter, il fit vœu de garder toute sa vie la vertu la plus chère à la Reine des anges. A cette enfance bénie du ciel succéda naturellement une jeunesse toute sanctifiée qui devait avoir ses épreuves, cependant, Dieu le permettant ainsi sans aucun doute pour que la vertu de son jeune serviteur en devînt plus solide et mieux trempée. La plus cruelle de toutes fut un état de perplexité, voisin du désespoir, qui lui survint à l'âge de seize ans environ et dans lequel il demeura assez longtemps. C'était une tentation particulièrement atroce pour un cœur comme celui de François de Sales auquel le besoin de Dieu se faisait sentir constamment de la manière la plus vive. Une pensée fixe avait pris place dans son esprit et lui montrait, quelque chose qu'il fît, sa place dans l'enfer au milieu des réprouvés. Le jeune homme devint sombre bientôt; il n'eut plus le courage de prendre sa nourriture, il passa des nuits sans sommeil, et les premiers symptômes de cette maladie qu'on appelle la jaunisse se manifestèrent en lui. On essaya de lui faire dire le motif de sa tristesse; ce fut en vain, et son précepteur lui-même ne put tirer de lui un seul mot sur ce sujet. Malgré cela, il ne se départit point de ses pieux usages : il resta fidèle à la prière, même alors qu'il n'avait plus aucune espérance ; et quand, la nuit, il avait trempé son oreiller de ses larmes, il disait : « Je sais bien que j'irai en enfer, mais je n'en servirai pas moins Dieu, tout le temps de ma vie, comme si je ne devais pas y aller. » C'était horrible ; les forces de la nature ne pouvaient manquer de succomber bientôt sous l'étreinte d'une pareille angoisse morale.

Il y avait longtemps déjà que François de Sales n'avait visité la sainte image de Notre-Dame de Bonne-Délivrance. C'eût été bien le cas cependant d'y recourir, mais la tentation avait sans doute éloigné cette pensée de son esprit. Un jour pourtant, il se retrouve dans son cher oratoire, il y est venu sans trop en avoir conscience ; mais à peine y est-il depuis quelques instants, qu'une émotion indicible s'empare de lui : « *Memorare, ô piissima Virgo Maria !..* » s'écrie-t-il, et toute cette admirable prière du *Souvenez-vous* s'exhale de son cœur et de ses lèvres comme un sanglot. Tout à coup, dans cette âme bouleversée par la tempête, le calme est revenu ; la pensée dont elle se tourmentait affreusement a disparu, Marie l'en a délivrée et pour toujours lui a rendu la paix. Le jeune homme qui avait gardé le secret de son mal ne garda pas celui de sa reconnaissance ; et le sanctuaire n'en devint que plus cher à tous les serviteurs de Marie.

Saint Vincent de Paul eut la dévotion d'y faire de fréquentes visites. Un prêtre fameux et justement regardé comme un saint, le Père Bernard, appelé généralement le *pauvre prêtre*, à cause de son extrême humilité et de sa pauvreté bien volontaire, car il était fils d'un conseiller au Parlement, attribuait à

Notre-Dame de Bonne-Délivrance la grâce de sa persévérance dans le bien. A peine converti, après une jeunesse très-mondaine et très-orageuse, il fait une rencontre en présence de laquelle toutes ses bonnes résolutions chancellent. Il s'en va prier Marie dans la chapelle de Saint-Etienne des Grès, et lui demande surtout de fortifier sa faiblesse. Il n'eut plus même à lutter. La personne dont la présence lui eût été si périlleuse s'était éloignée, il ne la revit jamais plus ; et ayant eu le bonheur de recevoir les saints ordres, il consacra sa vie entière au service des pauvres et des malades.

Le pape Clément VIII, apprenant de quelles grâces particulières ce sanctuaire était favorisé et combien la piété y était florissante, ajouta de nouvelles indulgences à celles qui avaient été accordées par Grégoire XIII. D'autres souverains pontifes, Paul V, Grégoire XV et Urbain VIII, suivirent son exemple ; et dès ce moment, l'association se trouva en possession de tels avantages spirituels, que les plus illustres personnages briguèrent l'honneur d'y entrer. Les registres de la confrérie portent les noms de Louis XIII et d'Anne d'Autriche à la date du 4 mai 1622. Viennent ensuite les noms de Gaston d'Orléans, frère de Louis XIII, et du duc d'Anjou, frère de Louis XIV. Le grand roi y est porté, lui aussi, avec Marie-Thérèse d'Autriche, son épouse, ainsi que le prince et la princesse de Condé, le prince et la princesse de Conti, etc. Ces illustres associés offraient pour la plupart de riches cotisations, des présents considérables, des aumônes dont la charité trouvait utilement l'emploi.

La confrérie n'avait pas seulement ses œuvres de charité : elle avait ses offices très-multipliés, ses prières pour les membres qui en faisaient partie, ses solennités, ses processions dont la pompe et l'éclat ne laissaient rien à désirer. Jacques Doublet rapporte, dans ses détails les plus minutieux, une de ces marches religieuses qui se faisait chaque année de Saint-Etienne à une autre église et qui ne manquait pas d'un grand caractère et d'un cachet tout particulier. Cette procession se fit jusqu'en l'année 1737. C'était le temps où les parlements jansénistes faisaient des remontrances au roi et suscitaient aux évêques et aux prêtres les tracasseries les plus ridicules et les persécutions les plus injustes. Le culte de la sainte Vierge, pas plus que celui des saints, n'était en faveur auprès d'eux. La grande manifestation religieuse qui se faisait ainsi en l'honneur de Marie, leur causait un vif déplaisir. Un arrêt du parlement supprima tout ensemble la procession et la confrérie. C'était un beau triomphe pour ces messieurs ; il n'y avait pas moyen de faire mieux pour le moment ; impossible de fermer le sanctuaire, d'en éloigner les foules qui s'y portaient avec d'autant plus d'empressement qu'il était devenu un objet de haine et de persécution de la part des sectaires. Le temps allait donner bientôt aux jansénistes de terribles auxiliaires, ou plutôt leur impiété allait être balayée par une autre impiété bien autrement audacieuse.

Tandis que le sanctuaire de Marie continuait à recevoir les hommages de la piété silencieuse, la tempête révolutionnaire se déchaînait contre la monarchie et contre la religion. Toutes les églises se voyaient successivement frappées. Le pillage et la profanation étaient à l'ordre du jour. Saint-Étienne des Grès, enrichi depuis des siècles par la piété des princes et des fidèles, ne pouvait manquer d'avoir le sort de tous les autres temples. Le 16 mai 1792, cette église était dépouillée, non seulement de ses richesses en or et en argent, mais encore de tout son mobilier et de tous les objets qui pouvaient avoir une valeur quelconque, parmi lesquels se trouvait la statue de Notre-Dame. Le tout devait être vendu à l'enchère. La comtesse de Carignan Saint-Maurice résolut d'arracher à la profanation l'image vénérée de la sainte Vierge : elle alla trouver les officiers de la municipalité qui gardaient l'église et obtint d'eux à prix d'or que la précieuse statue lui fût remise. Un oratoire était préparé dans l'hôtel de la pieuse comtesse, rue Traversière, pour recevoir la sainte image. Ce fut là que, pendant la Terreur, se fit très-secrètement le pèlerinage de Notre-Dame de Bonne-Délivrance, et jamais on n'avait eu plus de motifs d'invoquer Marie sous ce titre. Là furent célébrés plus d'une fois les saints mystères, spécialement par l'abbé Bailly qui fut depuis évêque de Poitiers.

Marie enveloppa son nouveau sanctuaire de silence et de mystère, si bien que les persécuteurs n'en soupçonnèrent jamais l'existence.

Le jour vint cependant où celle qui avait donné sa maison pour asile à l'image de la très-sainte Vierge, compromise par l'éclat de son nom, par ses sentiments religieux et monarchiques fut arrêtée comme suspecte : c'était une condamnation à mort en pareil temps. La comtesse fut enfermée, en attendant, dans une maison de la rue de Sèvres, aux *Oiseaux*, dont on avait fait une prison. Elle y trouva plusieurs religieuses de Saint-Thomas de Villeneuve avec lesquelles elle fut sur le champ en communauté de pensée; elle parla spécialement à la supérieure, qui était devenue pour elle une amie, de la statue de Notre-Dame de Bonne-Délivrance, qu'elle gardait dans son hôtel. Toutes ensemble invoquèrent Marie sous ce titre, la priant de les arracher à l'extrême péril dans lequel elles étaient. La sainte Vierge exauça leurs vœux : le 4 octobre 1794, elles étaient mises en liberté.

A part les quelques religieuses de Saint-Thomas de Villeneuve qui avaient été incarcérées, la communauté n'avait pas été trop maltraitée dans la tourmente révolutionnaire. Les Sœurs hospitalières avaient pu même continuer, sous un costume séculier, à donner leurs soins aux malades. Ce fut à l'heure où l'extrême danger semblait conjuré que la maison se trouva tout à coup à deux doigts de sa perte. Des dénonciations portées contre elle au gouvernement révolutionnaire en 1795 firent prendre des mesures en vertu desquelles les religieuses devaient être expulsées et les bâtiments mis en adjudication.

Mme de Carignan, émue des maux dont elle voyait menacée la maison des religieuses, leur proposa de faire avec elle une neuvaine à Notre-Dame de Bonne-Délivrance ; en même temps, quelque fût son attachement pour la sainte image qu'elle possédait, elle promit de la donner au monastère de Saint-Thomas de Villeneuve, si la sainte Vierge obtenait de Dieu que les servantes des pauvres fussent épargnées. Le succès de la neuvaine dépassa toutes les espérances ; les projets formés contre la communauté furent abandonnés et par une exception singulière, la maison ne fut pas expropriée et resta pour toujours dans la possession des dames de Saint-Thomas. Quand la paix eût été rendue à l'Eglise, Mme de Carignan se hâta de faire construire sur le territoire du monastère une petite chapelle destinée à recevoir la statue de Notre-Dame de Bonne-Délivrance. Elle avait pris d'ailleurs toutes ses précautions, fait reconnaître que la sainte image qu'elle possédait était bien celle de l'ancienne église de Saint-Etienne des Grès pillée en 1792 et tombée depuis sous le marteau des démolisseurs : elle avait, par l'entremise du cardinal Caprara, informé le pape Pie VII de ses intentions. Le Souverain Pontife, approuvant entièrement ces pieuses dispositions, avait accordé de nombreuses indulgences, les unes particlles attachées à la simple visite du nouveau sanctuaire, les autres plénières pour toute personne qui, aux principales fêtes de la très-sainte Vierge, communierait dans la chapelle ou la visiterait après avoir fait la sainte communion ailleurs.

Le 1er juillet 1806, Notre-Dame de Bonne-Délivrance, fut transportée de l'hôtel de la rue Traversière au couvent des dames de Saint-Thomas de Villeneuve. Ainsi se trouvait rétabli et livré au public religieux, sur un autre emplacement, l'ancien oratoire de Saint-Etienne des Grès. Le temps n'était pas aux pèlerinages, pourtant le nouveau sanctuaire eut dès lors les prédilections des âmes pieuses. Il reçut plus tard la visite de Mme la duchesse de Berry qui venait demander à la très-sainte Vierge une heureuse délivrance et la faveur de donner à la France un héritier du trône de saint Louis.

Les dames de Saint-Thomas avaient depuis longtemps le projet de faire rééditier la chapelle, trop petite et trop modeste, élevée à la hâte après la Révolution. Des difficultés de différente sorte les avaient empêchées d'exécuter leur dessein : deux supérieures, Mme de Walsh Valois et Mme de Montgermont, étaient mortes sans pouvoir y donner suite. On pensait que les obstacles ne seraient pas surmontés, que la statue de Notre-Dame pourrait être mise ailleurs, et le curé de Saint-Sulpice l'avait demandée avec instance ; mais la mère Sebire, élue supérieure en 1828, put faire commencer les travaux du nouveau sanctuaire. Mgr de Quélen, accompagné de Mgr de Villèle, évêque de Bourges, et d'un grand nombre d'ecclésiastiques, en posa la première pierre, le 11 mai 1829. La chapelle fut promptement achevée, enrichie par la piété des fidèles de nombreuses offrandes ; et Notre-Dame de Bonne-Délivrance prit définitivement possession de sa nouvelle demeure.

C'est encore une statue miraculeuse de la très-sainte Vierge que vous trouverez à quelques pas de la maison des religieuses de Saint-Thomas de Villeneuve, chez les dames de l'Abbaye-aux-Bois : c'est Notre-Dame de Toute-Aide, un vocable dont le sens ne s'éloigne pas de celui sous lequel nous venons de saluer Marie. Cette analogie, jointe au rapprochement des lieux, nous engage, à ne pas séparer ces deux pèlerinages qui se touchent encore par d'autres rapports.

Les Filles-Dieu avaient été établies, en 1226, par Guillaume d'Auvergne, dans un monastère près de la porte Saint-Lazare, pour donner asile aux filles et aux femmes repenties. Juste un siècle plus tard, elles étaient transférées dans un hôpital près de la porte Saint-Denis, où elles avaient une chapelle dédiée à sainte Madeleine. A une époque très-reculée.

postérieure toutefois à cette date sans doute, elles placèrent dans un corridor, sous l'escalier qui conduisait à l'infirmerie, une statue en bois de la très-sainte Vierge, haute de plus de deux pieds, assez grossièrement travaillée, et que rien jusque-là ne recommandait très-spécialement à leur vénération.

Il arriva qu'un jour, une sœur converse entendit très-distinctement des paroles qui lui semblèrent avoir été prononcées par l'image de la Vierge : « Allez, lui fut-il dit, à la cellule de ma fille Marie qui se meurt. » La bonne sœur obéit à l'avis qui lui était donné et trouva effectivement la religieuse désignée sur le point de rendre son âme à Dieu. Elle n'eut que le temps de lui faire avoir tous les secours religieux que réclamait son état et de lui procurer la grâce de mourir saintement.

Ce prodige attira l'attention de la communauté sur la Vierge de l'escalier. On fit pratiquer une niche dans une arcade extérieure de la chapelle, et on l'y plaça. Elle fut honorée dès ce moment et procura des grâces nombreuses aux personnes qui venaient la prier. En l'année 1640, la Vierge qui avait accordé secours et protection à tous ceux qui lui étaient dévots et qui était honorée pour cette raison sous le titre de Notre-Dame de Toute-Aide, fut portée dans l'intérieur de la chapelle sur un autel qu'on avait élevé dans ce but. Il avait été construit aux frais de Mme de Boissy, religieuse de Malnoue, qui avait pour Notre-Dame-de-Toute-Aide une si grande vénération, qu'elle ne tarda pas à entrer dans le monastère des Filles-Dieu où l'on gardait la sainte image, et qu'elle obtint, à sa mort, d'être ensevelie à ses pieds. On commença, vers le même temps, à prendre note des faits miraculeux qui ne cessaient de se produire. On lit dans une relation écrite par une supérieure, Mme Etienne Leroy, et conservée chez les dames de l'Abbaye-aux-Bois, que le médecin de la maison attestait avoir vu maintes fois la statue miraculeuse changer de visage, tantôt lui sourire, tantôt lui témoigner de la douleur. Il est rapporté encore qu'un fermier qui venait apporter des provisions au couvent, demanda la permission d'entrer dans la chapelle pour prier Notre-Dame de Toute-Aide en faveur d'un domestique qu'il avait chez lui malade depuis fort longtemps d'une fièvre ardente qui résistait à tous les remèdes, et qu'à son retour il le trouva complètement guéri. C'est ensuite Mme de la Vieuville, abbesse de Notre-Dame de Meaux, atteinte d'une paralysie des deux jambes, qui se fait porter en présence de la sainte image, n'en éprouve aucun soulagement d'abord, continue ses visites et ses prières, et au bout d'un an, se trouvant parfaitement rétablie, laisse, comme témoignage de sa reconnaissance, un *ex voto* qu'on voit encore aujourd'hui dans la main de la sainte Vierge : c'est un cœur en vermeil qui contient plusieurs reliques précieuses. On cite encore beaucoup d'autres prodiges tant spirituels que temporels qui montrent que la sainte Vierge a pour agréable d'être honorée devant cette image et sous le titre de Notre-Dame de Toute-Aide.

En l'année 1618, saint François de Sales vint faire une visite au monastère des Filles-Dieu. La Rév. mère Masson fit prendre la statue qui se trouvait dans sa chapelle à l'avant-chœur des religieuses, la fit apporter à la sacristie et pria le saint évêque de vouloir bien la bénir et l'enrichir d'indulgences qu'il avait le pouvoir d'accorder en vertu d'un privilége spécal. Le saint prélat y consentit volontiers. Ainsi ce n'est pas seulement la Vierge de Notre-Dame de Bonne-Délivrance, mais encore celle-ci qu'on peut appeler la Vierge de saint François de Sales.

Elle reçut dans son sanctuaire les pieux hommages des religieuses et des fidèles jusqu'en 1792. Il fallut alors, pour la sauver des profanations de l'impiété, l'enlever et la cacher soigneusement. Une des religieuses, Mme de Flavigny, s'en chargea et fut assez heureuse pour pouvoir la mettre en sûreté chez une de ses anciennes élèves, Mme Leclère, qui lui donnait à elle-même l'hospitalité. Cette dame, ayant hérité de la précieuse statue, la garda toute sa vie sans vouloir jamais s'en dessaisir; mais, à sa mort, elle la laissa par testament à une religieuse fille-Dieu, Mme Leroy. Elle en fit hommage au couvent de l'Abbaye-aux-Bois qui la possède depuis l'année 1824. Ce n'est toutefois qu'en 1853 que la sainte image a été rendue au culte public. Après avoir été soigneusement restaurée, elle fut portée dans l'oratoire des reliques, où elle est constamment entourée de pieux hommages et reçoit des prières et des vœux que la Reine des cieux ne se plaît pas moins à exaucer encore que dans les anciens jours de ferveur et de foi.

Notre-Dame de Paix.

Vers le commencement du dix-septième siècle, il y avait, au couvent des Capucins de la rue Saint-Honoré, au-dessus de la porte d'entrée, une petite statue en bois de couleur brune, haute de moins d'un pied, très-joliment travaillée. C'était une Vierge déjà connue sous le nom de *Notre-Dame de Paix,* à laquelle on portait une vénération toute particulière. Beaucoup de fidèles pensaient que les Pères, au lieu de la mettre ainsi à la porte de leur maison, eussent mieux fait de la placer dans une église ou dans une chapelle, et cela, uniquement en raison de la grande dévotion dont elle était l'objet; car il était reçu, dans la vieille France comme il l'est aujourd'hui en Espagne et en Italie, qu'il y eût ainsi des madones dans les rues et dans les carrefours adossées aux murailles et au frontispice des maisons, sous les pignons et les auvents, pour protéger les habitants et pour inspirer aux passants quelque religieuse pensée.

La piété populaire se traduisait en des récits pleins de circonstances merveilleuses qui formaient comme une auréole de poétiques légendes autour de la sainte image. La nuit, il n'était pas rare, disait-on, de la voir tout entourée de lumières d'un éclat tout céleste, Dieu se plaisant de la sorte à glorifier Celle qui n'avait pas à son gré une assez large part de respect et d'honneur. Tous les samedis encore, à la chute du jour, un jeune homme mystérieux dont personne n'aurait su dire le nom, dont le visage n'avait été vu nulle part ailleurs, déposait vivement des fleurs et des couronnes aux pieds de la madone et disparaissait sans que personne osât l'interroger. C'était un ange sans aucun doute, un serviteur céleste de Celle que l'Eglise appelle la Reine des anges.

Des hommages d'une origine plus aisément explicable ne lui manquaient pas d'ailleurs. Mme la marquise de Maignelay faisait brûler devant elle chaque samedi un cierge pesant une livre. Les religieux n'oubliaient pas non plus d'orner la statue chère aux fidèles. Un bon frère capucin, entre autres, qui s'appelait le frère Antoine et qui remplissait les modestes fonctions de portier dans le monastère, avait surtout pour elle un culte tout spécial. Il lui adressait avec une pieuse et naïve confiance les plus ferventes prières ; et comme il cultivait de ses mains un petit jardin, il avait soin d'y entretenir des fleurs en toute saison, il en cueillait les plus belles, en faisait de frais bouquets dont il décorait l'image de Marie. « Quel est donc, lui demandait-on, le motif de vos préférences pour cette petite statue ? — C'est, répondait-il, que Dieu doit la choisir pour en faire l'instrument de grandes merveilles. » Le bon frère mourut en l'année 1647.

La sainte image avait été longtemps la propriété d'une illustre famille qui, depuis le quinzième siècle au moins — époque à laquelle la statue paraît remonter, car elle n'a évidemment pas les caractères d'une sculpture gothique — se la transmettait de génération en génération. Au temps d'Henri III, elle échut en partage à Henri de Joyeuse, comte du Bouchage. Ce seigneur qui eut depuis, sans doute à cause de sa piété, l'honneur d'être fort maltraité par Voltaire et qui, au dire du poëte, « prit, quitta, reprit le cilice et la haire, » fit construire une chapelle dans son hôtel de la rue Saint-Honoré, et y plaça cette Vierge qui lui était particulièrement chère. Tous les jours, il faisait dire la sainte messe dans son oratoire par les religieux minimes de Nyon. Il aimait à y passer de longues heures en prières. Il avait eu besoin de consolations à l'heure où la mort lui enleva son épouse, et c'est là qu'il était venu en demander à la consolatrice des affligés. Marie non-seulement adoucit sa douleur, elle lui inspira le détachement de tous les biens de ce monde et lui inspira le désir d'une vie plus parfaite. Henri de Joyeuse renonça au monde, à la cour et aux honneurs; il entra dans l'ordre des Capucins, le 15 décembre 1587, et y prit le nom de frère Ange. Les religieux devinrent propriétaires de la sainte image; et, à la mort du noble frère, ils entrèrent en possession de son hôtel et s'y établirent. Ils durent, pour satisfaire aux exigences de l'appropriation de cette maison à sa nouvelle destination, faire démolir la chapelle et crurent qu'il convenait de confier à la sainte Vierge la garde de leur couvent en plaçant sa statue au-dessus de la porte d'entrée. Elle y resta près de soixante ans, constamment honorée, comme on l'a vu, par les hommages des fidèles et déjà célèbre par de nombreux miracles.

En 1651, quatre ans après la mort du frère Antoine, la prédiction de l'humble portier du couvent commença à se réaliser. Un jour, autour de la statue, des chants suaves et mélodieux retentirent. C'étaient comme des voix d'enfants qui chantaient très-doucement le *Salve Regina*. Tous ceux qui passaient entendaient cette mélodie qui n'était pas interrompue et qui allait grandissant, car bientôt des voix plus graves mêlèrent leurs accords à ceux des enfants. Il se fit bien vite de nombreux rassemblements autour de la porte du monastère; on chercha d'où pouvaient provenir les chants qu'on entendait toujours, on ne put le découvrir. Toute la ville bientôt fut informée de la merveille, on accourut de tous côtés; les paroisses, les églises des faubourgs organisèrent des processions et se dirigèrent en chantant les litanies, croix et bannières en tête, du côté de la rue Saint-Honoré. En même temps on y apportait des malades qui restaient étendus sur leur grabat et rangés autour de la Vierge des Capucins, attendant qu'elle les guérit. Cependant les chants continuaient toujours, la nuit vint sans les faire cesser; seulement ils étaient interrompus parfois par d'immenses acclamations : « Miracle ! miracle ! » criait la foule. C'était quelque pauvre malade qui se déclarait subitement guéri, laissait là ses béquilles, et, comme aux temps évangéliques, se levait et emportait son lit [1].

L'immense concours ne s'arrêta pas sur le champ. Toute la ville voulut avoir son tour, et les jours suivants la petite statue fut constamment environnée de foules innombrables. Les miracles opérés en cette circonstance ont été soigneusement consignés et sont rapportés par le Père Médard avec des procès-verbaux qui en constatent la véracité. C'est d'abord la guérison de Christine de Bar des ulcères dont elle était couverte, à la suite d'une neuvaine faite à Notre-Dame de Paix ; cette guérison est attestée par cinq témoins et par le médecin. C'est ensuite Marie Varlot de Roye en Picardie, qui, le 12 août 1651, se trouve instantanément guérie d'une paralysie après avoir prié quelques moments devant la statue de la rue Saint-Honoré. C'est, trois jours après, une Ecossaise, Elizabeth Chambers, qui, par ses infirmités, en était arrivée à ne pouvoir plus que se traîner péniblement et qui laisse ses béquilles devant la statue de la Vierge. Ce sont enfin beaucoup d'autres prodiges, tous relatés avec soin, lesquels se multiplièrent constamment pendant tout le cours de cette année et

---

[1]. Voir *Hist. de N.-D. de Paix*. 1659, par le P. Médard, capucin.

donnèrent le plus vif élan à la dévotion des populations chrétiennes.

Déjà plusieurs curés de Paris avaient pensé que ce serait un trésor inestimable pour leur église de posséder la statue miraculeuse et qu'elle y serait d'ailleurs plus convenablement qu'à la place qu'elle occupait encore. Des demandes étaient faites en ce sens à l'archevêché. Mais il ne parut pas juste que les PP. Capucins fussent dépouillés d'une propriété qui leur avait été légitimement concédée par le frère Ange de Joyeuse, dont ils avaient le tombeau dans leur chapelle. L'archevêque engagea seulement les religieux à y porter la statue; et, le 24 septembre de la même année 1651, la translation s'en fit très-solennellement; tous les religieux, un cierge à la main, la conduisirent processionnellement jusqu'à l'oratoire dans lequel se trouvait le tombeau du frère Ange. Elle y fut déposée, et chacun d'eux alla lui baiser les pieds.

Les fidèles, satisfaits de voir enfin la sainte image dans une demeure plus digne, vinrent plus volontiers que jamais et en très-grand nombre l'y visiter. L'année 1652 fut encore marquée par de nombreux miracles : ce sont des perclus, des paralytiques, des infirmes de toutes sortes, des malades incurables, des malheureux déjà presque à l'agonie qui se trouvent subitement guéris et qui doivent leur délivrance aux prières qu'ils ont adressées à Notre-Dame de Paix.

La chapelle dans laquelle la statue avait été mise, se trouvait trop petite pour contenir la foule des pieux visiteurs. La fille du duc de Joyeuse, Mme de Guise, songea à en faire construire une autre plus belle et plus grande. Elle mourut avant d'avoir pu réaliser son projet, dont l'exécution fut reprise aussitôt par Mlle de Guise. La statue fut transférée en grande pompe dans sa nouvelle demeure en présence du nonce apostolique qui présidait la cérémonie et des principaux personnages de la cour qui voulurent y assister. La fête de Notre-Dame de Paix fut fixée au 9 juillet, et le Souverain Pontife accorda une indulgence plénière à tous les fidèles qui, ayant rempli les conditions prescrites, visiteraient ce jour-là la nouvelle chapelle.

En 1658, Louis XIV fut atteint à Calais d'une maladie très-grave qui parut mettre ses jours en péril : Mme la duchesse de Vendôme et la marquise de Senecey commencèrent, pour obtenir la guérison du roi, une neuvaine à Notre-Dame de Paix. Le résultat ne s'en fit pas attendre : le 9 juillet, on n'avait plus aucune inquiétude au sujet de la santé du monarque. Louis XIV ne douta pas qu'il ne dût la santé à la Vierge miraculeuse; et, de retour à Paris, il se rendit en pèlerinage à l'église des Capucins, et la reine y fit mettre en souvenir un tableau d'*ex-voto*.

Le sanctuaire de Notre-Dame de Paix ne cessa d'être ainsi visité et honoré jusqu'aux jours de la Révolution. En 1790, au moment où les Capucins furent obligés de quitter leur maison, un religieux, en partant, eut soin d'emporter avec lui la petite statue; il consulta quelque temps après le Provincial sur ce qu'il y avait à faire pour la conserver. Le père Zenon, provincial, qui connaissait comme une personne très-sûre la sœur du grand pénitencier, Mlle Papin, la pria de recevoir en dépôt la sainte image, à condition qu'elle la remettrait en mourant aux Capucines de la place Vendôme si ces religieuses étaient encore dans leur monastère. Il lui donna, pour en établir l'identité, une attestation signée de sa main, datée du 24 juillet 1791. Mlle Papin ne garda la petite statue que pendant l'année 1792. Obligée, à cette époque, de s'éloigner de Paris, elle la laissa entre les mains de Mme Albert de Luynes, en stipulant que cette dame garderait le dépôt sa vie durant, mais qu'il reviendrait à sa mort soit à elle-même, soit à ses héritiers. En 1802, quand la paix eût été rendue à l'Église, le premier soin de Mme Albert de Luynes fut de faire reconnaître l'identité de la statue de Notre-Dame de Paix par l'autorité diocésaine. L'abbé de Floirac, vicaire général de Paris, lui donna à cet effet un acte du 6 avril de la même année, revêtu de la signature de six témoins. Avant sa mort, qui eut lieu en 1806, elle avait sollicité auprès du Souverain Pontife, par l'entremise du cardinal Caprara, la faveur d'une indulgence plénière pour tous ceux qui visiteraient la Vierge miraculeuse, en quelque lieu qu'elle fût. Le pape l'accorda pour sept années seulement, à condition que la statue serait placée dans une église avec l'autorisation de l'archevêque de Paris. M. Coipel, qui était l'héritier de Mlle Papin, en devint alors propriétaire; il consentit, conformément au désir de son épouse, qu'elle passât à la congrégation des religieuses des Sacrés-Cœurs de Jésus et de Marie et de l'Adoration perpétuelle, et fit remise des titres et des pièces établissant ses droits à la révérende mère Henriette Aymer, alors supérieure générale des religieuses. Ce ne fut pas sans difficulté que la famille de Luynes consentit à se dessaisir de son précieux dépôt. Enfin, le 6 mai 1806, la statue était placée dans l'oratoire des dames de la rue de Picpus, dont elle devenait le plus cher trésor. Le cardinal Caprara autorisa pour cette chapelle l'exécution du rescrit d'indulgence accordé par le Saint-Père, qui voulut bien en prolonger l'effet pour sept années en plus et ensuite pour trente ans, jusqu'à ce que, dans un nouveau bref du 4 août 1817, l'indulgence fut concédée à perpétuité.

On ne saurait dire de quelle vénération, de quel amour les pieuses religieuses ont constamment entouré la Vierge de Notre-Dame de Paix. Elles ont mis le zèle le plus ardent à la faire connaître et chérir des nombreuses familles chrétiennes avec lesquelles elles sont en rapport, et des chères enfants qui reçoivent dans leur maison la véritable éducation religieuse qui convient à des jeunes filles. La confiance qu'elles ont eue et ont inspirée en Notre-Dame de Paix n'a jamais été trompée. C'est par milliers qu'on pourrait citer des traits de protection évidente qui sans avoir tout l'éclat des grands miracles, en ont eu les effets et la salutaire influence : ce sont des malades guéris, des conversions obtenues, des vœux réalisés à la suite de neuvaines faites en l'honneur de la sainte image ou par l'entremise de linges et d'objets qu'on lui avait fait toucher. Mme la supérieure possède des lettres sans nombre qui attestent ces résultats et la reconnaissance très-vive des personnes qui ont ainsi obtenu les faveurs de la Reine des cieux.

Elle est bien à sa place, d'ailleurs, Notre-Dame de Paix, dans cet asile de la piété et du recueillement, au milieu de ces servantes du Seigneur qui ne laissent pas une seule minute du jour ou de la nuit le tabernacle de Dieu sans adoration. Marie doit se plaire, et son culte ne saurait mieux fleurir qu'auprès de celui de son divin Fils. Elle est à sa place au milieu de ce frais essaim de jeunes filles qui vont se reposer de leurs études et goûter pendant quelques instants une récréation meilleure encore que celle de leurs jeux, aux pieds de la Vierge bénie. Marie dépose en ces jeunes cœurs le germe de toutes les vertus nécessaires aux enfants chrétiennes, pour qu'elles soient un jour dans le monde des femmes et des mères dignes de travailler par leur influence et par leurs exemples à l'œuvre de notre régénération religieuse et sociale.

Notre-Dame de Paix n'est pas seulement le bijou de cette maison, c'en est encore le talisman sacré.

Demandez à ces bonnes religieuses qui les a protégées, défendues et sauvées, elles et leur établissement, au milieu des horreurs sans nom qu'elles ont traversées. Elles vous diront : C'est elle, c'est Notre-Dame qui s'est constituée notre gardienne ; c'est elle qui soutenait nos courages, c'est elle qui nous a accompagnées dans les jours de notre captivité et qui nous a ramenées dans notre maison miraculeusement conservée, alors que nous pensions n'y plus trouver que des ruines.

C'est une histoire qui vaut la peine d'être racontée. Elle l'a été déjà dans un livre que tout le monde peut consulter avec fruit et avec édification [1]. Plutôt que d'en faire des extraits, nous avons préféré recueillir ce récit de la bouche même de celles qui ont été les nobles victimes de la cruauté barbare et impie des brigands de la Commune.

Le 12 avril, le mercredi d'après Pâques, les fédérés envahirent la maison des dames de Picpus et s'y livrèrent à ces fameuses perquisitions d'armes qui n'étaient pour l'ordinaire que le prétexte à des scènes de violence et de pillage. Cette fois, à part des objets de peu d'importance, rien ne fut enlevé dans l'établissement. Rien ne pressait d'ailleurs. Les gens de la Commune avaient du temps devant eux, et leur parti était pris de se fixer dans la maison désignée à leur fureur. Ils y demeurèrent en effet, gardant à

---

[1]. *Les martyrs de Picpus sous la Commune.*

vue et sous la surveillance la plus rigoureuse les religieuses qui durent leur fournir en abondance des vivres et des boissons, et qui ne reçurent la plupart du temps de ces forcenés que des injures et des menaces. Des armes et des munitions, bien entendu, ici comme ailleurs, ils ne découvrirent trace. Mais certaines circonstances parfaitement innocentes les servirent à souhait et furent le prétexte des calomnies les plus absurdes, pompeusement annoncées dans leurs journaux d'alors et dont se souviennent sans doute tous ceux qui devaient lire leurs ignobles feuilles. Trois vieilles religieuses, atteintes d'aliénation mentale et qui vivaient à part dans une habition située dans le jardin du monastère, où elles étaient l'objet des soins les meilleurs et les plus compatissants de la part de leurs sœurs, furent exploitées d'abord par l'inepte et insigne mauvaise foi des envahisseurs. Puis ce furent, comme à Notre-Dame des Victoires, à Saint-Laurent et ailleurs, des ossements ensevelis depuis un siècle et plus qui servirent de thème à leurs réclamations. La corde était usée, et le public se moquait des calomniateurs insensés. Il fallait inventer quelque chose de plus neuf. Des lits destinés à des traitements orthopédiques suivis autrefois dans l'établissement attirèrent enfin l'attention des communeux. On en fit d'horribles instruments de torture employés par les *barbares* religieuses contre de prétendues victimes. Et dire que quelques uns peut-être ajoutèrent foi à ces folies débitées par les habiles du parti pour égarer les instruments aveugles de leur passion et porter au paroxysme la colère et la haine. Les rigueurs redoublèrent à partir de ce moment contre les faibles femmes vis-à-vis desquelles la bravoure n'était ni dangereuse ni difficile. A peine obtinrent-elles la permission de se rendre comme à l'ordinaire dans leur chapelle; elles y allaient au péril de leurs jours, les sentinelles pouvaient tirer sur elles si elles ne donnaient pas exactement le mot d'ordre. Cependant l'autel ne fut jamais désert, et tandis que deux religieuses adoraient le Saint-Sacrement, deux autres se tenaient constamment en prière devant Notre-Dame de Paix, devenue plus que jamais le refuge et l'espérance des pauvres persécutées.

La chère statue fut sur le point de disparaître. C'est un miracle qu'on l'ait conservée, dit Mme la supérieure. Les fédérés l'avaient prise. Deux couronnes en or et en diamants, placées l'une sur la tête de la sainte Vierge, l'autre sur celle de l'Enfant Jésus, avaient spécialement excité leur cupidité. « Prenez-les, si vous voulez, leur dit la révérende mère, mais que ferez-vous de ce morceau de bois qui n'a aucune valeur? Rendez-le moi. » Les fédérés ayant abandonné la précieuse Vierge, on se garda de la remettre dans la chapelle où elle était trop exposée : on la porta à l'infirmerie, et le soin de la garder fut confié à quelques malades qui s'y trouvaient. Bientôt le Saint-Sacrement lui-même dut être emporté de la chapelle dans une chambre particulière, en attendant que toutes les saintes hosties fussent, à la dernière heure, enveloppées dans un corporal et remises également aux religieuses malades avec la recommandation de les consommer si la profanation paraissait à craindre.

Les choses allaient effectivement de mal en pis. Au commencement de mai, les dames de l'Adoration perpétuelle étaient, au milieu de la nuit, brutalement sommées de se tenir prêtes, enfermées dans des voitures cellulaires et conduites au nombre de soixante-quatre, à la prison de Saint-Lazare. Qui sait si, aux yeux du Seigneur, la présence de ces vierges chrétiennes dans ce refuge, où viennent échouer les immondices de la cité, n'en était pas une purification nécessaire. Elles y demeurèrent jusqu'au 24 mai, jour où l'armée de Versailles les rendit à la liberté. Elles retrouvèrent leur maison intacte ; elles y furent vite réinstallées sous la protection de Notre-Dame de Paix, dont la couronne ne fut même pas perdue : elle fut retrouvée parmi des objets pris aux communeux et provenant de divers pillages. La couronne seule de l'Enfant Jésus avait disparu, elle a été refaite depuis sur le même modèle par les soins de Mme la supérieure.

Saint-Germain des Prés et quelques autres pèlerinages anciens.

En jetant les yeux sur quelque vieux plan de Paris, on y découvre, à très-peu de distance de la Seine, vers le sud-ouest, une petite colline entourée de prairies avec des plantations de saules ou d'oseraies qui forment ce qu'on appelle le Pré-aux-Clers, fameux dans les annales de l'Université ; au sommet s'élèvent de nombreux édifices qu'on prendrait pour une citadelle, à voir les bastions et les tourelles dont ils sont flanqués, les murs et les fossés qui les protégent. C'est l'abbaye royale de Saint-Germain, et l'on y reconnaît aisément la grande église qui subsiste toujours avec ses tours couronnées de campaniles. Il y eut là autrefois un pèlerinage célèbre, non-seulement au tombeau et à la châsse de saint Germain, mais encore à d'autres saintes reliques qui firent de ce sanctuaire l'un des plus riches et des plus illustres de la chrétienté. Il n'en reste plus rien aujourd'hui, et l'on serait tenté de n'en plus parler, s'il était possible de ne pas tracer au moins une rapide esquisse de cette vieille basilique dont les origines touchent à celle de la monarchie et qui serait, à ce seul titre, un monument du plus haut intérêt.

Childebert, successeur de Clovis, à son retour d'une expédition contre les ariens d'Espagne, apporte de Sarragosse, dont il a fait le siége, la tunique de saint Vincent, et de Tolède, une merveilleuse croix d'or enrichie de pierreries. Il songe à construire une église pour y mettre ces richesses. Il tombe malade à Chelles; guéri par les prières de saint Germain, il exécute son dessein, et, sur les débris d'un temple d'Isis, au flanc du mont *Leucotitius,* il construit une basilique qui prend le nom de Saint-Vincent et de Sainte-Croix, avec un monastère dont un disciple de saint Germain, saint Droctovée, est le premier abbé. L'église est terminée en 558 et consacrée le 23 décembre, au moment où vient de mourir le monarque dont elle va recevoir la cendre.

A l'âge de quatre-vingts ans, Germain terminait lui-même, le 28 mai 576, sa sainte et glorieuse carrière. Il était enseveli, lui aussi, dans l'église qui devait un jour porter son nom. Son corps, déposé dans la chapelle de saint Symphorien, y resta jusqu'en l'année 754, dans un tombeau peu élevé au-dessus du sol, sur lequel fut gravée plus tard cette inscription : « *Hic primò fuit tumulatus beatus Germanus.* »

Le concours du peuple chrétien ne s'y fit pas attendre. Germain avait fait des miracles pendant sa vie, il allait en faire après sa mort. Fortunat et Grégoire de Tours en rapportent de nombreux exemples. Le roi Chilpéric, ému du récit qu'on en faisait, vint en pèlerinage au tombeau du saint et, comme il se piquait de quelque savoir littéraire, il composa une épitaphe en son honneur. Saint Eloi exécuta pour sa décoration de beaux ouvrages en or et en argent.

L'église a déjà servi de sépulture à plusieurs princes mérovingiens. Chilpéric, mort d'un accident, ou plutôt par suite d'un crime de Frédégonde, dans une partie de chasse à son royal domaine de Chelles, est abandonné de tous ceux qui l'entourent, sauf de l'évêque de Senlis, Maladulfe, qui charge sa dépouille mortelle sur un bâteau, l'amène à Paris et lui fait donner la sépulture dans la basilique où repose saint Germain. Frédégonde elle-même y est ensevelie. La pierre de son tombeau qu'on voit actuellement à Saint-Denis, est une mosaïque composée de petits morceaux de marbre et de jaspe réunis par des filets d'or qui représentent la reine portant un sceptre et une couronne à trois fleurons.

En 754, Lanfroy, abbé de Saint-Vincent, veut donner aux ossements de saint Germain une place plus honorable, et s'entend avec Pépin pour transporter son corps de la chapelle de saint Symphorien au chevet de l'église. A l'occasion de cette translation qui eut lieu le 25 juillet, le roi fit don à l'abbaye du domaine de Palaiseau. Les biens, les rentes et les priviléges du monastère deviennent de plus en plus considérables, spécialement sous le règne de Charlemagne. Les miracles se multiplient pareillement.

Aimoin, qui écrit au neuvième siècle, les recueille et en compose deux livres entiers. Hilduin, l'auteur des *Aréopagitiques,* est d'abord abbé de Saint-Germain ; son gouvernement clot cette ère de prospérité et de grandeur. L'époque des troubles et des désastres est arrivée. Les Normands font leur première apparition sous les murs de Paris ; le corps du saint patron, dont l'église et le monastère ont pris le nom dès ce moment, est emporté par les religieux à Coulaville en Brie et, pendant leur absence, l'abbaye est une première fois pillée par les barbares. La paix étant faite avec eux, saint Germain reprend possession de son église en 846, et n'échappe pas sans peine à un nouveau pillage en 857. Quatre ans plus tard, les pirates reviennent plus menaçants que jamais. Les saintes reliques de Germain sont, avec celles de saint Georges, de saint Aurèle et de sainte Nathalie dont la basilique s'est enrichie, transportées à Nogent-sur-Marne. Il n'était que temps ; car, cette fois, l'église et l'abbaye furent livrées aux flammes. Enfin, en l'année 884, commença le dernier siège de Paris par les Normands, dans lequel l'évêque Gozlin se signala par son intrépidité et où, pendant deux ans entiers, les Parisiens tinrent résolument tête à l'ennemi et furent sauvés enfin par leur courage et par la protection miraculeuse de sainte Geneviève et de saint Germain dont les corps portés processionnellement sur les remparts, au point où l'attaque était la plus furieuse, animèrent les assiégés d'une telle confiance que l'ennemi prit la fuite, laissant de nombreux cadavres autour des murs et dans les fossés.

Vers la fin du dixième siècle, Morard, vingt-neuvième abbé de Saint-Germain, fit, avec l'aide de Robert le Pieux, reconstruire l'abbaye et l'église. L'abbé Gozlin y avait fait d'importantes restaurations au temps des Normands ; mais de nouvelles ruines avaient bientôt succédé aux anciennes. Cette fois, la reconstruction fut presque complète et elle devait durer. On ne conserva guère que les anciens fondedements de Childebert et une partie de la grosse tour de la basilique qui sert encore de clocher à l'église. Il faudrait, pour donner une analyse rapide de cette œuvre remarquable à tant d'égards, plus d'espace qu'on n'en peut trouver dans une aussi courte notice [1]. Ces travaux marquent dans l'architecture religieuse un progrès considérable, relativement à l'époque qui les vit exécuter, et ne permettent pas de douter que, dans l'Ile de France et spécialement à Paris, les architectes donnaient le branle au grand mouvement qui allait de là rayonner dans le monde. La construction, sans doute, se poursuivit dans les âges suivants et ne fut guère achevée qu'en 1163, époque à laquelle fut faite par le pape Alexandre III la dédicace du nouveau monument ; mais il n'en est pas moins certain que tout cet ensemble porte dans

---

[1]. Voir dom Bouillard, *Hist. de l'abbaye royale de Saint-Germain-des-Prés*.

son style romano-byzantin le caractère d'une perfection merveilleuse que nulle part ailleurs on ne trouverait aussi fièrement réalisée.

Le règne de saint Louis vit éclore tout auprès de la basilique une autre production du grand art du treizième siècle dont on ne saurait trop vivement déplorer la perte, la chapelle de la sainte Vierge. Est-il besoin de dire que ce fut un chef-d'œuvre admirable, quand on a cité le nom de celui qui le construisit, le fameux Pierre de Montereau, l'architecte de la Sainte-Chapelle, qui eut, en récompense de son œuvre, la gloire bien méritée d'être enseveli dans l'église de Saint-Germain des Prés, comme on l'appelait déjà.

Les fortifications qui donnèrent à l'abbaye l'aspect d'une forteresse furent élevées en 1368 par Charles V qui, malgré ses succès contre les Anglais, ne prévoyait que trop peut-être que la guerre entre les deux nations était loin d'être terminée et que de nouvelles luttes formidables allaient s'engager et durer longtemps encore.

Au commencement du quinzième siècle, Guillaume, étant abbé de Saint-Germain, conçut le projet de donner aux reliques du saint patron une châsse magnifique. Elles étaient, à ce moment, il est vrai, recouvertes de lames d'or dues à la générosité du comte Eudes qui était arrivé au trône par sa vaillance. Mais ce revêtement était entièrement usé et tombait de vétusté. Guillaume, ayant pu réunir des sommes considérables et se procurer quantité de perles et de pierreries, fit appel aux plus habiles orfèvres de la capitale, dont l'art avait, à cette époque, acquis une étonnante perfection, passa marché avec eux et spécifia qu'il ne serait pas employé dans ce travail moins de vingt-six marcs d'or et de deux cent cinquante d'argent. La châsse, enrichie de deux cent soixante pierres précieuses et de quatre-vingt-dix-sept grosses perles, eut la forme d'une église gothique de deux pieds et demi de longueur sur une hauteur proportionnée. Elle était portée par six figurines accroupies, terminée à ses deux extrémités étroites par deux splendides portails avec des statuettes d'un travail exquis. Six contreforts flanquaient la nef dans le sens de la longueur entre lesquels s'ouvraient des niches où figuraient les douze apôtres, six de chaque côté.

C'est cette châsse merveilleuse qu'on vit bientôt porter dans les processions solennelles. Il serait trop long de signaler toutes les occasions où elle parut; il suffit d'en citer deux exemples. En 1652, quelques années après que la réforme de Saint-Maur eût été introduite dans l'abbaye de Saint-Germain, où elle produisit les résultats les plus consolants, au point de vue de l'édification, de la science religieuse et de la piété, le royaume se trouvant encore en proie à des troubles civils causés par les guerres de religion, l'archevêque de Paris ordonna une procession publique dans laquelle serait portée la châsse de saint Germain, entourée de toutes les reliques que possédait alors l'illustre abbaye, pour obtenir de Dieu la cessation des fléaux qui désolaient le pays.

Lors de la maladie de la reine Marie-Thérèse, en 1664, tandis que les reliques de sainte Geneviève étaient descendues et exposées, celles de saint Germain le furent pareillement; et le lendemain de la procession qui eut lieu à l'intérieur de l'église, la reine-mère venait y faire ses dévotions, le roi Louis XIV l'y suivait de près, il priait devant les saintes reliques et ne se retirait qu'après les avoir pieusement baisées.

Nous ne parlons pas des restaurations plus importantes que bien entendues, qu'on avait dû faire quelques années avant à l'église de Saint-Germain, pas plus que nous n'avons pu signaler le nombre prodigieux de reliques des plus insignes qui étaient venues grossir son trésor. Toutefois il ne faut pas passer sous silence le legs qui fut fait à l'abbaye par la princesse palatine en 1684. Ce fut d'abord, ainsi qu'elle l'écrit elle-même dans son testament, un clou de Notre-Seigneur, ou plutôt la pointe d'un de ces clous, avec tous les papiers qui en établissent l'authenticité et en permettent l'adoration. Ce fut ensuite une croix d'or et de pierreries, « avec la sainte vraye croix que j'atteste avoir vue dans les flammes sans brûler, dit la princesse; puis, du sang miraculeux que j'ai reçu du feu duc de Hanover. » La croix dite Palatine était haute de huit pouces avec une double traverse, l'inférieure plus longue que la supérieure. Il existe peu de portions de la vraie croix plus considérables et mieux attestées. La princesse l'avait reçue de Jean-Casimir, roi de Pologne; elle était sortie du trésor des saintes reliques des empereurs de Constantinople, comme l'attestent les inscriptions grecques dont elle était couverte. D'un côté, on lisait Ἰησους Χριστος; de l'autre, le nom de l'empereur Manuel Comnène. Le sang miraculeux donné par le duc de Hanovre était tombé d'un calice après la consécration sur un corporal et y avait pris immédiatement toute l'apparence extérieure du sang. Des miracles nombreux s'étaient accomplis à cette occasion. On ne jugea pas qu'il fût convenable de recevoir des reliques aussi augustes sans de grandes cérémonies, et, avec la permission de l'archevêque, on en fit la translation solennelle de l'hôtel de la princesse à l'église.

Un siècle plus tard, la Révolution dépouille Saint-Germain de ses immenses richesses. Les croix, les vases sacrés, les reliquaires d'or, les bijoux émaillés et les pierreries, tout est enlevé et porté à la Monnaie. Le curé assermenté de Saint-Germain l'Auxerrois avait pris la précaution d'enlever, pour les sauver, toutes les reliques des châsses, de les emporter à son domicile et de ne livrer que des reliquaires vides aux commissaires. Mais ayant appris quelque temps après que le Comité de salut public avait porté la peine de mort contre quiconque serait convaincu d'avoir soustrait de tels objets, il se décida à les brûler. C'est lui-même qui, plus tard, réconcilié avec le Saint-Siége et devenu curé de Dourdan, a donné ces détails au curé de Saint-Germain des Prés et à d'autres personnes dignes de foi. En même temps, la Révolution jetait par terre tous les bâtiments de l'abbaye, à l'exception du palais de Furstemberg, et ne conservait l'église que pour en faire un magasin ou un dépôt de produits chimiques. Le monument eut beaucoup à souffrir; il fallut abattre plus tard, vers 1822, deux tours latérales qui menaçaient ruine, on parlait même de démolir l'église; un habile architecte entreprenait de la solidifier en 1827, et réussissait pleinement. Aujourd'hui qu'elle a recouvré son vrai caractère grâce aux restaurations intelligentes dont elle a été l'objet, qu'elle a prêté ses murailles au pinceau de Flandrin, dont la touche si correcte et si chrétienne a su rendre avec un charme supérieur de grâce et de nouveauté les grandes scènes de l'ancien et du nouveau Testament, l'église de Saint-Germain des Prés est, pour le visiteur religieux, un des premiers monuments de Paris qui appellent son attention.

Aujourd'hui, sans doute, il n'y a plus de pèlerinage à la châsse de saint Germain ni aux autres saintes reliques; il en est un cependant qui semble appelé à remplacer les autres et auquel l'avenir réserve peut-être de glorieuses destinées. Dans le bas-côté de la nef latérale, à droite de la porte d'entrée, regardez cette statue gothique de la Vierge : elle est ancienne et paraît remonter au treizième siècle; peut-être avait-elle sa place dans la chapelle de Pierre de Montereau. Toujours est-il que, dès à présent, la piété des fidèles l'entoure constamment comme d'une auréole de ces cierges allumés autour d'elle et, ce qui vaut mieux encore, de vœux et de prières qui appellent sur les âmes les grâces dont Marie est la dispensatrice.

C'est sans tristesse et surtout sans amertume que l'œil du chrétien envisage, dans les siècles écoulés, des pèlerinages qui brillaient alors d'un vif éclat et qui peu à peu ont perdu de leur antique renommée, puis ont fini par se voir totalement éclipsés et sont disparus à jamais, perdus dans ce gouffre où l'oubli ensevelit toutes choses. Ces coutumes religieuses, sous la forme particulière qu'elles affectent en tel temps, en tel lieu, n'ont rien d'essentiel et n'ont pas toujours le privilége d'être immortelles; elles s'en vont parfois, alors qu'elles ont fait leur temps et produit une somme de bien plus ou moins grande, pour faire place à d'autres qui se trouvent être mieux en rapport avec les circonstances du moment et la tournure des esprits. Où sont-ils aujourd'hui tous les anciens pèlerinages de Paris qui furent autrefois chers à nos pères? Où sont les ossements sacrés dont ils ont amoureusement baisé la poussière? Qui fera revivre les solennités religieuses et parfois singulièrement naïves dont le moyen âge fut rempli? Qui recueillera en un faisceau les miracles, les légendes, les poésies qui ont fleuri autour de toutes les saintes murailles de nos églises et dans leurs sanctuaires aimés ? Il ne nous appartient pas d'entreprendre ici une pareille tâche qui demanderait des volumes ; quelques notes échappées de ces harmonies lointaines viennent frapper nos oreilles et veulent être recueillies.

Comment ne pas dire un mot de cette vieille église de Saint-Germain l'Auxerrois qui demanderait à elle seule une notice à part et qui, dans le cadre restreint que nous nous sommes tracé, ne peut obtenir que quelques lignes d'une esquisse pâle et rapide ? L'emplacement sur lequel elle s'élève fut sanctifié de bonne heure par quelque grand souvenir dont les traditions n'ont gardé qu'une mémoire assez vague. Suivant la tradition, le saint évêque d'Auxerre qu'il ne faut pas confondre avec celui de Paris qui porta le même nom et vécut à peu près dans le même temps, dans quelqu'un de ses voyages qui l'amenèrent aux bords de la Seine, révéla aux yeux des populations la sainteté éminente qui brillait en lui, par des miracles signalés accomplis en ces lieux mêmes. En vain disparut-il promptement de ces pays qu'il n'avait fait que traverser en passant, le doux prestige de ses vertus avait laissé dans l'esprit des peuples une impression ineffaçable. A peine était-il descendu dans la tombe que, sur cette rive de la Seine qui rendait témoignage de ses bienfaits, un oratoire était construit en son honneur dès l'année

448 [1]. Partout, d'ailleurs, le saint prélat avait rendu son nom immortel et fait bénir sa mémoire sur les plages qu'il avait visitées. En quelque endroit qu'il eût prêché, évangélisé les masses, guéri les malades par la vertu du Très-Haut, partout s'étaient élevés des oratoires, des chapelles et des croix [2]. Saint-Germain de Charonne commença dès lors et n'a cessé depuis de se réclamer de son glorieux patronage. L'Angleterre n'a pas moins été fidèle que la France à sa mémoire. A 25 kilomètres de Londres, à Verulam, une chapelle fut bâtie pour rappeler le souvenir d'une des prédications du saint, et, jusque dans la province de Cornouailles, un bourg porte encore le nom de San-German. En France, on ne trouve pas moins de cent trente-deux bourgades ou petites villes placées sous le même vocable.

Bien que les origines de Saint-Germain l'Auxerrois aient été quelquefois confondues avec celles de Saint-Germain des Prés, il ne paraît pas douteux que la première de ces deux églises, ait été, comme l'autre, fondée par Childebert avec le concours de la reine Ultrogothe, son épouse, au lieu où s'élevait l'oratoire de saint Germain d'Auxerre dont elle ne porta pas le nom tout d'abord. C'est au neuvième siècle seulement qu'elle commença à s'appeler Saint-Germain le Rond et, bientôt après, Saint-Germain l'Auxerrois. Ce

---

1. Lebeuf, *Hist. du diocèse de Paris.*
2. Voir Juillot, sur le diocèse de Paris.

fut une de celles qui eut le plus à souffrir des invasions normandes. Les barbares avaient choisi ce faubourg pour y faire un camp retranché dont le souvenir s'est perpétué par le nom de Saint-Germain des Fossés donné à la rue la plus voisine du cloître. C'est sur ce point pareillement que se porta le plus grand effort de la résistance, alors que le comte Eudes et l'évêque Gozlin firent sentir aux assiégeants la force de leur bras. Les Normands se retirèrent, mais en ruinant totalement l'église qui ne fut reconstruite que deux siècles plus tard par les soins de Robert le Pieux. Les travaux qu'on exécuta à cet effet amenèrent une découverte précieuse et tout à fait inespérée, celle du tombeau et du corps de saint Landry, qu'on avait enseveli en ce lieu vers l'an 654. Les saintes reliques furent trouvées intactes sous un amas de décombres, à la grande joie du peuple fidèle qui non-seulement avait gardé le souvenir des vertus de son évêque, mais qui se rappelait ses bienfaits et n'avait pas oublié que, dans la grande famine de l'année 651, Landry avait vendu ses meubles et ses biens pour en partager le prix aux malheureux qui n'avaient pas de pain, et qu'il avait été le fondateur de l'hôpital qui fut appelé l'Hôtel-Dieu. L'évêque Maurice de Sully, en 1171, pour répondre aux vœux de ses diocésains et rendre hommage à l'un de ses plus vénérables prédécesseurs, fit mettre ses ossements dans une châsse de bois doré qui attira bientôt dans l'église nouvellement rebâtie un très-grand concours de fidèles. Deux siècles plus tard, une châsse d'argent plus riche que la première reçut les saintes reliques qui furent l'objet de la vénération des peuples jusqu'aux jours où la Révolution les anéantit avec tant d'autres précieux trésors. L'église de Saint-Germain l'Auxerrois devait plus que bien d'autres être maltraitée par les fureurs révolutionnaires et impies. Elle fut, en 1831, dévastée et saccagée dans une émeute populaire et resta fermée jusqu'en 1837. Elle a été soigneusement restaurée depuis : et l'on ne se lasse pas d'admirer la chapelle de la sainte Vierge, les statues et les belles peintures de son portail. A ces pèlerinages d'autrefois il s'en est substitué un autre nouvellement : on a conservé avec un soin pieux une statue de la Vierge qui fut trouvée en 1837, lors de la réouverture de l'église, seule intacte et debout sur l'autel. On l'a nommée Notre-Dame de Bonne-Garde, ainsi qu'on peut le voir sur les deux pierres gravées en lettres rouges dont elle est accompagnée. Bien des personnes vont prier devant elle et font brûler des cierges en son honneur.

Une église qui serait bien curieuse à étudier tant au point de vue de l'art qu'à celui des souvenirs, c'est encore celle de Saint-Merry. Le saint dont elle porte le nom, Merry ou Mederic, vint à Paris avec Frodulfe ou Fron, son disciple, vers la fin du septième siècle; il avait quitté le monastère d'Autun dont il était abbé, afin d'échapper aux honneurs et de vivre comme un simple religieux. Il habita, pendant les trois années qu'il vécut encore, une cellule voisine d'une chapelle dédiée à saint Pierre, à peu de distance de l'église actuelle. Il mourut le 29 août de l'année 700. Son corps fut déposé dans la chapelle et y fut bientôt en grande renommée de sainteté par les miracles qui se firent à son tombeau. Sous Charles le Chauve, on rendait déjà un culte public au saint religieux; la chapelle toutefois restait toujours placée sous le vocable de Saint-Pierre. Ce n'était d'ailleurs qu'un édifice très-modeste et l'on songeait à donner au tombeau de saint Merry un asile plus convenable. Un nouveau monument s'éleva bientôt auprès de la chapelle sur l'emplacement de l'église actuelle; et l'an 884, un prêtre nommé Théodelbert obtint de l'évêque Gozlin la permission d'y placer les reliques de saint Merry, dont la translation solennelle, présidée par les archidiacres, se fit au milieu d'une immense affluence de peuple, de religieux et de prêtres. Le nouveau sanctuaire eut dès lors son clergé, fut pourvu de dotations suffisantes et porta le nom de Saint-Merry conjointement avec celui de Saint-Pierre. L'église dut être refaite à peu près entièrement vers l'an 1200, et c'est alors qu'elle reçut le caractère et la forme qu'elle porte aujourd'hui : une nef étroite avec des bas-côtés et des chapelles en ceinture autour du chœur, sauf toutefois les restaurations qu'elle a subies au siècle dernier. La reconstruction du treizième siècle fit perdre de vue les origines du monument antérieur à cette époque; ce fut au temps de François Ier, en des fouilles qu'on exécuta alors, qu'on en put connaître le véritable fondateur. On découvrit un tombeau dans lequel se trouvait le corps d'un guerrier portant encore quelques-uns de ses attributs militaires et sur lequel on lisait cette inscription : « *Hic jacet vir bonae memoriae, Odo Falconarius, fundator hujus ecclesiae.* » Eudes le Fauconnier, fondateur de Saint-Merry, n'est-il pas le même que ce vaillant comte Eudes qui, avec l'évêque Gozlin, défendit si courageusement Paris contre les Normands? Il y a lieu de le penser. Le corps de saint Merry fut la meilleure richesse de l'église bâtie en son honneur. Il était renfermé dans une châsse d'argent massif ornée de pierres précieuses et soutenue par deux anges. On peut voir, dans le trésor de l'église de Longpont (diocèse de Versailles), un fragment de la chasuble de saint Merry, offrant les dessins les plus curieux et les plus bizarres, avec tous les caractères de l'art incorrect et grossier de ces âges barbares.

L'église de Saint-Leu pourrait nous offrir encore une assez riche collection de souvenirs sacrés, un sujet d'étude plein d'intérêt au point de vue archéologique et surtout une grande abondance de saintes reliques. Nous devons signaler surtout celle de sainte Hélène, mère de l'empereur Constantin; elle est d'une importance tout à fait exceptionnelle, si, comme on nous l'a assuré, elle comprend la plus grande partie du corps de la sainte. Dans le voisinage de Saint-Leu se trouvait l'église dite du Saint-Sépulcre avec le couvent du même nom ; près de là encore était l'hôpital de Saint-Jacques aux Pèlerins, « pour loger et héberger les pèlerins passants, allants et retournants de leurs voyages. » En 1810, le quartier général de la confrérie du Saint-Sépulcre fut établi dans l'église de Saint-Leu. Les membres de cette association militaire et religieuse y tinrent jusqu'en l'année 1823 leurs réunions dans la chapelle du Tombeau, à toutes les solennités de l'ordre. Le saint patron de cette église était de temps immémorial l'objet d'une dévotion spéciale dans les familles chrétiennes. On portait les petits enfants dans son église quelques jours après leur naissance, afin de les mettre sous sa protection, et l'on y allait en pèlerinage pour obtenir leur guérison et leur conservation. Lors de la naissance de Louis XIII, Henri IV fit dire une neuvaine de messes devant les reliques de saint Leu. Pendant neuf jours, encore on vit des députations du clergé et de la noblesse venir prier à Saint-Leu pour obtenir la conservation et la prospérité de l'enfant royal qui devait porter le nom de Louis le Grand.

A l'église de Saint-Gervais et de Saint-Protais se rattache encore l'origine d'une confrérie fameuse établie dans la chapelle de saint Eutrope, qui fut le centre d'un pèlerinage très-fréquenté. Un maçon, nommé Garin, était propriétaire d'une maison située au chevet de cette église, en face du mur extérieur de cette chapelle; il avait un fils qui était prêtre et s'appelait Harcher; tous les deux voulurent consacrer leur maison à de pieux usages et se mirent à donner l'hospitalité aux pèlerins qui venaient en grand nombre faire des neuvaines à l'autel de saint Eutrope et de saint Quentin pour les maladies dont on requiert lesdits saints [1], c'est-à-dire pour l'épilepsie, la paralysie, les convulsions et les rhumatismes. Cette destination de bienfaisance demeura attachée à la maison de Garin qui fut l'objet de plusieurs faveurs importantes de la part des rois et des papes, devint un hôpital fameux dès le temps de Louis VII et contribua à rendre la confrérie de Saint-Eutrope une des plus florissantes de la capitale.

Il faut se borner et laisser dans l'ombre d'autres souvenirs de pèlerinages anciens. L'église de Saint-Marcel où le tombeau du saint évêque fut, jusqu'au temps des invasions normandes, illustré par un grand nombre de miracles; celle de Saint-Médard; celle de Saint-Paul Saint-Louis, où reposaient les reliques de sainte Aude et dans laquelle demeura longtemps vivante la mémoire de saint Eloi. Celle de Saint-Jacques la Boucherie dont il ne reste plus que la tour aujourd'hui, et beaucoup d'autres encore auraient, s'il nous était loisible d'interroger leurs

---

1. Malingre, p. 596.

échos, à nous donner bien des récits intéressants ; et ce n'est pas sans regret que nous renonçons, pour ne pas étendre démesurément nos recherches, à poursuivre dans tous les sanctuaires de Paris le secret de l'attraction qu'ils ont exercée sur les populations religieuses à toutes les époques de notre histoire.

La châsse et les souvenirs de Saint-Vincent de Paul.

« Les restes des saints, a dit saint Jean Chrysostome, sont pour nous des excitants qui rappellent sans cesse la matière d'une sublime philosophie » [1]. Comment ne l'ont-ils pas compris, ceux qui se disent les sages de notre époque et qui poursuivent de leurs orgueilleux dédains les manfestations populaires de la piété en présence des tombeaux des saints? Ils parlent de philanthropie... Qu'ils en ouvrent des écoles et qu'ils la préconisent sur tous les tons, soit! mais qu'il nous montrent donc aussi les grands résultats de leurs discours. Nous avons un homme qui a plus fait dans sa vie pour le bien de l'humanité qu'eux tous dans les siècles passés, et dont les œuvres sont, au point de vue de la charité, les premières pour le présent et pour l'avenir. Il est pour le moins douteux que leurs plus belles paroles aient jamais quelque chose de la puissante influence que le souvenir de ses exemples exerce sur le monde. Oseront-ils nous critiquer encore quand nous irons visi-

---

1. Saint Jean Chrysostome, *Opera*, tom. I, hom. 47.

ter avec une pieuse émotion ces vêtements grossiers sous lesquels a palpité le cœur le plus noble et le plus généreux, le plus exclusivement dévoué à la charité et au bonheur de ses semblables, — quand nous essaierons de nous représenter ces traits si doux que tout le monde connaît, cette figure qui ne respire que la bonté, — quand, pénétrés d'un profond respect, nous nous approcherons de cette dépouille mortelle qui fut habitée par l'âme la plus magnanime et servit d'instrument aux choses les plus grandes et les plus merveilleuses? Qui donc soutiendra qu'il n'est pas bon de se trouver en face de pareils souvenirs, de se représenter aussi vivement que possible une pareille vie, de s'exciter à la charité, au sacrifice et au dévouement en contemplant ces objets imprégnés encore de l'arome de l'héroïsme et de la vertu? Chateaubriand n'a-t-il pas dit de Vincent de Paul que le siècle a dû lui pardonner son christianisme et que la philosophie pleure à son souvenir?

Allez donc, comme chrétien d'abord, comme homme de cœur ensuite, visiter non-seulement le tombeau de Vincent de Paul, mais tout un musée de ses reliques que la piété filiale de ses enfants en Jésus-Christ a réuni et qu'elle ouvre volontiers à la curiosité religieuse et à l'édification des fidèles. Allez-y comme Français, car c'est un saint éminemment national, c'est le bienfaiteur de la France et spécialement de cette Lorraine aujourd'hui mutilée, dont une partie, arrachée avec la malheureuse Alsace aux flancs de la mère-patrie, y laisse une blessure à jamais saignante.

Ce qui doit tout d'abord captiver votre attention et attirer vos hommages, c'est le corps même de l'apôtre de la charité. La châsse qui renferme ses précieux ossements n'est visible qu'en de rares circonstances. Quatre fois par an, elle est exposée publiquement dans l'église des prêtres de la Mission [1] : le 25 janvier, anniversaire de la fondation de la Mission ; le deuxième dimanche après Pâques, où l'on fait la fête de la translation des restes mortels de saint Vincent de Paul ; le 19 juillet, jour de sa fête ; et enfin le 27 septembre en l'honneur de sa mort qui eut lieu à cette même date, en l'année 1660. L'affluence est considérable à l'occasion de ces solennités dans la maison des Pères lazaristes. L'église est constamment remplie ; les prières et les vœux les plus ardents, répandus autour de la châsse du bienheureux, montent vers les cieux, et il ne se passe guère d'année sans que quelque miracle éclatant ne récompense ce culte de confiance et d'amour que Dieu bénit visiblement. Impossible de dire les grâces et les faveurs de toutes sortes obtenues dans ces jours par l'intercession de saint Vincent de Paul. Impossible de se rendre compte des nobles élans et des généreuses inspirations de charité chrétienne que viennent y puiser tous ceux qui, à quelque titre que ce

---

[1]. Rue de Sèvres, 95.

soit, sont les continuateurs de l'œuvre du saint prêtre. Ils y reçoivent aussi des consolations et des encouragements ceux qui sont les objets de l'inépuisable bienfaisance dont le mort glorieux est resté comme le cœur chaud et toujours vivant. Les pauvres, les orphelins, les enfants des ouvriers, les apprentis se pressent avec les infirmes et les vieillards autour de leur père; les membres de la société de Saint-Vincent de Paul, les frères, les prêtres de la Mission, les religieuses, les dames de charité y viennent chercher le courage et la science des sacrifices et des dévouements.

On dirait que la mort a perdu son empire, qu'il respire encore, le héros chrétien de la charité dont on découvre à travers les glaces de la châsse les formes et les traits véritables fidèlement reproduits. Un souffle de vie s'en exhale qui anime toutes les poitrines et fait battre tous les cœurs.

Saint Vincent de Paul avait été enseveli dans le chœur de l'église de Saint-Lazare, dans ce magnifique établissement qu'il avait fondé pour être le foyer et le centre de toutes les bonnes œuvres et qui n'est plus aujourd'hui qu'une triste prison. Son corps, enfermé en un double cercueil de plomb et de chêne avec cette inscription : « *Vincentius à Paulo, presbyter, institutor seu fundator et primus superior generalis congregationis Missionis, obiit die* XXVII *septembris, anno Domini* 1660, » fut déposé dans un caveau carré couvert d'une plaque de marbre noir. Son cœur avait été mis à part et renfermé dans un reliquaire par la duchesse d'Aiguillon.

La première exhumation eut lieu à l'occasion du procès de la béatification, le 19 février 1712, en présence du cardinal de Noailles, archevêque de Paris, de l'ancien évêque de Tulle, des sous-promoteurs de la Foi, de deux chirurgiens, du supérieur général de la congrégation de la Mission, du procureur de la cause et de quelques frères coadjuteurs. Ce fut à l'ouverture du tombeau une profonde émotion. On s'était demandé avec une certaine inquiétude dans quel état Vincent de Paul allait apparaître aux regards, après une sépulture de cinquante-deux ans. L'intégrité d'un corps, bien qu'elle ne soit pas rigoureusement requise pour la béatification ou la canonisation des serviteurs de Dieu, est toujours un préjugé favorable à la sainteté. La dépouille mortelle du saint prêtre avait été respectée par la mort. Après un examen minutieux, les témoins firent leur rapport et le terminèrent ainsi : « Nous pouvons attester, comme nous faisons, que nous avons trouvé un corps entier et sans aucune mauvaise odeur. » Le cœur et les autres reliques furent pareillement visités ; et, le tout ayant été remis en place et scellé, le 31 mars 1712, le cardinal de Noailles en envoya le procès-verbal au pape.

Entre les miracles nombreux attribués à l'intercession de Vincent de Paul, on en choisit huit qui furent soumis à l'examen de la congrégation des Rites.

tous marqués d'un cachet surnaturel tellement visible qu'il serait difficile d'avoir une préférence en faveur des uns plutôt que des autres. La congrégation en admit quatre seulement. C'est qu'on ne se fait pas une idée de la rigueur extrême avec laquelle sont jugés à Rome les faits présentés comme miraculeux, quand il s'agit de la béatification ou de la canonisation d'un saint. En vain en a-t-on établi la réalité par les attestations juridiques les plus convaincantes, le promoteur de la Foi les attaque avec la science et l'habileté de l'avocat le plus consommé et s'efforce d'établir, à l'aide des connaissances et de l'expérience de la médecine, que les guérisons peuvent être extraordinaires sans sortir de l'ordre naturel. Puis, ce sont de nouveaux examens, de nouvelles interrogations embrassant les faits dans leur ensemble et dans leurs détails, depuis le principe jusqu'à la fin, qui les environnent d'une telle lumière que la vérité doit éclater dans tout son jour ; et si les experts conservent le plus léger doute, tout est fini, les miracles ne sont pas admis. Cet examen dans la cause de Vincent de Paul ne dura pas moins de deux ans. Quatre miracles ayant été reconnus comme constants, Benoît XIII publia le bref de la béatification, le 13 août 1729, et la solennité en fut célébrée en grande pompe à Rome et dans toute la France [1].

La maison de Saint-Lazare eut la première les

1. Voir la *Vie de saint Vincent de Paul*, par l'abbé Maynard.

honneurs de cette auguste cérémonie. Le 25 septembre, Mgr de Vintimille du Luc, archevêque de Paris, s'y rendit et se fit lire, en présence du tombeau de saint Vincent, l'acte de béatification. Après quoi, en présence des témoins qui avaient assisté à la première exhumation, il fit apporter le cercueil sur deux tables couvertes d'un drap blanc, et en demanda l'ouverture. Cette fois, le corps du saint avait subi des altérations, il était affaissé et défiguré; les habits étaient changés et avaient perdu leur couleur. L'impression de l'air, lors de la première ouverture, à elle seule, eût suffi pour expliquer cette décomposition; mais l'humidité qui avait pénétré dans le cercueil à la suite de deux inondations dont les eaux avaient envahi la cour voisine, l'explique encore bien mieux. Les vêtements enduits de limon et putréfiés en certains endroits ne laissent aucun doute à cet égard; il ne s'en exhalait, d'ailleurs, aucune odeur désagréable.

Le 27 septembre, commença le *triduum* en l'honneur du bienheureux, où il fut pour la première fois, à Saint-Lazare et en France, invoqué solennellement : « *Sancte Vincenti à Paulo, ora pro nobis.* » Le corps du saint, auquel Mgr de Vintimille avait enlevé la main gauche et un autre ossement destiné au Souverain Pontife, fut enfermé dans une châsse provisoire et posé au milieu du chœur, sur une estrade que supportaient quatre pilastres couronnés de chérubins en bronze.

Il était urgent toutefois, si l'on voulait conserver les saints ossements, que le corps fut soumis à un traitement qui en séparât les chairs. Cette opération fut exécutée vers la fin de l'année. La chair broyée et soumise à diverses préparations chimiques, fut transformée en médailles à l'effigie du saint dont quelques-unes existent encore. Les os furent réunis par des fils de laiton et revêtus d'habits et d'ornements sacerdotaux pour figurer le saint personnage avec son visage assez exactement représenté; ils furent ensuite déposés dans une châsse en argent et portés à Saint-Lazare le 11 septembre 1730.

Cependant la cause de la canonisation était introduite à Rome. Le pape Clément XII s'y montrait favorable. De nouveaux miracles avaient été opérés par l'intercession de Vincent de Paul. La commission chargée de les recueillir en présenta quatre à la Sacrée-Congrégation, qui n'admit pas les deux premières guérisons, quelque évidemment miraculeuses qu'elles fussent, et n'en reconnut que deux : celle d'une religieuse de Montmirail, sœur Saint-Basile, atteinte depuis dix ans de paralysie, d'ulcères et d'autres infirmités d'une gravité extrême; et celle d'un marchand de Paris, marguillier de Saint-Laurent, qui s'était fait, en soulevant un fardeau, une blessure horrible par suite de laquelle se produisaient des crises où il perdait connaissance et où il y avait à craindre à chaque instant pour ses jours.

On donna à baiser à la religieuse de Montmirail le reliquaire contenant le cœur du saint; on commença une neuvaine et l'infirme se trouva le troisième jour complétement guérie de ses ulcères, de l'enflure et de la paralysie, elle quitta son lit le même jour au grand étonnement du couvent et de la ville. Le marchand de Paris s'était fait conduire à Saint-Lazare un jour où l'archevêque devait faire l'ouverture du tombeau de saint Vincent. A peine y fut-il arrivé et se fut-il mis en prières qu'il s'écria : « Je suis guéri! » revint chez lui, jeta au feu son bandage qui ne lui servit jamais plus. Ces deux miracles, reconnus comme tels par la Congrégation, établissaient qu'on pouvait procéder sûrement à la canonisation. Le 16 juin 1737, Clément XII en expédia la bulle. Des fêtes splendides en célébrèrent à Rome la solennité dans l'église de Saint-Jean de Latran; la maison de Saint-Lazare et toutes les églises de Paris et de la France ne tardèrent pas à s'y associer avec un vif enthousiasme. Le jansénisme, irrité de tous ces honneurs rendus au saint qui avait été un de ses adversaires les plus intrépides, fit de vains efforts pour arrêter le développement de son culte, souleva le Parlement qui lui appartenait presque tout entier, et lui fit publier un acte d'une extravagance inouïe, portant suppression de la bulle pontificale. L'univers chrétien ne s'en préoccupa, on le conçoit, en aucune façon.

Le culte de saint Vincent de Paul fut de bonne

heure atteint cependant par l'impiété qui s'efforçait de supprimer celui de Dieu. L'œuvre du saint fut continuée en silence par ses prêtres et par ses filles de Charité, sans jeter, dans la dernière moitié du dix-huitième siècle, le grand éclat qu'elle avait eu d'abord et qu'elle a repris de nos jours. En 1789, les doctrines du philosophisme matérialiste et impie produisirent leurs fruits; on vit, dans la nuit du 12 au 13 juillet, une troupe de brigands se livrer au pillage de la maison de Saint-Lazare. Des scènes révoltantes de destruction sauvage purent se passer alors à l'aurore de cette Révolution qui préludait déjà aux monstruosités de la Terreur. La dévastation commencée en 1789 s'acheva en 1792. Tout ce qui restait à Saint-Lazare, titres et archives, fut enlevé et transporté au dépôt de la municipalité de Paris, en même temps que le supérieur et ses religieux recevaient l'ordre de quitter la maison. On en fit une prison où s'entassèrent les victimes de la Révolution. Aujourd'hui, elle a toujours la même destination, mais elle est plus tristement habitée que par le passé. La chambre de saint Vincent de Paul avait été conservée avec un soin religieux dans l'état où elle se trouvait à sa mort; bouleversée dans le pillage de la maison, elle fut transformée en cellule; naguère encore deux lits de prisonnières avaient été placés en cet asile de sainteté. Les religieuses de Saint-Joseph ont obtenu enfin qu'on en fit une chapelle, et l'on y montre encore, dans l'embrasure de la croisée, la pierre sur laquelle Vincent avait coutume de s'agenouiller.

Qu'étaient devenues les saintes reliques de l'apôtre de la charité? On pourrait croire que tout avait péri dans un pareil désastre. Grâce à Dieu, ce malheur n'était point arrivé. La châsse d'argent du bienheureux avait été ouverte plusieurs fois depuis le 11 septembre 1730, soit pour changer quelque chose aux vêtements du saint, soit pour substituer à la représentation en carton qui s'y trouvait, une autre en argent doré. Le 30 août 1792, au moment où la maison fut envahie, les commissaires de la Révolution obligèrent les Pères lazaristes à livrer la châsse de leur saint fondateur. On fut assez heureux pour sauver son corps que le commissaire des biens nationaux voulut bien laisser, comme il l'a consigné lui-même en son procès-verbal : « Avons tiré une châsse d'argent doré, dans laquelle avons trouvé un squelette entier revêtu d'une aube blanche, etc. ; lequel squelette MM. les citoyens lazaristes nous ont demandé à extraire pour mettre dans une boîte de bois, ce que nous avons octroyé. »

La caisse qui reçut le précieux dépôt fut scellée du sceau de la congrégation et portée avec les objets sauvés du pillage chez le notaire de la maison, M. Clairet, qui la garda jusqu'en 1796 et la remit à M. Daudet, procureur général de Saint-Lazare. Le vicaire général de la Mission, M. Brunet, à son retour en France, en 1804, fut mis en possession des saintes reliques et les confia à la garde des filles de la Charité de la rue du Vieux-Colombier. Ces religieuses restèrent dans cette rue jusqu'en 1815 ; à cette époque, elles allèrent s'établir dans la rue du Bac, où elles sont encore et gardèrent le corps de leur fondateur jusqu'à la translation qui en fut faite en 1830.

Le cœur de saint Vincent avait été, dès l'année 1790, confié à un prêtre de la Mission, qui l'avait caché dans un in-folio éventré à cet effet. En 1792, le danger devenant plus imminent, le précieux reliquaire toujours enveloppé dans son in-folio, fut mis parmi les bagages des religieuses qui s'en allaient fonder un établissement à Turin et arriva heureusement avec elles en cette ville. Quand la guerre en chassa les religieuses et les missionnaires, le cœur avec plusieurs autres reliques de Vincent de Paul les suivit à Rome, d'où il revint à Turin quelques années après. En 1805, sur la demande du cardinal Fesch, l'archevêque de Turin qui croyait le restituer aux enfants de saint Vincent de Paul, l'envoya en France en destination de la maison de Paris. La sainte relique fut assez indûment retenue à Lyon, où elle est encore.

La caisse dans laquelle le corps du saint était enfermé fut, le 30 mars 1830, emportée de la maison de la rue du Bac à l'archevêché, où Mgr de Quelen en fit constater l'identité et la fit ouvrir en présence de plusieurs témoins ecclésiastiques et de médecins qui procédèrent à l'examen des saintes reliques. Quelques ossements en furent extraits, Mgr de Quelen refusa généreusement d'accepter la main du saint qu'on lui offrait et ne voulut pas en priver ses enfants. Les os, ayant été rétablis dans la position qu'ils doivent occuper, furent recouverts d'ouate et de soie avec toutes les précautions voulues pour assurer leur conservation ; le corps tout entier fut revêtu d'un premier habillement de soie blanche et scellé de quatorze sceaux. Il reçut ensuite les vêtements et les ornements sacerdotaux ; la tête et les mains avaient été exécutées en cire avec cette perfection qu'on sait donner à ces reproductions qui se rapprochent si merveilleusement de toutes les apparences de la vie réelle. Le crucifix dont Vincent s'était servi pour exhorter Louis XIII à la mort et que possédait l'église métropolitaine, fut extrait du trésor de Notre-Dame pour être mis entre les mains du saint qui resta ainsi plusieurs jours exposé à la vénération des fidèles.

Le 23 avril, la châsse destinée à le recevoir fut bénite par l'archevêque. C'est une œuvre splendide, sortie des ateliers de M. Odiot et qui, à l'exposition de 1827, avait fait l'admiration des visiteurs. Les dons et les offrandes des fidèles, du roi et des princes de sa famille en avaient couvert les frais, et la ville avait pu donner à son généreux bienfaiteur ce monument de sa piété digne du trésor qu'on devait y renfermer. Elle est en argent doré et forme un carré long de sept pieds de longueur sur deux et demi de largeur et de hauteur, dont les faces latérales sont fermées par des glaces. Le dessus assez légèrement cintré est porté sur des montants qui reposent sur des socles, le tout admirablement décoré, orné de rinceaux d'une grande richesse et d'un fini de ciselure merveilleux. Sur les montants antérieurs, de chaque côté, deux orphelins, un petit garçon et une petite fille, se tiennent debout dans l'attitude de la reconnaissance et de la prière : ils ont les mains jointes et les yeux tournés vers leur bienfaiteur et leur père qu'ils semblent invoquer. Au milieu du cintre, on lit dans un cartouche cette inscription en lettres d'or : « *Corpus sancti Vincentii a Paulo.* » Le tout est couronné par une statue de saint Vincent de Paul en argent, de trois pieds et demi de hauteur, qui représente le saint en habits sacerdotaux, à genoux sur un nuage, le front rayonnant et les mains tendues vers les cieux. Quatre anges l'accompagnent à son entrée dans la gloire, tenant en leurs mains des emblèmes de la religion, le calice, l'ancre, la corne d'abondance et la croix. L'intérieur est tendu de velours violet brodé en or. Un coussin surmonté d'un oreiller de même étoffe et de même couleur avec des glands d'or y fut disposé pour porter le corps du saint, qu'on y mit le même jour avec des procès-verbaux et des pièces d'authenticité.

La châsse fut reçue le lendemain à Notre-Dame, au milieu d'une cérémonie imposante à laquelle assistaient onze évêques ou archevêques, avec un immense concours de clergé et de peuple. Le dimanche 25 avril, eut lieu la translation solennelle à la maison-mère de la rue de Sèvres. Un cortége pompeux, un des derniers, hélas ! d'un caractère exclusivement religieux qu'il fût donné de voir se déployer dans les rues de Paris, l'accompagna depuis la métropole jusqu'à la chapelle des Lazaristes, où la châsse fut déposée sur une estrade au milieu du chœur. Neuf jours entiers, l'affluence ne cessa pas un instant autour des restes glorieux du serviteur de Dieu. Toutes les paroisses, toutes les communautés religieuses de Paris y vinrent faire de pieuses stations, avec un nombreux clergé et une telle multitude de fidèles qu'on eût dû se croire à la veille d'une de ces résurrections religieuses qui font époque dans un siècle. Ce n'était pourtant que le rayonnement d'un beau jour avant l'orage. Le roi vint prier au tombeau de Vincent, Mme la Dauphine et la duchesse de Berry s'y présentèrent également, et pourtant cette piété ne devait sauver, en ce moment, d'une terrible épreuve, ni la maison de Bourbon ni la France. On était à la veille du grand cataclysme de Juillet 1830. La religion eût été emportée dans la tempête si elle n'avait pas pour elle les divines promesses ; notre pays dut passer par une série de convulsions dont nous ne sommes pas encore remis à l'heure présente. Dieu ne permit pas toutefois que les projets de l'impiété contre sa loi sainte se réalisassent dans toute leur étendue.

> Celui qui met un frein à la fureur des flots,
> Sait aussi des méchants arrêter les complots.

Le corps de Vincent, un instant caché pour être mis à l'abri des profanations, ne tarda pas à reparaître et à reprendre sa place d'honneur. Cette glorification du héros de la charité n'assura pas seulement son triomphe personnel, elle donna à son esprit une influence nouvelle et jusqu'alors inconnue. Ce ne fut pas seulement la Société de Saint-Vincent de Paul qui prit bientôt naissance, ce fut un ensemble admirable d'institutions charitables qui se développa de toutes parts, qui enveloppa la France dans un tel réseau de bénédictions qu'il est bien permis de croire que cette nation, malgré ses erreurs et ses fautes, ne saurait être condamnée à périr.

Il ne peut entrer dans notre sujet de rechercher présentement quels peuvent être les innombrables souvenirs de saint Vincent de Paul qui subsistent encore à travers le monde; nous espérons bien, d'ailleurs, les retrouver quelque jour, spécialement quand nous aurons à parler du berceau de notre saint et du pèlerinage de Notre-Dame de Buglose qui en est voisine et qui eut toutes les prédilections du saint confesseur. Aujourd'hui nous sommes à la maison des Lazaristes et nous n'en sortirons pas sans avoir visité les objets qu'elle conserve et qui ont été sanctifiés par l'usage qu'en a fait Vincent de Paul pendant sa vie.

La salle qui garde toutes ces reliques est, comme on l'a dit, une sorte de musée religieux où l'on peut les voir soigneusement rangées en de hautes vitrines avec la désignation propre à chacune d'elles. Celles qui sont à droite en entrant, quel que soit leur intérêt, ne peuvent être ici l'objet d'une étude sans nous entraîner hors de notre sujet. Elles appartiennent, pour la plupart, au vénérable Perboyre, prêtre de la Mission, martyrisé au Tonking, au saint évêque de Genève, François de Sales, au vénéré curé d'Ars qui aura un jour, il faut l'espérer, les honneurs de la béatification et de la canonisation. Il est une relique cependant que nous ne pouvons manquer de signaler à l'attention de nos pieux visiteurs : elle est d'un ordre trop élevé et d'un trop haut intérêt pour qu'il soit permis de la passer sous silence. Elle se rattache directement, d'ailleurs, à une étude faite précédemment et que nous nous proposons de suivre dans ses développements toutes les fois que l'occasion s'en présentera.

Le prêtre de la Mission qui a bien voulu nous servir de guide dans notre visite au milieu de ces grands souvenirs de la sainteté, nous la fit tout spécialement remarquer et nous en raconta l'histoire qu'il est plus qu'aucun autre en mesure de bien connaître. Ce reliquaire ovale, si finement ciselé, est, avec l'exposition qui le supporte et qui lui donne l'aspect d'un ostensoir, un bijou exquis. Il contient deux reliques précieuses, plus précieuses que l'or et les diamants. C'est, au milieu, un double fragment, en forme de croix, du bois de la vraie croix, d'une couleur foncée, ayant au moins deux pouces de hauteur. Ce sont ensuite quatre épines de la sainte couronne du Sauveur. Elles sont blanches, fines et dures comme des aiguilles ; deux d'entre elles portent des traces de sang encore parfaitement visibles. Elles proviennent d'un arbrisseau dont le nom m'échappe, qui n'est ni le jonc marin, ni le *zizyphus spina Christi*, mais qui est assez commun en Judée. Nous savons déjà que le buisson sanglant dont fut couronnée la tête du Sauveur fut vraisemblablement composé d'épines de différentes sortes.

Ces saintes reliques se trouvaient à Venise et faisaient partie du trésor de Saint-Marc avant la Révolution. Elles furent, à cette époque, en raison des événements qui menaçaient leur existence, portées avec plusieurs autres dans une maison particulière où bientôt on ne les crut plus en sûreté. Un riche négociant dalmate, se trouvant alors à Venise, proposa de les acheter pour une somme considérable, afin de les soustraire au pillage. Il versa 38,000 francs et les emporta à Scutari, où elles reçurent les honneurs qui leur étaient dus. Il y a une quinzaine d'années, le prêtre de la Mission dont il a été parlé précédemment, se trouvant en Orient, eut des relations d'amitié avec le neveu du négociant dalmate, lequel avait hérité du trésor acquis par son oncle. Le religieux lui rendit très-gratuitement d'importants services et lui procura une audience du sultan, dont il tira de grands avantages. En 1861, alors qu'il ne songeait plus à ses bons offices et n'en attendait aucune récompense, il vit venir à lui celui qu'il avait obligé. « Je viens vous apporter, mon père, lui dit le jeune homme, le prix de ce que vous avez bien voulu faire pour moi. — Mais vous vous trompez, lui fut-il répondu ; je vous ai servi à titre d'ami, et je ne veux rien recevoir. — Oh ! vous ne refuserez pas ce que j'ai à vous présenter. » Et, tirant de dessous son manteau le merveilleux reliquaire, il l'offrit au missionnaire qui ne put contenir sa joie à cette vue et s'empressa d'accepter, au nom de la congrégation, la seule richesse qui put le tenter. L'évêque de l'église dans laquelle la relique avait été gardée, interrogé par lui, ne put que manifester sa douleur de la voir perdue pour ses diocésains, mais dut reconnaître qu'elle était offerte par celui qui en était le vrai propriétaire, en même temps qu'il envoya tous les titres qui établissent sa parfaite authenticité.

Hâtons-nous maintenant de passer en revue d'autres objets, qui, pour être d'un ordre différent, n'en ont pas moins, même auprès d'un pareil trésor, leur valeur et leur intérêt. Voici d'abord, parmi ces souvenirs de Vincent de Paul, plusieurs des objets qui furent à son usage, alors qu'il avait le visage tourné vers l'autel ou qu'il célébrait le saint sacrifice. C'est d'abord une pierre sacrée sur laquelle il a dit la messe ; c'est ensuite un fort beau calice style Renaissance, qui n'est peut-être toutefois que le *fac simile* de celui dont se servait Vincent ; puis ce sont des canons d'autel sur vélin avec de fort belles miniatures, un présent offert au saint par quelque haut personnage ; c'est encore une étole en damas rouge, une autre étole pastorale en drap d'or que son corps saint a porté autrefois longtemps dans son ancienne châsse ; c'est, enfin, une chasuble en damas blanc dont la croix est brodée en tapisserie avec l'image de la patronne de Paris. Cet ornement lui servit *alors qu'il était curé de Gentilly*. Des vêtements qui furent à son usage dans la vie ordinaire, on a conservé : sa soutane, c'est un drap commun et grossier ; son manteau, avec lequel on le représente presque toujours, abritant sous ses plis quelque pauvre orphelin qu'il a trouvé grelottant de froid auprès de quelque borne, dans la neige peut-être ; des linges, qui enveloppaient ses jambes ; les souliers qu'il portait dans les derniers temps de sa vie, lourde et forte chaussure qui n'est point celle d'un homme délicat et dont il a fallu entailler le cuir en plusieurs endroits, sans doute parce que les pieds du serviteur de Dieu étaient malades, ces pieds qui l'ont porté à tant de missions évangéliques et auxquels s'appliquait si bien cette parole : « *Quam pulchri pedes evangelizantium!* » On a pareillement dans son intégrité le vêtement de mortification que portait le saint, son cilice moitié crin et moitié grosse toile, puis une ceinture toute en crin dont il ne reste plus qu'une partie. Voici encore des fragments des vêtements avec lesquels il avait été enterré et un morceau de bois de son cercueil, puis les rideaux de grosse étoffe grise qu'on l'obligea de laisser mettre à son lit quelques jours avant sa mort, et encore le chandelier de sa chambre qui éclaira les derniers instants de sa vie et brûla auprès de son lit de mort quand il eut rendu son âme à Dieu. Il faut remarquer encore le bréviaire dans lequel le saint prêtre récitait si pieusement son office ; ce sont deux volumes in-8° dont la reliure n'est pas de l'époque de Vincent de Paul. Tous les deux sont ouverts ; dans le premier, les pages portent l'office du 18 et du 20 juillet. Vincent allait, par sa fête fixée au 19 du même mois, occuper la place laissée libre entre ces deux jours. Après le bréviaire, c'est le chapelet du saint, dont les six dizaines sont formées de grains de bois enfilés dans un cordon, et qu'il portait d'ordinaire pendu à sa ceinture. Vous remarquerez aussi le sceau que Vincent de Paul donna à sa congrégation. Le cachet porte la figure du Christ debout, envoyant ses apôtres prêcher l'Évangile. Nous n'avons pas revu le vieux parapluie en lambeaux qui avait été à son usage, il est conservé toutefois par les missionnaires et ne manque pas d'exciter vivement la curiosité des visiteurs. Voici, enfin, deux petites fioles qui contiennent, réduit comme en poussière, du sang de Vincent de Paul très-visible à travers le cristal; puis, un reliquaire qui renferme un de ses os et quelque partie de sa chair. Nous terminerons cette nomenclature, qui n'est pas complète, en jetant un regard de pieux attendrissement sur le crucifix de sa chambre. C'est en présence de cette sainte image que Vincent a tant de fois senti dans la méditation son cœur s'embraser et qu'il a conçu tant d'œuvres de charité, tant de généreux desseins; c'est devant elle qu'il s'agenouillait chaque fois qu'il sortait de sa cellule et chaque fois qu'il y rentrait. La vue seule de ce crucifix n'est-elle pas la plus éloquente de toutes les prédications?

Chaque année, aux fêtes de saint Vincent de Paul, des grâces innombrables, sont obtenues par son intercession dans son sanctuaire, auprès de la châsse dans laquelle son corps repose, prouvent de la manière la plus évidente l'efficacité de sa protection. Ce ne sont pas seulement des faveurs spirituelles et invisibles qui sont accordées à ceux qui le prient. Il est rare qu'à l'occasion de ces solennités, il n'y ait pas un ou plusieurs faits miraculeux, opérés plus spécialement en faveur des petits et des pauvres. Vincent n'est-il pas leur père et leur patron dans les cieux, comme il le fut sur la terre?...

La Salle des Martyrs au séminaire des Missions étrangères.

Nous n'avons pu que saluer en passant, dans la maison des Lazaristes, les souvenirs du vénérable Perboyre, un de ces nobles messagers de la bonne nouvelle au milieu des nations infidèles, qui a scellé de son sang le témoignage qu'il rendait à Jésus-Christ; nous savions que nous allions en trouver de semblables, en beaucoup plus grand nombre, dans une autre maison qui, depuis l'époque de sa fondation, en 1663, n'a cessé d'envoyer des ouvriers apostoliques dans le monde entier, spécialement en Chine, en Cochinchine, au Tonking et dans la Corée.

Le séminaire des Missions étrangères a toujours été fidèle à son nom comme à sa vocation, et c'est dans son sein que la cause de la propagation de la Foi a trouvé ses représentants les plus illustres et les plus dévoués. Ses premiers pas dans le monde furent marqués par des persécutions sanglantes qui sont, pour une œuvre comme celle-ci, le meilleur des baptêmes et la plus fructueuse des bénédictions célestes. Mais c'est à notre époque surtout, depuis l'année 1815 jusqu'à nos jours, que le martyre est devenu l'apanage de ses enfants. Evêques et prêtres missionnaires, prêtres et chrétiens indigènes, tous ont, avec un admirable courage et une foi magnanime, offert généreusement leur vie et payé le tribut sanglant, quelques-uns au milieu des plus affreuses tortures.

Comme aux jours de la primitive Eglise, on a vu les nouveaux chrétiens de ces contrées saluer avec enthousiasme la gloire du trépas de leurs apôtres ou de leurs frères, s'encourager de leurs exemples et recueillir avec un soin jaloux les restes des martyrs, les instruments de leur supplice, leurs vêtements ou les objets consacrés par l'usage qu'ils en avaient fait, les conserver comme des saintes reliques et les vénérer, en particulier d'abord, mais avec la confiance qu'ils seraient un jour l'objet des honneurs religieux du monde catholique. Leur piété ne les avait pas trompés, car l'Eglise a déjà déclarés vénérables tous ces confesseurs du Christ, et il ne paraît pas douteux que plusieurs d'entre eux n'aient un jour la gloire de la béatification et de la canonisation.

Les chrétientés d'Orient, quelque prix qu'elles aient attaché à la possession des restes des martyrs, ont pensé que le pays qui les avait évangélisées avait droit à partager ces trésors avec elles. A différentes reprises furent faits par elles de nombreux envois d'ossements ou d'objets sanctifiés, spécialement à la maison des Missions étrangères de la rue du Bac. Autour du corps de M?^{gr} Borie, reçu en 1842 et déposé avec la châsse qui le contient dans une chambre réservée à cette destination, d'autres restes vénérables vinrent se ranger successivement avec une foule de choses dignes d'intéresser la piété : lettres autographes, vêtements, linges ensanglantés, chaînes, cangues, instruments de supplice, etc. La salle qui contenait ces richesses fut visitée d'abord par les seuls habitants du séminaire qui non-seulement aimaient à rendre ainsi leurs pieux hommages à ceux qui les avaient précédés dans la carrière, mais encore venaient puiser à cette vue et dans ce contact fortifiant l'énergie nécessaire pour marcher sur leurs traces et se montrer dignes de leurs exemples. Puis, ce furent des fidèles qui sollicitèrent et obtinrent la faveur d'être admis à contempler les trésors de la Salle des Martyrs. Peu à peu le public religieux fut informé et se présenta si fréquemment aux portes de la sainte demeure, qu'il fallut les ouvrir à tous. Il n'est pas de jour, depuis lors, où l'on ne compte, quelquefois en très-grand nombre, des visiteurs empressés autour des saintes reliques dont l'accès n'est jamais interdit à personne.

Jetons d'abord un coup d'œil sur ces tableaux étranges qui sont appendus aux murs de la salle. Ce sont des peintures exécutées par des chrétiens de ces plages extrêmes de l'Orient que nos missionnaires évangélisent. Elles reproduisent avec une vérité naïve, une recherche scrupuleuse de l'exactitude et du détail, un caractère saisissant de réalité, les scènes du martyre des confesseurs ; elles trahissent en même temps une grande inexpérience du dessin, une négligence absolue des lois de la perspective, un goût bizarre dans l'agencement des couleurs, d'où résulte dans tous ces tableaux une singulière originalité. Ces grandes estampes sont au nombre de treize et tapissent avec quelques portraits toute la salle dans sa partie supérieure. Elles se ressemblent non-seulement par les traits généraux que nous avons indiqués, mais encore par la disposition et l'ordonnance des scènes qui les composent. On y voit d'abord l'arrestation du martyr, celle de Mgr Borie, par exemple, qu'on aperçoit à peine caché par quelques maigres broussailles et trahi par sa grande taille qui le désigne aux émissaires envoyés à sa poursuite. Après, c'est l'interrogatoire du confesseur conduit par des satellites en présence du mandarin assis sur son tribunal. C'est ensuite la marche au martyre, au milieu d'un cortége qui ne manque ni d'éclat ni de solennité. Vient enfin l'exécution : les satellites sont rangés en cercle avec leurs lances plantées en terre devant eux; sur une natte, au milieu, se tient le confesseur en des attitudes diverses suivant le genre de mort qu'il doit subir. Ici le martyr est couché, on lui coupe successivement les pieds, les mains, les genoux, jusqu'à ce qu'il expire dans cet horrible supplice. Ailleurs, il est debout, attaché à un poteau ; des bourreaux arrachent des morceaux de sa chair en différents endroits de son corps, c'est le supplice des cent plaies. M⁸ʳ Borie est agenouillé, déjà tout ensanglanté par les coups de sabre qu'il a reçus, il va être frappé du dernier qui lui tranchera enfin la tête. Toujours se trouve à proximité du martyr et plantée dans le sol la planche longue et étroite sur laquelle est écrite sa sentence de mort ; à ses pieds encore, voici ses chaînes détachées et sa cangue qu'on a sciée pour la lui enlever. Un officier donne lecture de l'acte de condamnation. Au signal du mandarin, le tam-tam retentit et les bourreaux se mettent à l'œuvre, tandis qu'en dehors du cercle des soldats, apparaissent de nombreux chrétiens qui veulent être témoins de la victoire du confesseur et s'apprêtent à tremper dans son sang des linges qui seront pour eux de précieuses reliques.

En entrant dans la salle, on a devant soi, à l'extrémité opposée, treize châsses placées sur des gradins, contenant des ossements des martyrs, missionnaires, prêtres indigènes ou simples fidèles. Sur le gradin supérieur, la première à gauche est celle de Joachim Ho qui fut étranglé pour la Foi, le 9 juillet 1838, à Koug-Yang, en Chine. Ses ossements y sont enveloppés en trois paquets recouverts de soie rouge avec le sceau de la Mission. C'est M⁸ʳ Albrand qui les fit exhumer en 1852 et les envoya au séminaire des Missions étrangères. La deuxième, sur le même gradin, renferme les ossements du vénérable Gagelin, prêtre missionnaire du diocèse de Besançon, étranglé à Hué en Cochinchine, le 17 octobre 1833. Cette châsse est scellée et n'a pas été ouverte depuis qu'on l'a reçue en 1847. La troisième, qui occupe le milieu, contient presque tous les ossements de Mgr Pierre Dumoulin Borie, prêtre du diocèse de Tulle, de la congrégation des Missions étrangères, envoyé au Tonking en 1830, qui reçut ses bulles d'élection à l'évêché d'Acanthe dans sa prison d'où il ne sortit que pour aller au supplice, le 24 novembre 1838. Son corps fut exhumé une année après et trouvé dans un état de parfaite conservation. Par un regrettable malentendu, les chairs qu'il eût été facile de préserver de la corruption furent consumées avec de la chaux vive, de sorte qu'en 1842, Mgr Retord ne put envoyer à Paris que les ossements du vénérable martyr. On peut les voir à travers les glaces de la châsse ; la mâchoire inférieure porte du côté droit une large entaille faite par le sabre du bourreau. C'est le 3 août 1843 que la maison des Missions étrangères reçut ces précieuses reliques et les mit à la place qu'elles occupent aujourd'hui. La quatrième châsse est celle du vénérable Jacquard qui fut étranglé en Cochinchine, le 21 septembre 1838. Ses ossements y furent déposés huit ans plus tard par M. Sohier, qui en avait fait l'exhumation. A côté des restes du martyr se trouvent ceux de son compagnon Thomas Thien qui mourut avec lui. Sur le gradin inférieur on voit quatre grandes caisses en laque faites en Cochinchine dans lesquelles ont été mis en 1855 par Mgr Pellegrin, vicaire apostolique de la Cochinchine septentrionale, les restes de quatre chrétiens indigènes martyrisés dans ce pays. Elles n'ont pas été ouvertes. A côté d'elles, on remarque encore quatre autres caisses plus petites qui contiennent les petits ossements de quatre autres martyrs. La troisième est celle de Mgr Gabriel Taurin-Dufresne, qui fut décapité en 1815. La salle possède enfin plusieurs autres ossements dont nous ne donnons pas la nomenclature, ayant à nous occuper maintenant des autres souvenirs de la vie et de la mort des confesseurs.

Ces souvenirs qui se composent d'objets ayant servi à leur usage ou à leur supplice sont extraordinairement nombreux. Les chrétiens indigènes ont apporté le plus grand soin à les réunir et quelquefois ont acheté des bourreaux à prix d'or les dépouilles sanglantes des martyrs. Au fond de la salle, à gauche, se trouve d'abord la cangue tout entière et nullement coupée de Mgr Borie; cet instrument se compose de deux longs et énormes montants en bois pareils à ceux d'une échelle, avec deux traverses au milieu pour y passer la tête du vénérable confesseur. On a de lui encore son calice qui a été redoré, le crucifix qu'il porta au martyre, son étole pastorale blanche et violette et plusieurs lettres autographes. Les souvenirs du vénérable Schoeffler sont des lettres autographes, divers ustensiles dont il se servait pour prendre ses repas, des vêtements, un scapulaire, les liens dont il fut garrotté, sa chaîne de fer et sa sentence de mort écrite en caractères chinois sur une planchette haute de soixante-cinq centimètres qui fut plantée devant lui pendant qu'on l'exécutait. Voici ensuite la chaîne de fer pesant au moins six livres du vénérable Jacquard, son collier de fer, un livre, des lettres datées de sa prison de Aï-ko, et la corde qui servit à l'étrangler. Plus loin, ces cordes de rotin sont celles qui attachèrent le vénérable Cornay au poteau de bambou auquel il fut exécuté et dont vous avez plusieurs fragments sous les yeux. Dans ce reliquaire ovale sont les cheveux du martyr. Voici sa bourse, son vêtement annamite, le tapis que les chrétiens étendirent sur la natte où il allait être mis à mort; il est taché de son sang et coupé en plusieurs endroits, sans doute par la hache qui trancha les membres du confesseur de la Foi. Puis, ce sont des lettres qu'il écrivit lorsqu'il était à Doaï, enfermé dans une cage étroite où le prisonnier ne peut se tenir ni debout ni couché. Ajoutez à ces lettres celles du vénérable Marchand datées de sa prison de Saïgon, des vénérables de la Motte, Imbert, Maubaut-Chastan, Gagelin, Bonnard, Chapedlaine, Gabriel Taurin-Dufresne, la lettre d'adieu écrite en latin par André Kim, prêtre indigène, et qui porte pour signature : « André, missionnaire apostolique de Corée, « enchaîné pour Jésus-Christ, le huitième jour de la « sixième lune de l'an 1846. » Examinez encore tous ces objets, chaines, morceaux de cangues, sentences de condamnation, linges trempés de sang, vêtements, cheveux des martyrs, cordes et liens qui ont serré leurs membres ou suspendu leurs têtes aux murs de la ville, et mille autres dont la nomenclature serait interminable ; ayez le courage de suivre toutes les marques des tortures infligées aux confesseurs, bravez le sentiment d'horreur dont nous pénètre toujours le sang répandu, et cherchez avec une pieuse avidité tous les souvenirs de ces morts glorieuses. Une telle vue est saine, elle fait du bien, elle retrempe nos âmes trop amollies et se pose en face de notre égoïsme et de nos lâchetés, comme la plus énergique et la plus convaincante de toutes les protestations.

LES PÈLERINAGES EXPIATOIRES

La Chapelle du 21 janvier.

Il est juste que le crime atteigne et frappe le coupable dans ses conséquences, que le glaive des lois dont la société est armée pour sa défense lui inflige ici-bas une première expiation et que les châtiments éternels de l'autre vie achèvent l'œuvre de la justice, à moins que le repentir n'ait provoqué la miséricorde de Dieu. Dans tous les cas, la réparation est complète et l'ordre est rétabli. Fût-il entouré de toutes les circonstances qui semblent lui promettre l'impunité, le mal ne doit pas échapper à cette action vengeresse. Cette loi morale, qui s'applique aux individus dans toute son étendue, n'épargne pas les sociétés non plus quand un peuple a pris part à quelque grande iniquité, quand, par la faiblesse des uns, par la complicité ou la violence des autres, un crime est en quelque sorte devenu national. Sans doute, il n'y a pas de vie future pour les nations, pas de châtiments qui puissent les atteindre comme telles dans un autre monde; mais il entre dans le cours ordinaire de la Providence qu'elles aient leur part de peine ou de récompense, suivant qu'elles l'ont méritée. La vengeance peut tarder à venir, mais elle a son heure. Quand une nation est frappée dans sa prospérité, dans sa fortune ou dans ses gloires, atteinte dans son intégrité, menacée jusque dans son existence, elle peut accuser toujours l'imprévoyance ou la faiblesse des hommes, le hasard des événements et je ne sais quelle fatalité des choses qui toutes se tournent contre elles; mais, soyez-en sûr, au principe même de tous ces revers, il y a quelque grand méfait qui n'a point été suffisamment expié et dont Dieu poursuit le châtiment.

Qui pourrait dire de quel poids a pesé dans la balance de la vengeance le sang du Roi-martyr, versé sur l'échafaud révolutionnaire le 21 janvier 1793, et combien de temps encore la France portera la peine de cet acte sanglant qui fut tout à la fois un crime monstrueux et la plus grande faute politique qu'on pût commettre ?

Ce n'est pas, on le conçoit, une simple protestation ni même l'érection d'un monument religieux qui peuvent réparer de pareils attentats; c'est avec des larmes qu'un peuple doit laver une pareille tache. Cependant comme la justice suprême peut se laisser fléchir et faire miséricorde aux peuples comme aux individus, il n'est pas douteux que les prières qui d'un tel sanctuaire montent vers les cieux, aient leur efficacité. Les monuments expiatoires sont réclamés par le sentiment de la justice, de la religion et des plus hautes convenances, et rien n'est plus vénérable que les pèlerinages qui s'y font.

Cette réparation envers la grande mémoire du Roi-martyr ne fut que trop tardive. Au sortir des horreurs de la Révolution, le pays, revenu à lui-même, eût dû l'accomplir sur le champ. Le premier Empire toutefois, entraîné en des voies politiques qui ne pouvaient être celles de l'ancienne Monarchie, ne crut pas devoir y songer. La Restauration seule devait en poursuivre la réalisation, et ce fut effectivement un de ses premiers soucis.

Le matin même du 21 janvier 1793, quelques instants seulement après l'exécution de l'infortuné monarque, un tombereau que la force armée escortait franchissait la porte du cimetière de la Ville-Evêque, ou de la Madeleine, comme on l'appela plus tard. Une fosse de dix pieds de profondeur avait été ouverte dans un coin du funèbre enclos. Le tombereau s'ouvrit, un cercueil en fut descendu et déposé sur une couche de chaux préparée au fond de la fosse pour le recevoir. On le recouvrit d'une autre couche de même nature qu'on battit fortement, puis alternativement de terre et de chaux, jusqu'à ce que l'ouverture fût comblée. Le procès-verbal de cette inhumation, à laquelle assistait une foule nombreuse qu'on n'avait pu en éloigner, fut dressé et constata que le corps de Louis Capet qui venait d'être décapité sur la place de la Révolution, avait été de la sorte conduit et enterré au cimetière de la Ville-Evêque.

Il avait ainsi consommé son sacrifice, le descendant d'une longue suite de rois, le fils de Louis, dauphin de France et de Marie-Josèphe de Saxe, Louis XVI, le Roi-martyr. Après les adieux déchirants qu'il avait pu faire à sa famille, dans lesquels il avait mêlé ses larmes à celles de la reine, de Madame Elisabeth et de ses enfants, il avait, au sortir de sa prison du Temple, pris la route de l'échafaud, tendu ses mains royales aux liens du bourreau, gravi les degrés lugubres, tandis que l'abbé Egdeworth lui adressait ces fières paroles : « Fils de saint Louis, montez au ciel ! » et posé sa tête sous l'ignoble couperet qui allait se teindre longtemps encore du sang le plus pur et le meilleur de la France ; et ses restes mortels avaient été précipitamment conduits à la destination que la Révolution leur assignait.

On allait faire en sorte qu'ils n'y demeurassent pas longtemps solitaires. Neuf mois plus tard, son épouse, la reine Marie-Antoinette, citée à la barre de la Convention, était condamnée à mort le 15 octobre et exécutée le lendemain avec des raffinements de cruauté et un luxe d'indignités qu'il n'entre pas dans notre sujet de raconter. Sa dépouille mortelle était, comme celle de Louis XVI, conduite au cimetière de la Madeleine, déposée dans une fosse voisine de celle du roi qui fut immédiatement fermée de la même manière et avec les mêmes précautions.

Aucun signe extérieur ne marqua les tombes royales; mais l'endroit précis avait été scrupuleusement observé par quelques fidèles serviteurs de la royauté, qui ne le perdirent pas de vue un seul instant. Le terrain ayant été mis en vente quelque temps après, ce fut un ancien magistrat, M. Desclozeau, très-dévoué à la famille royale, qui, dans un but de pieuse sollicitude, s'en rendit acquéreur et ne craignit pas, dès ce moment, de couvrir de fleurs le terrain où reposaient les nobles dépouilles.

Au retour des Bourbons, le 18 janvier 1815, on exhuma d'abord le corps de Marie-Antoinette et le lendemain celui du roi. On trouva les squelettes avec leur tête entre les jambes, la chaux avait promptement consumé les chairs. Le 20 janvier, Louis XVIII ordonna l'érection de la chapelle expiatoire, dont la première pierre fut posée le lendemain par le comte d'Artois dans la fosse même où Louis XVI avait été enterré vingt-deux ans auparavant à pareil jour. Les restes mortels de la reine et du roi furent immédiatement transportés à Saint-Denis pour y prendre place au milieu des tombeaux vides des rois, dont la Révolution avait jeté les cendres au vent. La construction de la chapelle expiatoire fut poursuivie sans retard sous la direction de MM. Percier et Fontaine, qui, dans la construction de ce monument, s'appliquèrent à se rapprocher autant que possible des formes qu'il convient de donner aux tombeaux, et à imprimer à l'ensemble un caractère de tristesse solennelle, en rapport avec le souvenir des royales infortunes que tout ici doit rappeler.

L'enclos funèbre au milieu duquel s'élève le monument, est situé entre le boulevard Haussmann, la rue Neuve des Mathurins, la rue d'Anjou et la rue Pasquier ; il était autrefois entièrement planté d'ifs et de cyprès qui lui donnaient rigoureusement l'aspect d'un cimetière, on en a fait un square depuis; quelques arbres funéraires se dressent encore çà et là avec deux ou trois saules éplorés au milieu des massifs de verdure et de fleurs ; et la sombre tristesse du lieu, égayée par ces plantations nouvelles où circulent librement l'air et la lumière, par ces larges allées où viennent jouer les enfants, a fait place à je ne sais quelle douce mélancolie qui vous prépare encore, par une transition bien ménagée, à la visite du monument expiatoire.

On rencontre d'abord un vestibule dont la façade se compose de trois avant-corps. Il donne accès par six marches en un préau bordé de cippes funéraires, sur lesquels on lit les noms de quelques victimes de la Révolution ensevelies dans ce cimetière de la Ville-Évêque. Au fond du préau, se dresse un portique de quatre colonnes ioniques, derrière lequel s'élève la coupole qui embrasse à elle seule toute la chapelle. On y arrive par une allée bitumée, bordée à droite et à gauche de plates-bandes de gazons avec des haies de rosiers. La chapelle forme une croix dont toutes les branches, à part celle qui est en avant, sont arrondies et fermées par de demi-coupoles qui s'appuient sur la grande coupole. Dix marches conduisent au péristyle, et l'on a devant soi l'autel de marbre richement décoré, qui est construit sur le lieu où reposèrent les restes mortels de Louis XVI et de Marie-Antoinette. A droite et à gauche, se trouvent deux groupes de marbres fameux, dus au ciseau de MM. Bosio et Cortot, représentant, le premier Louis XVI soutenu par un ange qui du doigt lui montre les cieux, le second Marie-Antoinette qui s'appuie sur la Religion figurée sous les traits de Madame Elisabeth.

Tout cet intérieur, sans être surchargé de décorations, est d'une grande richesse ; le jour y descend à flots par la rosace de la coupole, et prête aux marbres et aux bronzes beaucoup d'éclat et de splendeur.

On visite tous les jours la chapelle expiatoire, et c'est moins le sentiment de la curiosité que celui d'une émotion de piété douloureuse qu'on lit sur la figure des visiteurs. Le grand jour du pèlerinage est naturellement le 21 janvier. La chapelle ne désemplit pas et son enceinte est beaucoup trop étroite pour contenir la foule qui se presse et vient assister aux messes dites pour les augustes victimes de la Révolution. Les plus nobles familles de France y sont représentées ; et les princes d'Orléans, aujourd'hui réconciliés avec le chef de la maison de Bourbon, se font un devoir d'y venir joindre leurs pieux hommages à ceux des serviteurs les plus fidèles de la royauté.

La crypte des martyrs aux Carmes.

Tout le monde a pu voir, il y a quelques années à peine, dans le jardin de la maison des Carmes, rue Vaugirard, un modeste oratoire auquel se rattachaient des souvenirs pleins d'émotion. On l'entourait d'un tel respect qu'on hésita longtemps à le détruire lors du prolongement de la rue de Rennes et qu'il fut question de le laisser debout au milieu d'un square. On l'appelait la Chapelle des Martyrs. C'est là que, le 2 septembre 1792, alors que les premiers assassins qui devaient commencer les massacres de cette triste journée, envahirent le jardin des Carmes, se réfugièrent un bon nombre de prêtres, moins pour fuir la mort que pour l'attendre dans le recueillement et la prière, sous l'œil de Dieu auquel ils offraient le sacrifice de leur vie et sous le regard de Marie dont la statue occupait le fond de cet humble asile. Après avoir égorgé quelques prêtres dans les allées, rencontré l'archevêque d'Arles, Mgr Dulau, qui fut une des premières victimes, les meurtriers se jetèrent sur ceux qui étaient dans la chapelle et déchargèrent sur eux leurs fusils et leurs pistolets. Les victimes tombaient les unes sur les autres, les vivants étaient arrosés du sang des mourants. L'évêque de Beauvais eut la jambe brisée par une balle et tomba au milieu des morts déjà nombreux et des blessés, que les assassins allaient achever. Dans le même temps, les prêtres épars dans le jardin étaient poursuivis par les assassins : les uns étaient abattus à coups de sabre ; d'autres tombaient sous les balles, les baïonnettes et les piques, dans les allées, sous les charmilles, le long des murs, au bord du bassin : partout le sang ruisselait. Ce fut la première phase de cet épouvantable massacre. Les égorgeurs qui étaient partis de la section du Luxembourg et qui avaient pénétré dans les bâtiments du monastère, s'étaient livrés trop vite à leur sanglante besogne. On craignait qu'en agissant avec une telle précipitation, il n'y eut des victimes qui parvinssent à s'échapper à la faveur du désordre. C'est ce que vint signifier aux assassins le sinistre Maillard, qui leur annonça en même temps qu'on allait procéder bientôt avec plus de régularité.

La chapelle avait reçu sa consécration sanglante. Jusque-là elle n'avait été qu'une simple salle de conférences ; elle allait devenir, à juste titre, un des sanctuaires les plus vénérés de la capitale. Comme elle était, jusqu'en ces derniers temps, religieusement visitée ! Avec quel pieux respect on soulevait, pour satisfaire la curiosité de ceux qui s'y présentaient, le parquet dont on avait recouvert les dalles toutes rouges encore du sang des martyrs ! De larges taches restaient également visibles sur l'enduit des murailles derrière les boiseries. Ce ne fut donc qu'après bien des hésitations qu'on se décida enfin à démolir ce monument de souvenirs si vénérables. On pensa qu'il ne serait plus à sa place au milieu d'un square, qu'il lui fallait l'ombre et le silence et non pas la bruyante agitation des foules circulant à l'entour. Sa disparition n'en fut pas moins un malheur. Ici comme ailleurs, on fit passer l'inflexible ligne droite qui a supprimé dans Paris tant de souvenirs historiques et religieux.

Hâtons-nous de le dire cependant, les exigences regrettables de la construction moderne devaient avoir leur compensation. On savait qu'il devait se trouver tout près de là un puits dans lequel avaient été jetés en grand nombre les corps des confesseurs de la Foi immolés dans cette journée du 2 septembre. On en avait perdu la trace, et les tentatives faites à diverses reprises pour le retrouver étaient restées sans résultat. Quelques-uns même pensaient que cette tradition n'avait qu'un caractère purement légendaire. Les fouilles qu'on fut obligé d'exécuter alors ne devaient pas tarder à donner à ces récits l'éclat d'une confirmation publique. On trouva bientôt en effet l'ouverture du Puits des Martyrs, comme on l'appelait déjà : au-dessous d'une épaisse couche de chaux destinée à consumer les corps qu'elle recouvrait, existait un vide d'environ 2 mètres ; au fond, gisaient en très-grand nombre et parfaitement conservés les ossements des victimes, en telle quantité qu'on ne peut pas évaluer à moins de soixante-dix ou de soixante-quinze le nombre des martyrs ensevelis en ce puits. Ce chiffre est loin de représenter la totalité des prêtres qui furent massacrés aux Carmes le 2 septembre. On estime qu'il y eut en tout deux cent quarante-quatre victimes, dont cent quatre-vingt-dix-sept ecclésiastiques, cinq laïques et quarante-deux inconnus. L'autorité révolutionnaire enjoignit de porter tous ces cadavres au cimetière de Vaugirard. Comment donc cette prescription ne fut-elle pas exécutée pour tous indistinctement ? Cela tient sans doute à ce qu'il y eut deux phases dans le massacre des Carmes. Quand la première scène de carnage eut pris fin, comme on l'a dit, à la voix de Maillard, on fit rentrer les prisonniers dans l'église des Carmes où ils étaient détenus d'ordinaire et de laquelle ils ne sortaient qu'une fois par jour pour faire une promenade dans le jardin. On fit l'appel nominal ; on constata l'identité des prisonniers, le refus qu'ils avaient fait de prêter serment à la constitution civile du clergé ; et dès lors on les fit sortir deux par deux de l'église, on leur fit traverser l'étroit corridor qui de la sacristie conduit au jardin : sur le seuil même de la porte, les bourreaux les attendaient et les frappaient à coups de pique ou de sabre à mesure qu'ils passaient. Il se trouvait, près de là, un if au pied duquel furent entassés tous les cadavres du second massacre. Ce furent ceux-là sans doute qui, se trouvant réunis et à proximité de la rue, furent mis sur des charrettes et conduits au cimetière de Vaugirard. Les autres étaient restés épars dans les allées, sous les charmilles, à travers le jardin, ou se trouvaient dans l'oratoire : on les précipita dans le puits, pour s'épargner la peine de faire un nouveau transport au cimetière. Il ne peut y avoir aucun doute sur l'authenticité des ossements découverts, un grand nombre portent parfaitement visibles les traces des balles et autres coups dont les victimes furent frappées. En présence de ces restes, ce n'est pas seulement une grande et profonde émotion qui doit s'emparer du cœur, c'est le sentiment d'une haute vénération religieuse ; sans doute, ce ne sont pas des reliques de saints canonisés par l'Eglise, mais ce sont les ossements certains de martyrs du Christ dont les âmes sont entrées dans la gloire, comme, aux premiers siècles chrétiens, y entraient celles dont les corps sanglants recevaient la sépulture des Catacombes.

Qu'on se rappelle seulement quelques-unes des scènes au milieu desquelles tombèrent ces héros chrétiens qui, comme le dit une inscription en leur honneur, « n'avaient pas voulu enfreindre la sainte loi de Dieu et pour cela étaient massacrés : *Noluerunt infringere legem Dei sanctam et trucidati sunt* [1] ».

Le premier qui fut égorgé fut le Père Gérault. Il

---

1. Machab.

récitait son bréviaire auprès du bassin. Il continua de prier et ne se laissa point détourner de cette sainte occupation par les cris de fureur des assassins, qui se jetèrent sur lui, le renversèrent d'un coup de sabre et le percèrent de leurs piques.

L'archevêque d'Arles était dans l'allée qui conduit à l'oratoire. On l'avait vu grand au milieu des insultes, sans peur devant les menaces, intrépide déjà devant la mort et répondant quelque temps avant à l'un de ses frères, prisonnier avec lui, qui lui disait : « Monseigneur, voilà les assassins ! — Eh bien, si le bon Dieu demande notre vie, le sacrifice doit être tout fait. » Puis, un peu après, il avait ajouté : « Remercions Dieu d'avoir à lui offrir notre sang pour une si belle cause. » — Le dernier instant, quelque horrible qu'il dût être, ne devait pas faire fléchir sa grande âme. Des assassins du Midi s'avancent vers lui : « C'est donc toi, scélérat, qui es l'archevêque d'Arles. — Oui, messieurs, c'est moi, » répond-il simplement. En même temps il reçoit deux coups de sabre qui lui fendent le visage. Le prélat, sans pousser un cri, debout encore, porte ses deux mains à ses blessures, reçoit un troisième coup et tombe enfin. Un des assassins enfonce sa pique dans la poitrine de l'archevêque avec une telle violence que le fer ne put en être arraché.

« Qui êtes-vous? demande-t-on à l'abbé Guilleminet. — Je suis, répond-il, comme les martyrs des premiers temps, chrétien catholique, apostolique et romain. » Au moment où le jardin fut envahi par les meurtriers, l'abbé Després, vicaire général de Paris, avait dit en se rendant à la chapelle : « Allons-y, nous ne pouvons être mieux pour mourir qu'au pied de la croix. » Quelques prêtres, lors du second massacre, purent s'échapper par une porte dissimulée qu'on voit encore au fond d'un confessionnal dans l'église des Carmes ; on pressait l'évêque de Saintes d'en profiter pour sauver ses jours : « Et mon frère ? » répondit le prélat. Il refusa absolument de se séparer de l'évêque de Beauvais, son frère, blessé par une balle dans la chapelle et qu'on avait dû mettre sur un matelas dans l'église. Le prélat, qui gisait avec sa jambe brisée sur sa couche sanglante, eut la force de répondre : « Présent, » quand on appela son nom, mais il n'avait pas celle de se traîner jusqu'au lieu du supplice : il demanda qu'on voulut bien l'y porter, et ses vœux furent exaucés.

Voilà les hommes dont a découvert les ossements. Certes, leur trépas a été assez glorieux pour que quelque honneur soit accordé à leurs cendres, pour que les fidèles soient appelés à venir contempler et vénérer ces restes des héros de la Foi. Ce sont des exemples et des souvenirs qu'il faut rappeler et faire revivre en nos âges où les convictions sont flottantes, les caractères languissants, où l'on se plaint de l'universelle décadence qui vient assurément de ce qu'on ne sait plus comme autrefois vivre et mourir quand il le faut pour sa croyance, pour la justice et pour Dieu.

Celui qui eut la bonne pensée de recueillir ces précieux débris du martyre était digne d'en poursuivre l'exécution. Il semble bien que la Providence daigna choisir entre tous l'artisan d'une œuvre pareille : celui-là même qu'elle avait désigné déjà pour une gloire semblable à celle des confesseurs de la Foi et qui ne pensait pas alors qu'un si grand honneur dût lui être réservé dans un avenir prochain, Mgr Darboy, consacra ses soins les plus empressés et les plus pieux à donner aux martyrs une sépulture digne d'eux.

A peine leurs ossements eurent-ils été découverts en juin 1867, au moment où l'oratoire des Carmes était démoli, que Mgr Darboy s'occupa de faire disposer la crypte de l'église qui avait servi de prison aux illustres victimes pour recevoir avec leurs restes précieux tous les souvenirs de leur sacrifice.

L'église, un instant fermée au public, ne tarda pas à s'ouvrir de nouveau, au mois de novembre, avec les dispositions qu'il nous reste à décrire.

L'église des Carmes est située au n° 68 de la rue de Vaugirard. Elle possède une très-belle crypte qui était le lieu naturellement indiqué pour le dépôt qu'on allait lui confier. Il fallait seulement l'approprier à sa nouvelle destination ; et c'était un travail assez considérable, car il fallait donner plus d'élévation aux voûtes et faire disparaître les nombreuses séparations qui la partageaient en caveaux distincts les uns des autres. Ce soin fut confié à un habile architecte, et l'œuvre a été exécutée avec une entente parfaite et avec beaucoup d'art dans son ensemble comme dans ses détails.

Au fond d'une cour de dimensions assez restreintes, entourée de cloîtres, se dresse la façade de l'église, récemment restaurée dans le vrai caractère de l'architecture du dix-septième siècle qui ne manque pas ici de cachet et d'harmonie, grâce à la simplicité des lignes et à la sobriété des ornements. Vous vous trouvez, quand vous avez franchi le seuil, dans cette enceinte où, depuis le 10 août jusqu'au 2 septembre, furent enfermés la plupart des ecclésiastiques arrêtés à Paris ou dans les environs. La porte par laquelle ils durent sortir pour aller au martyre se trouve à votre gauche dans la chapelle de la sainte Vierge. Du côté opposé, vous trouverez la porte dissimulée dans un confessionnal qui sauva la vie à quelques détenus. Vous verrez aussi un vieux fauteuil envoyé par leur famille aux évêques de Beauvais et de Saintes, François-Joseph et Pierre-Louis de Larochefoucauld. Vous pourrez observer que l'intérieur de cette église est d'une assez riche décoration, qu'il y a de belles peintures sur les boiseries d'un petit oratoire à droite, que la coupole avec ses fresques est particulièrement remarquable. Mais ce n'est pas là le sanctuaire qui sollicite au plus haut point notre religieuse attention.

A l'entrée même de l'église, vous vous êtes trouvé en face d'une grille qui entoure l'ouverture pratiquée pour donner un facile accès à la crypte, au risque de briser un peu l'harmonie de la ligne du sol, ce qui n'est d'ailleurs qu'un assez mince détail en présence d'un intérêt d'un autre ordre. Vous descendez par vingt-sept degrés dans une première salle souterraine voûtée qui sert de vestibule au sanctuaire de la crypte. A la lueur d'un très-beau lustre en bronze du temps de Louis XIII, vous reconnaîtrez qu'un goût sûr et sévère a présidé à tous les arrangements de cette première pièce. Vous ne lirez pas sans émotion le nom du prélat qui a fait pour les autres ce qu'un jour on fera pour lui, et qui, à quatre-vingts ans de distance, est allé rejoindre ceux qui ont illustré son Église, revêtu lui-même de la pourpre sanglante des confesseurs de la Foi. Des cippes à droite et à gauche de la porte d'entrée, des guirlandes de bronze le long des murs, des peintures sur les faces latérales complètent l'ornementation. Les fresques représentent des anges qui écrivent sur des cartouches, d'un côté la fondation des hautes études instituées par Mgr Affre, de l'autre les événements du 2 septembre et la découverte récente des ossements des martyrs. Vous remarquerez à gauche une reproduction très-exacte de la petite chapelle du jardin telle qu'elle était en 1792, alors qu'elle avait servi seulement de salle de conférences, avec son dallage de pierre, ses bancs de bois adossés aux murailles, le tout taché de sang, avec la statue de la sainte Vierge dans une niche au fond de cet humble oratoire.

De ce vestibule, on entre de plein pied dans la salle voisine qui est, à proprement parler, le sanctuaire, la chapelle des martyrs d'aujourd'hui et qui en porte le nom. Elle a la forme d'une croix latine, les bras du transept ont peu d'étendue ; sa longueur totale est de 12 mètres sur 8 de largeur. Au-dessus de l'autel qui est encore provisoire et occupe le milieu de la croisée, pend un lustre de bronze du même style que le précédent, mais beaucoup plus grand. La lumière est assez abondante quand il est éclairé ; s'il ne l'est pas, il faut se contenter de la lueur des flambeaux qu'on porte à la main pour visiter cette chapelle souterraine. Aux extrémités du transept à droite et à gauche, s'élèvent deux monuments remarquables par leur disposition et dignes par leur destination d'une haute vénération. Ce sont de vastes reliquaires qui présentent, rangées en lignes horizontales et verticales, de nombreuses alvéoles creusées dans leur face antérieure. Toute cette partie affecte la forme de ce qu'on appelait, chez les anciens Romains, un *columbarium*. Dans chacune de ces alvéoles reposent sur des tablettes couvertes de velours les crânes ou les os des martyrs auxquels une place d'honneur devait être donnée, parce qu'ils portent la trace visible des blessures glorieuses faites par le fer ou le plomb des bourreaux, comme on peut le constater à travers les glaces et les grilles qui les protègent.

Ces monuments sont couronnés par des frontons formés par des volutes, au milieu desquelles se dresse la croix parmi les palmes et les couronnes. Sur chacun des frontons, se tiennent deux petits anges gracieux de pose et d'expression qui portent, l'un un glaive, l'autre une couronne. Les artistes, architecte et statuaire, ont admirablement entendu et exécuté leur œuvre qu'on dirait être d'un seul bloc.

Le défaut de lumière permet à peine de lire les inscriptions que la Sainte-Ecriture a fournies en l'honneur des martyrs : « *Visi sunt oculis insipientium mori; illi autem sunt in pace.* » Les noms des victimes sont plus à la portée du regard et se lisent mieux. Ils sont écrits en lettres d'or sur des plaques de marbre noir. A cet effet, quatre monuments plus petits que les colombaires ont été érigés aux quatre angles saillants du transept : ils sont du même style, à demi engagés dans la maçonnerie, accompagnés de guirlandes et de flambeaux renversés, incrustés dans les parois des murs. Le sol que vous foulez sous vos pieds n'est pas une terre commune, c'est d'abord la terre qu'on a retirée du Puits des Martyrs et qu'on a recouverte de dalles prises dans l'oratoire du jardin, de celles qui ne portent pas d'empreintes sanglantes. Celles qui sont revêtues de ces marques vénérables ont été soigneusement recueillies et mises à part. Nous allons les visiter maintenant.

Par des portes qui s'ouvrent des deux côtés du *columbarium* de droite, on arrive, en montant quelques marches, dans un caveau qui a d'étendue 8 mètres sur 4 et dont les parois sont revêtues jusqu'à la hauteur de 5 à 6 pieds par les dalles les plus remarquables de la chapelle des Martyrs. Ce revêtement forme un stylobate surmonté d'une frise dorée, supporté de distance en distance par des pilastres dont les chapiteaux sont formés par des lampes à verres rougis, d'où la lumière se répand avec une teinte qui donne à cette ornementation un caractère tout particulier.

L'autre *columbarium* est flanqué à droite et à gauche de deux petits caveaux, où il n'y a à chercher aucune décoration. Dans le premier ont été rangés tous les ossements qui ne portaient pas la trace de quelque blessure ; on peut y remarquer cependant plusieurs crânes qui ont été sciés évidemment après le trépas des victimes ; dans quel but ? On l'ignore, et l'on reste rêveur en présence de ces marques étranges. L'autre caveau contient des objets divers qui ont été trouvés dans le puits et qui étaient en contact avec les ossements des martyrs. Ce sont des débris d'armes, d'outils, de verres, dont la provenance n'est pas déterminée d'une manière précise.

Ici se termine l'inspection de ce grand reliquaire. On peut de là, en passant derrière l'autel provisoire, se rendre dans la troisième partie de la crypte, qui est très-spacieuse et éclairée par trois baies à vitraux. Contre un pillier, on voit en entrant la statue de la sainte Vierge ; c'est celle qui était dans la chapelle démolie des Martyrs et qui occupait la niche creusée au fond de cet oratoire. L'enceinte de cette salle est bordée par des pierres tombales incrustées dans les parois verticales de la muraille. Celle du milieu est consacrée à la mémoire de Mme de Soyecourt qui fit l'acquisition de cette maison des Carmes vendue avec ses dépendances comme bien national, dans l'intention de la rendre à sa destination religieuse quand les temps seraient devenus meilleurs. Elle y établit d'abord un couvent de Carmélites ; et plus tard, en 1845, la maison fut cédée à Mgr Affre qui y fonda les hautes études ecclésiastiques.

C'est le 1er novembre 1867 que fut faite la bénédiction de la crypte nouvelle qui fut placée sous le vocable de Tous les Saints. La messe y fut ensuite célébrée par l'archidiacre de Sainte-Geneviève, en présence d'un grand nombre de prêtres et de fidèles. Depuis lors, ce sanctuaire était devenu cher à la piété. On y trouvait l'ombre propice au recueillement, l'impression saisissante de souvenirs douloureux, mais salutaires et fortifiants ; il était ouvert tous les vendredis ; plusieurs messes y étaient célébrées dans la matinée ; le soir, à quatre heures, on y donnait le Salut en présence d'une assistance nombreuse et recueillie. La guerre et tous les malheureux événements de ces dernières années sont venus malheureusement interrompre ces pieux usages. Le sanctuaire qu'avait ouvert aux restes des martyrs de 1792 la piété de Mgr Darboy, est aujourd'hui trop oublié. C'est peut-être que des événements pareils à ceux qu'il rappelle, accomplis en nos jours, ont diminué l'intérêt des souvenirs de la première Révolution, ou bien que ces horreurs renouvelées sous nos yeux inspirent comme une répugnance instinctive à porter les regards sur les pages sanglantes de notre histoire. Malgré cela, nous ne devons pas être infidèles à la mémoire de nos martyrs. Plus les bourreaux sont repoussants et exécrables, plus grandes sont les victimes; et sur ces feuillets tachés de sang et de boue, ce sont les gloires de l'Eglise et du clergé qui sont inscrites en caractères ineffaçables.

Si d'autres gloires moins pures que celles-là, mêlées de beaucoup d'illusions et demeurées stériles peuvent vous intéresser, n'oubliez pas, ne fut-ce qu'à titre de contraste, de visiter aux Carmes la chambre dans laquelle les Girondins furent enfermés et où l'on vint les chercher pour les conduire à l'échafaud. Il y a certes là de la grandeur encore, en dépit d'une pose théâtrale qui a la prétention d'en imposer à la postérité. Lisez sur ces murs les nombreuses inscriptions dont ils les ont couverts. C'est partout le même souci de se draper dans la vertu fière et hautaine et de tomber avec un stoïque dédain. Ce sont des réminiscences classiques où sont mis à contribution les poëtes, les historiens et les philosophes : « *Æquam memento rebus in arduis servare mentem. — Ecce par Deo spectaculum homo cum adversis compositus!* » Grands et nobles sentiments chez ces païens du dix-huitième siècle ! Nous ne pourrions nous empêcher de les plaindre, s'ils n'avaient pas voté la mort du Roi et laissé commettre tant d'horreurs qu'à la fin leur trépas dût en continuer la série. Eh bien! nous aimons mieux nos modestes héros chrétiens qui n'ont point posé pour la postérité et sont morts simplement comme ils avaient vécu, en protestant par leur sang répandu en faveur des droits sacrés de l'âme et de la conscience, et nous nous rappelons cette parole qui leur est appliquée : « Aux yeux des insensés, ils ont paru ensevelis dans la mort, et voilà qu'ils sont dans la paix. »

LES MARTYRS DE LA COMMUNE

La Roquette. — Le boulevard d'Italie. — La rue Haxo.

Il nous faut avoir l'énergie d'aller jusqu'au bout de la voie douloureuse dans laquelle nous nous sommes engagé et, dussions-nous soulever encore les hontes plus tristes et plus récentes qui souillent les pages de notre histoire, nous consoler du moins en saluant les gloires de notre Eglise partout où nous en trouvons les traces vivantes et ineffaçables. Toutefois, les malheurs de notre pays et les lamentables forfaits qui en ont fait un instant un objet d'épouvante et d'horreur pour toutes les nations du monde, en tant qu'ils touchent aux questions politiques et sociales qui nous divisent et nous menacent toujours, ne sauraient être en aucune façon un sujet à traiter dans cet ouvrage. Nous ne voulons en voir que le côté qui peut édifier la piété et fortifier la foi. C'est donc simplement un pèlerinage que nous allons faire encore, sinon dans l'acception théologique du mot, du moins avec le caractère religieux qui en est inséparable.

Comment le chrétien ne les visiterait-il pas, ces lieux encore fumants du sang de nos derniers martyrs, pleins du souvenir de leur sacrifice, et toujours retentissants des clameurs et des injures des bourreaux comme aussi des généreux accents des victimes ?

Nous demanderons donc, tout d'abord, au préfet de police, l'autorisation nécessaire pour pénétrer dans la prison des condamnés à la Roquette, où furent transférés la plupart des otages de la Commune, le 22 mai, à l'heure où l'insurrection criminelle aux abois ne rêvait plus que le massacre et l'incendie. La Roquette est partagée par la rue qui en porte le nom, en deux parties distinctes : à gauche, quand on va de la Bastille au cimetière du Père-Lachaise, on a les bâtiments où sont renfermés les jeunes détenus ; à droite, ces murs élevés, sans ouverture, sinistres d'aspect, sont ceux de la prison des condamnés à mort, dont la lugubre destination dût être, pour les infortunés qu'on y amenait, un présage qui n'allait être que trop promptement justifié.

De Mazas, le trajet avait été long et pénible. Entassés dans les fourgons de la poste, les prisonniers avaient dû traverser, au milieu des insultes de la populace, le faubourg Saint-Antoine et le quartier de la Bastille. Ils y arrivèrent à la nuit tombante, et se trouvèrent, pour la première fois, réunis un instant dans le vestibule qui forme le palier du grand escalier de la maison, prêtres, religieux et laïques, groupés autour de leur archevêque en des sentiments indicibles, en des scènes de touchante effusion, au milieu desquelles ils purent se compter et se reconnaître, car on procéda immédiatement à l'appel nominal des otages. Un brigadier les introduisit ensuite dans le long corridor du premier étage et chacun fut enfermé au milieu d'une obscurité complète dans la cellule qui lui était destinée. Les cellules ont pour tout mobilier un lit qui se compose d'une paillasse et d'une couverture jetées sur des ais grossiers. Pas de table ni de chaise : ce n'est pas une demeure, c'est un local où celui dont les heures sont comptées peut attendre la mort.

Mgr Darboy occupa d'abord la cellule n° 1 : c'était une des plus tristes et des plus incommodes ; l'abbé de Marsy put le lendemain lui faire accepter la sienne au n° 23. M. Bonjean était au n° 2, Mgr Surat au n° 3, M. Deguerry au n° 4, le P. Olivaint au n° 42, le P. Clerc, au n° 6, et le P. Allard au n° 7 ; toutes ces cellules sont au premier étage de la prison ; d'autres prisonniers étaient répartis dans les étages supérieurs.

La Commune était pressée d'en finir, ne se dissimulant pas qu'elle touchait elle-même à ses derniers moments. Dès le lendemain 23 mai, elle envoya à la Roquette l'ordre d'exécuter immédiatement les otages qu'on y avait amenés la veille. Le directeur de la prison trouva moyen d'éluder cette injonction sous prétexte d'un défaut de forme dans la rédaction. Et ce jour-là, vers le soir, les prisonniers qu'on laissait sans vivres et que la faim torturait déjà, purent se voir quelques instants, et le P. Olivaint eut la consolation d'offrir à l'archevêque quelques débris de pain et de chocolat qu'il avait conservés. Le lendemain ou, suivant une autre version, le même jour au soir, un secours plus précieux fut offert au prélat. Les Pères Jésuites avaient apporté avec eux quelques hosties consacrées. Monseigneur communia en viatique, et bon nombre de prêtres eurent le même bonheur. Tous les otages, d'ailleurs, ecclésiastiques ou laïques, se confessèrent et reçurent l'absolution. Il était temps. Pour plusieurs d'entre eux, la journée du 24 devait être celle de la dernière heure. Un nouvel ordre parti de la mairie du onzième arrondissement prescrivait l'exécution immédiate de soixante otages. Sur les représentations du directeur de la Roquette, la Commune consentit à décimer seulement ses victimes pour le moment; mais elle se réserva le droit de les choisir. Les plus nobles têtes étaient naturellement celles que devait frapper la proscription sanglante.

Donc, le mercredi 24, sur les sept heures et demie du soir, une cinquantaine de fédérés se présentaient à la Roquette, sommaient le directeur de les conduire au corridor du premier étage où se trouvaient les principaux prisonniers, et les *Vengeurs de la Commune*, ayant à leur tête le nommé Viricq, l'occupèrent et le traversèrent. Là, quelqu'un d'entre eux cria : « Attention, citoyens! Répondez à l'appel de vos noms.

Citoyen Darboy ! » — Monseigneur répondit d'une voix accentuée : « Présent ! » L'appel continué désigna cinq autres victimes : M. Bonjean, le P. Ducoudray, le P. Allard et le P. Clerc, ces trois derniers de la compagnie de Jésus ; le dernier désigné fut M. Deguerry, curé de la Madeleine. A chaque appel, une cellule s'ouvrit et les condamnés en sortirent pour se placer avec de leurs sauvages bourreaux qui les reçurent avec des insultes et des huées. Les victimes se rendirent à l'extrémité du corridor où se trouve un escalier tournant qui donne accès au chemin de ronde. On descendit, un par un, ces degrés sombres et étroits, et l'on se trouva dans la cour qui précède l'infirmerie. Monseigneur s'avança devant le peloton d'exécution et adressa quelques paroles de pardon à ces misérables. Deux de ces hommes, assure-t-on, se jetèrent à ses genoux et furent brutalement repoussés par leurs camarades qui se mirent à insulter les victimes avec une telle furie que le chef de la bande ignoble ne put s'empêcher de dire : « Camarades, nous avons mieux à faire que de les injurier, c'est de les fusiller. » Et comme le lieu de l'exécution n'avait pas même été désigné, on fut sur le point de mettre à mort les prisonniers à cette place même. On observa toutefois qu'on était trop près de la prison et sous les regards des autres détenus, qui, de la fenêtre de leur cellule, pouvaient suivre tous les détails de cette scène sauvage. Il fut donc décidé qu'on se rendrait dans le second chemin de ronde pour être à l'abri de tous les regards. Le brigadier se mit en tête; les condamnés le suivirent, l'archevêque donnant le bras à M. Bonjean, le curé de la Madeleine entre le P. Ducoudray et le P. Clerc, et l'abbé Allard marchant seul le dernier; autour des victimes et après elles, il y avait des fédérés, des hommes et des enfants armés. Il fallut parcourir dans toute sa longueur le premier chemin de ronde pour arriver au deuxième dont la porte dut être forcée. On la franchit, et le funèbre cortége cessa dès lors d'être en vue pour les autres prisonniers de la Roquette. On suivit encore le deuxième chemin dans toute sa longueur en sens inverse, du premier jusqu'à l'angle sud-est, où l'on s'arrêta. Les victimes furent rangées alors sur une ligne contre la haute muraille d'enceinte, ainsi qu'on l'a conjecturé d'après les traces des balles sur le mur; un premier feu de peloton eut lieu. Cinq martyrs tombèrent. Monseigneur seul resta debout, et ne tomba qu'à la seconde ou même à la troisième décharge. On présume qu'il dut y avoir une certaine hésitation, même chez ces bandits, à frapper le prélat. Le misérable qui les commandait, eut toutefois, dit-on, le triste courage de tirer un dernier coup à bout portant sur l'archevêque tombé [1].

Quoi qu'il en soit, ce n'est plus une terre vulgaire et commune, celle qui a bu le sang des six nobles vic-

---

1. D'après les récits de l'abbé Amodru, du P. Pontlevoy, de M. Rastoul, etc.

times. Ce qui nous conduit en ces lieux, ce n'est pas seulement le désir de voir le théâtre où s'accomplit cet horrible drame, c'est surtout le besoin de rendre de pieux hommages à d'illustres et glorieuses mémoires. Sans doute, pas plus que les martyrs du 2 septembre 1792, ceux-ci ne sont point déclarés par l'Eglise dignes de la vénération des fidèles, mais qui donc hésiterait à la leur accorder?

Au lendemain des obsèques de Mgr Darboy, Louis Veuillot, oubliant devant la majesté d'une telle mort tous les dissentiments du passé, a écrit ces lignes : « Que la mémoire de Georges Darboy, archevêque de Paris, témoin de Pierre, vicaire du Christ, témoin du Christ Fils unique de Dieu, soit à jamais bénie! » Un pareil langage fait honneur à celui qui l'a tenu : et comme il est autrement digne que celui de la passion jalouse et rancunière qui s'efforce encore de mordre et de déchirer les lauriers sanglants du prélat !

Cependant les autres détenus de la Roquette se préparaient à la mort qui leur semblait aussi prochaine qu'inévitable. Le jeudi 25 fut une journée d'angoisses; toutefois, la Commune aux abois et fort occupée des moyens de prolonger sa résistance négligea de prélever le tribut du sang parmi les otages. Les assassins se reposaient ici, mais ils travaillaient ailleurs.

Le vendredi 19 mai, les Pères dominicains de l'école d'Albert le Grand, à Arcueil, avaient été arrêtés avec leurs professeurs et leurs domestiques par un membre de la Commune à la tête du 101ᵉ bataillon des fédérés et emmenés prisonniers au fort de Bicêtre. La garnison qui l'occupait dut l'abandonner le 25 au matin. Quelqu'un songea alors aux prisonniers et leur dit : « Vous êtes libres, seulement vous allez nous suivre aux Gobelins. » Pendant le trajet, les otages furent insultés et plusieurs fois menacés de mort ; et quand ils furent arrivés à la mairie des Gobelins, au lieu d'obtenir la liberté qu'on leur avait promise, ils furent conduits à la prison disciplinaire du secteur au n° 38 de l'avenue d'Italie. Là, se trouvait Cerisier avec le 101ᵉ bataillon. Vers deux heures de l'après-midi, on imagina de conduire les prisonniers à la barricade. Les balles y pleuvaient, et les fédérés ne pouvant y tenir emmenèrent leurs captifs et les réintégrèrent dans la prison du secteur. A quatre heures et demie, on les fit sortir sur l'ordre de Cerisier, qui se plaça à la porte extérieure et commanda aux otages de sortir un par un dans la rue. C'est là, au n° 38 de l'avenue d'Italie que devait s'accomplir le massacre. Le P. Captier sortit le premier, en criant : « Allons, mes amis, pour le bon Dieu ! » Il fut, au même instant, frappé de plusieurs balles et tomba. Avec le vénérable prieur, furent pareillement massacrés quatre autres religieux dominicains, les PP. Bourard, Cotrault, Chataigneret et Delhorme, deux professeurs auxiliaires, et les domestiques de l'école ; en tout, douze victimes qui ont rougi cette place de leur sang.

A la Roquette, le drame, interrompu pendant vingt-quatre heures, recommençait le vendredi 26. Les prisonniers n'eurent pas, suivant l'ordinaire, la permission de descendre ce jour-là dans le chemin de ronde à l'heure de la promenade qu'ils durent faire dans leur corridor. Tout à coup un délégué de la Commune, avec une escorte de fédérés, se présente, fait ranger les prisonniers en face de lui, annonce qu'il lui faut quinze victimes et ordonne que chacun réponde à l'appel de son nom. Le P. Olivaint, appelé le premier, répondit : « Présent » ! et, traversant le corridor, alla se placer au milieu des bourreaux. Ainsi firent ceux dont les noms furent successivement désignés ; deux autres Pères Jésuites, le P. de Bengy et le P. Caubert, rejoignirent le P. Olivaint ; quatre Pères de Picpus, puis l'abbé Sabatier, vicaire à Notre-Dame de Lorette, l'abbé Planchat, directeur du patronage de Charonne, et un jeune séminariste de Saint-Sulpice, l'abbé Seigneret, âgé de vingt ans. Cinq laïques pris dans ce même corridor du premier étage, une quarantaine de gendarmes tirés de la deuxième division des prisonniers furent adjoints à ces dix ecclésiastiques, et le funèbre cortége se trouva composé et prêt à prendre le chemin du supplice. Cette fois, ce ne fut plus un trajet de quelques pas dans l'enceinte du chemin de ronde ; ce fut une route longue et douloureuse, un véritable chemin de la croix qui allait conduire les victimes à leur Calvaire. L'exécution devait avoir lieu à Belleville, dans la rue Haxo. Il fallait, pour y arriver, traverser l'espace de 3 kilomètres, des quartiers remplis d'une population hostile et haineuse qui s'attroupait autour des voitures et mêlait ses clameurs furibondes aux insultes des fédérés de l'escorte. Ce fut d'abord la rue de la Roquette qu'on suivit jusqu'au cimetière du Père-Lachaise ; là, on prit le boulevard à gauche jusqu'à la rue des Amandiers, la Chaussée de Ménilmontant jusqu'au boulevard de Puébla, où l'on s'engagea jusqu'à l'intersection de la rue des Rigolles, pour aboutir à la rue de Belleville et à la mairie du vingtième arrondissement ; puis, on monta jusqu'à la rue Haxo où l'on tourna à droite pour arriver au numéro 85 où se trouve, sur le plateau de Saint-Fargeau, entre Ménilmontant et Belleville, la cité de Vincennes, séparée de la rue Haxo par une grille qui reste ouverte pendant le jour. Après avoir traversé un espace bordé de maisonnettes et de petits jardins potagers, on arriva dans une grande cour en face d'un bâtiment assez vaste, quoique de médiocre apparence, qui, pendant le siège de Paris, avait servi à l'état-major du 2ᵉ secteur et était devenu depuis un des quartiers généraux de l'insurrection [1]. C'est là qu'au fond d'un mauvais jardin, une fosse béante attendait les condamnés de la Commune. Les habitants de ces tristes lieux, des femmes, des enfants, étaient accourus en grand nombre pour se repaître du spec-

1. D'après le récit du P. Ponlevoy.

tacle sanglant qu'on allait leur donner. Sur l'ordre d'un forçat libéré, nommé François, les fusillades commencèrent vers huit heures et demie du soir et ne s'arrêtèrent que lorsque la dernière victime fut tombée sous les balles dans le sang qui inondait le terrain du carnage. Quelques autres otages furent encore fusillés isolément sur des points qu'il est difficile de préciser exactement. Mgr Surat, M. l'abbé Bécourt et l'abbé Houillon furent retrouvés, après l'entrée des troupes à Versailles, près de la porte du dépôt des condamnés à la Roquette; ils avaient été pris et massacrés par les fédérés au moment où ils cherchaient à rejoindre les soldats libérateurs qui, sur le point de s'emparer de la prison, en avaient fait fuir déjà la plupart des fédérés. On sait que ceux des otages qui craignirent un piège, refusèrent de sortir de la Roquette par les portes laissées ouvertes et préférèrent se barricader dans le corridor du deuxième étage, furent plus heureux que leurs infortunés compagnons et se virent, après d'inexprimables angoisses et des périls dont la pensée fait frémir, arrachés enfin par l'armée victorieuse à la captivité et à la mort.

On s'occupa sur le champ de rechercher les restes des nobles victimes de la Commune. Mgr Darboy et les otages fusillés avec lui à la Roquette avaient été portés au cimetière du Père-Lachaise et déposés dans la dernière tranchée de la fosse commune, tout à fait contre le mur d'enceinte. On les retrouva ensevelis à 1 mètre 50 de profondeur. Monseigneur était revêtu de sa soutane toute lacérée; il avait été dépouillé de sa croix et de son anneau. Son corps fut transporté à l'archevêché avec celui de M. Deguerry. Mgr Surat ne tarda pas à aller l'y rejoindre. M. Bonjean et l'abbé Allard furent déposés dans la chapelle du cimetière; le P. Ducoudray et le P. Clerc furent portés dans la chapelle de la maison des Jésuites, rue de Sèvres, 35. Le lendemain, lundi 29 mai, les cinquante victimes de la rue Haxo furent retirées de la cave où on les avait ensevelies, et les corps des PP. Olivaint, Caubert et de Bengy allèrent rejoindre les restes de leurs collègues massacrés deux jours avant eux. La chapelle du Gésu de la rue de Sèvres garde toujours ces nobles dépouilles. Il s'est fait de suite autour d'elles un grand concours de fidèles, les uns qui venaient les visiter pour rendre leurs hommages aux nouveaux martyrs, les autres pour leur demander d'intercéder pour eux auprès de Dieu. On a dit même que des grâces extraordinaires et miraculeuses avaient été obtenues de la sorte, et quelques-uns de ces récits paraissent avoir de graves autorités en leur faveur.

Les corps des Dominicains d'Arcueil et de ceux qui furent massacrés avec eux gisaient encore sur le sol aux environs des Gobelins, lorsque les troupes de Versailles y arrivèrent. On les transporta à l'école d'Albert le Grand où se firent leurs obsèques et où se trouvent leurs tombeaux qui sont, comme ceux de la rue de Sèvres, très-fréquemment visités.

Une plaque commémorative portant le nom des cinquante-deux otages fusillés rue Haxo avait été scellée au lieu de l'exécution dans le mur faisant face à la chaussée. On a posé depuis un nouvel encadrement en marbre noir, surmonté d'une croix, et sur lequel on a inscrit le nom des autres personnages fusillés par ordre de la Commune sur différents points de Paris. On a également creusé les fondations du monument qui sera élevé sur cet emplacement et qui mesurera dix mètres de façade sur sept de fond. La fosse dans laquelle furent jetées les victimes sera rendue accessible au public. On y installera une petite chapelle et on montrera quelques objets curieux ayant appartenu aux otages.

Dans une salle voisine de celle où siégeait le tribunal insurrectionnel et dans des proportions beaucoup plus considérables, on installera un musée dans lequel on exposera les pièces à conviction, actuellement à Versailles, ainsi que tout ce qui a appartenu aux victimes. On y verra avec une émotion facile à comprendre, outre la statue de Mgr Darboy, le buste du R. P. Ducoudray et l'aquarelle de Lorentz représentant les membres de la Commune et leur grotesque état-major fuyant à l'approche de l'armée régulière dans la direction des Champs-Elysées, le bol dans lequel monseigneur fit son dernier repas, enchâssé dans un cercle de cuivre doré, la cuillère et le couteau en bois dont il se servait à la Roquette, le lambeau de sa soutane rouge maculé de sang et transpercé par une balle, le peigne-miroir du P. Allard, un feutre marron, un chapeau d'ecclésiastique couvert de boue, un képi de gendarme mutilé et une casquette de civil défoncée sur laquelle sont restées collées plusieurs touffes de cheveux, ainsi que différents objets que le gardien actuel, M. Pailleron, chargé de guider les curieux, a retrouvés dans la fosse dont nous parlions plus haut.

Allez visiter avec un religieux respect tous ces lieux sanctifiés par le martyre. Ce ne peut être qu'une bonne et salutaire inspiration de garder ainsi pieusement la mémoire de ceux qui ont été mis à mort en haine de la religion ; ce culte qui n'a rien de public et garde un caractère essentiellement privé est parfaitement conforme à ce qui s'est pratiqué de tous temps et dès les premiers âges dans l'Eglise ; nous ne saurions être indifférents au sacrifice du sang offert par ceux que nous avons connus et aimés, nous leur devons une profonde vénération ; et il nous convient peut-être aujourd'hui plus que jamais de demander au Seigneur qu'il accepte comme une satisfaction suffisante la mort de ces généreux confesseurs, qu'il ferme nos blessures et nous rende des jours de paix et de prospérité.

FIN DU PREMIER VOLUME

TABLE DES MATIÈRES

Préface.	v
Montmartre et la chapelle du Saint-Martyre	1
Sainte-Geneviève, Nanterre et Paris.	25
La Sainte-Chapelle et Notre-Dame.	75
Notre-Dame des Victoires.	177
Le pèlerinage de Notre-Dame de Sainte-Espérance à Saint-Severin.	209
Notre-Dame de Bonne-Délivrance et Notre-Dame de Toute-Aide.	227
Notre-Dame de Paix.	247
Saint-Germain des Prés et quelques autres pèlerinages anciens.	261
La Châsse et les souvenirs de Saint-Vincent de Paul.	281
La salle des Martyrs au séminaire des Missions étrangères.	303
Les pèlerinages expiatoires. — La chapelle du 21 janvier.	313
La crypte des martyrs aux Carmes.	321
Les martyrs de la Commune. — La Roquette. — Le boulevard d'Italie. — La rue Haxo.	337
Table des matières.	353

Le Puy, typ. et lith. M.-P. Marchessou, boulevard Saint-Laurent, 23.

www.ingramcontent.com/pod-product-compliance
Lightning Source LLC
Chambersburg PA
CBHW070901170426
43202CB00012B/2151